今日から
モノ知り
シリーズ

トコトンやさしい

ブロックチェーンの本

なにかと話題の仮想通貨を実現した技術「ブロックチェーン」。コンピュータ間で取引を行うトランザクション処理を変革し、インターネット上でつながったコンピュータの分散処理により、大福帳型のデータベースで管理するしくみです。金融関係以外でも新しい技術として適用拡大が期待されています。

上野　仁

B&Tブックス
日刊工業新聞社

はじめに

ビットコインの急激な値上がりで大儲けをした「億り人」がいるといった話題で一気に有名になった仮想通貨ですが、新技術という観点でも注目されています。それが仮想通貨を実現する技術「ブロックチェーン」です。普通のお金（法定通貨）は国家の信用を元に中央銀行が発行するもので、偽造の防止や流通量の制御も中央銀行が管理する中央集権です。これに対して仮想通貨の発明者サトシ・ナカモト氏はインターネットの参加者が分散管理する民主的な通貨のしくみを提案しブロックチェーンにより実現しました。

この技術はコンピュータ間で種々の取引を実行するトランザクション処理の一種と考えることができます。従来のシステムでは中央にデータベースを置いて集中管理することにより、要求の送受信や不正の防止を可能としています。ブロックチェーンでは、これを分散処理で可能としてしまいました。

世の中の業務を見渡してみると、中央の管理者・組織を作ることができないことも多くあります。例えば多国間取引が必要であるが国際組織を作れないケース、多数の企業にまたがる取引をしなければならないのにビジネス上中央の管理組織を作れないケースなどです。ブロックチェーンはこのような業務に対するトランザクション処理の機械化に適しており、金融関係以外を含めていろいろな業務への適用拡大が期待されています。

本書は技術の本質的な部分を直感的に理解できるよう、多数の図表を用いて解説します。従来技術との比較も多用し、新技術の特徴を理解しやすくしました。自社業務へのブロックチェーン利用を検討したい方、本格的な調査や勉強の前に直感的に理解したい方、また、教養として技術の本質を理解したい方に利用していただければ幸いです。

本書執筆のきっかけを作っていただいた技術士協同組合員各位、いろいろとご指導をいただいた日刊工業新聞社出版局の鈴木徹氏、その他関係者各位に心から感謝いたします。

上野仁

平成30年10月

トコトンやさしい

ブロックチェーンの本

目次

第2章 文字通りブロックチェーンの鍵になる暗号技術

第3章 仮想通貨のしくみ

第4章 ビットコインのしくみ

第5章 仮想通貨のセキュリティ

第6章 フィンテックとブロックチェーン

コラム

序章

仮想通貨の発明でブロックチェーン技術が誕生

1 通貨（貨幣）の変遷

物々交換から信用通貨へ

大昔、例えば海辺で暮らす人々と山間で暮らす人々とは、お互いに入手しやすい物を物々交換して必要な物を揃えるしかありませんでした。しかし、地域によって交換する物が異なるので交換比率が問題になります。また、交換する物が季節に依存してしまうという時間的な問題もあります。そのため、米、塩、布、きれいな貝殻など長持ちする物を交換するために用いる物品貨幣経済が広がりました。

物品貨幣では、共通の価値を持ち長期間それが維持できる物として米や塩が使われたのですが、持ち運びが不便で保存も難しいという問題がありました。そこで金、銀、銅のように希少価値があり保存も容易な金属貨幣が使われるようになりました。

金属貨幣は依然として「物」の価値そのものを通貨として使用する考え方なので、地方政府（殿様）が金属を採掘してそれぞれ勝手に金属貨幣を発行することができました。しかし、地域ごとに異なる貨幣が存在するとその交換が不便であり、無責任な発行主体が質の悪い金貨や銀貨を鋳造することでインフレが発生したりします。そこで、国家に一つの中央銀行を設立し、金の価値を基本にする金本位制度を採用する近代的な貨幣制度が生まれました。金との交換が保証されているので貨幣は紙でもよく、紙幣が流通するようになりました。

ところが、経済規模が大きくなり、お金のやり取りが拡大すると、貨幣の発行量が金の所有量に制限される金本位制はうまくいかなくなります。そこで、現在は金の所有量に関係なく国家の信用力で貨幣を発行する管理通貨制が採用されています。また、国ごとに異なる経済状況の下で異なる単位の通貨を発行するので、通貨ごとの為替レートが存在します。

では、仮想通貨はどのような位置付けなのでしょうか。

要点BOX

- ●通貨の歴史は信用の歴史
- ●現在は国家の信用力で貨幣を発行する管理通貨制

通貨（貨幣）の信用はどう変遷してきたか

●必要な物を手に入れる手段
●相手方に受け取ってもらえるだけの信用を持つ　→　通貨の歴史は信用の歴史

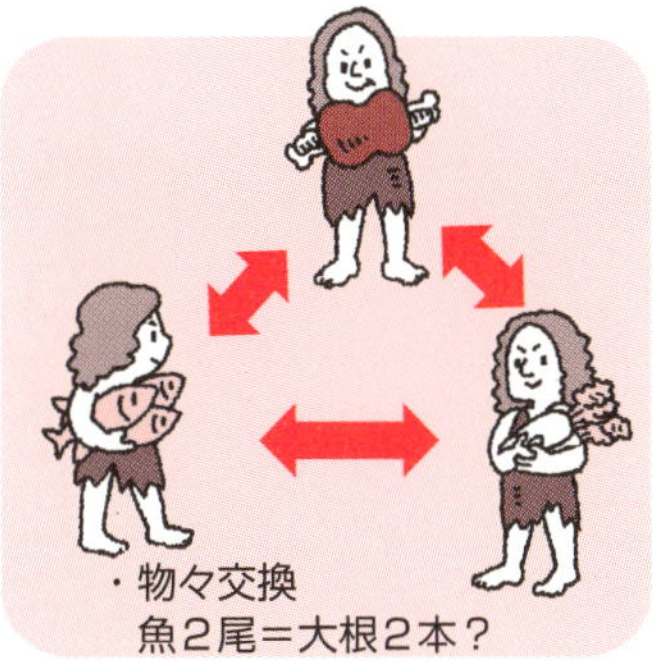

共通の価値を持つ基軸産品
（塩、米など）の物々交換に発展

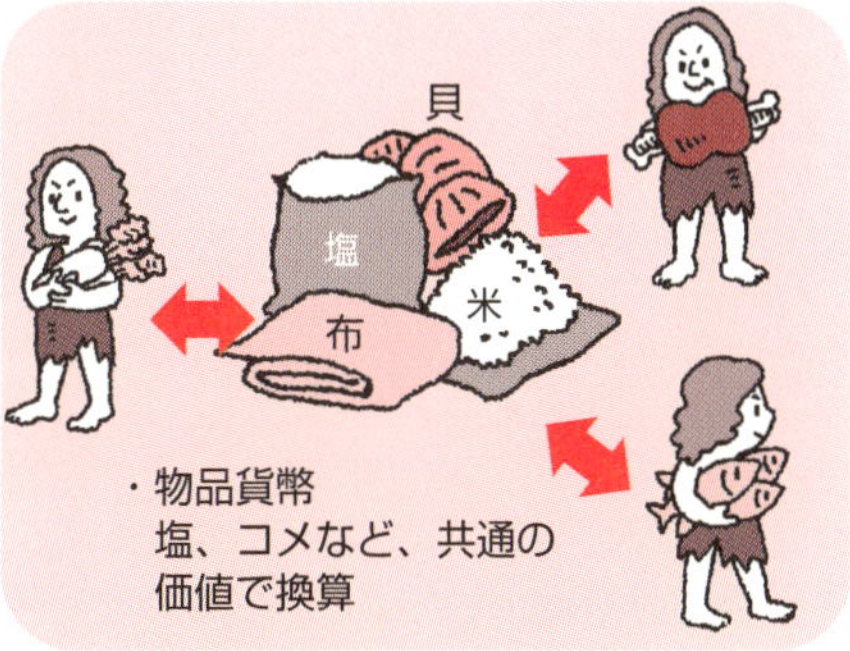

持ち運び、保存の容易性
共通の希少価値を持つ
金貨、銀貨、銅貨に発展

近代的な貨幣制度
金との交換レートを明示する金本位制
中央銀行発行による国家統一貨幣

金本位制を停止
国家の信用だけで貨幣を発行
→管理通貨制

2 仮想通貨の考え方

中立的なメタ通貨の役割期待

現代は国家の信用を土台にした管理通貨制度ですから、国ごとの通貨の交換には対応する為替レートが必要になります。国ごとの為替レートが別々に定められるのは、古代の物々交換に似て複雑です。国対国で通貨で物々交換しているような状態です。

安定した国ばかりでなく、経済が破綻してハイパーインフレを起こす国もあります。そうなると、交換相手である各国通貨にも影響を及ぼします。そこで、現実には基軸通貨として米国ドルが世界的に認知され、ドルの価値を中心に各国通貨との交換比率が計算されているわけです。言い換えると、世界第一位の経済大国である米国経済への信用を原点として、通貨の世界が形成されているのです。

では、もし米国経済に陰りが見え、ドルの信用が崩れたらどうなるのでしょうか。経済的に安定な国の通貨を次の基軸通貨として選ばなければなりません。各国が同意できなければ、まさしく通貨間の物々交換時代になり混乱を引き起こすでしょう。

仮想通貨は一国の経済状態や政治的な思惑に左右されない中立的なメタ通貨としての役割を持つことができます。国家のような管理者が不要だからです。では何を信頼の根拠にしているのでしょう。それは取引情報がすべてインターネットに公開されているというオープン性であると考えられます。総発行量を制限することによりインフレを抑える配慮がされており、価値の安定性確保を目指しています。

仮想通貨のしくみは2008年に考えられ、2009年にビットコインとして実現されました。ビットコインの他にも2012年に始まったリップルや2015年に始まったイーサリアムほか、多数の仮想通貨が考案されています。現在は管理通貨に対する価値の変動が大きく、安定性に欠けるイメージがありますが、投機的な動きが少なくなれば、メタ通貨としての利用が期待できるでしょう。

要点BOX
- ●信頼の根拠はオープン性
- ●仮想通貨は中立的なメタ通貨の役割が期待されている

仮想通貨の役割とビットコインの考え方

●管理通貨が国ごとにあり、通貨間の交換レートが多数存在し不便
●経済破綻した国の通貨が混乱を招く

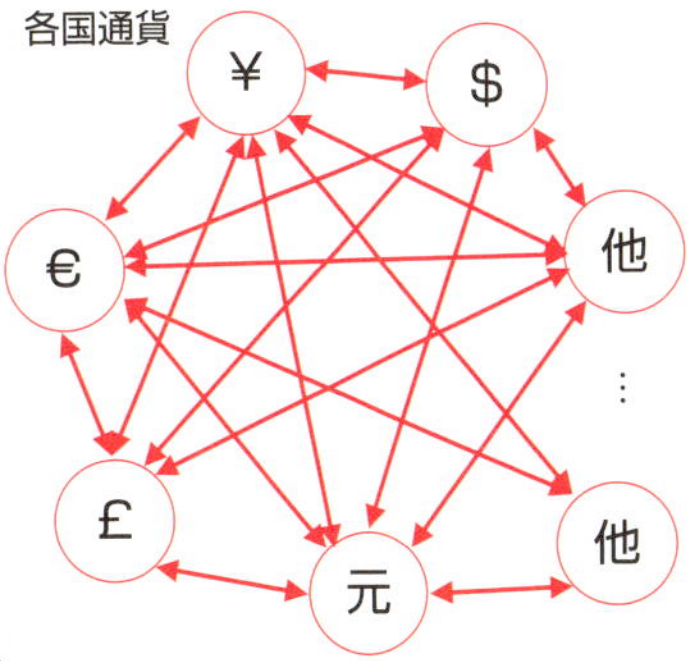
各国通貨
¥
$
€
他
£
元
他

●将来、各国の管理通貨を束ねるメタ通貨が進化の方向
●各国が共通の価値を認識し、特定の国に支配されない通貨

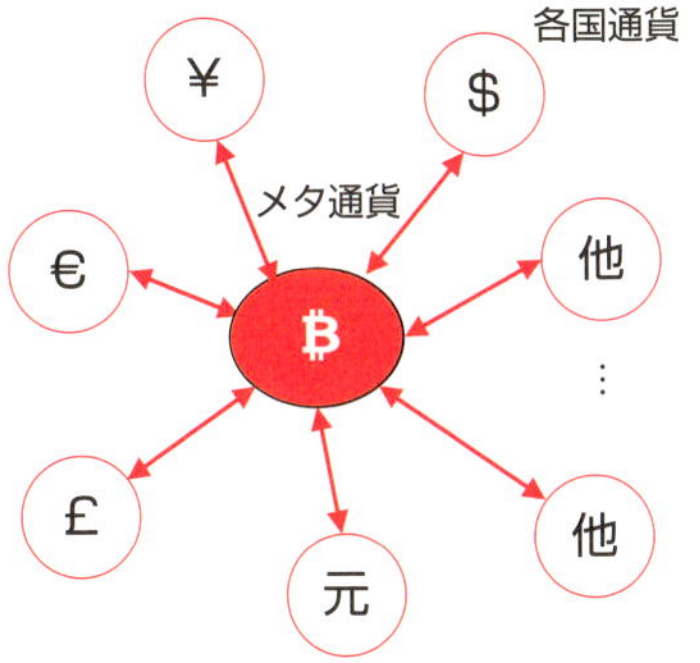
各国通貨
¥
$
メタ通貨
€
他
£
元
他

「もの」を交換する通貨から
「通貨」を交換するメタ通貨へ

メタ通貨の必要要件 →

・特定の管理者が不要
・信用できる「価値」を持つ
・価値の安定性

仮想通貨の歴史

2008年10月	仮想通貨ビットコインのアイデアに関する論文を発表
2009年1月	ビットコインの取引をするためのソフトウェアを公開（オープンソース）
2010年2月	ビットコインの最初の取引所が誕生
2012年9月	仮想通貨リップルが誕生（他通貨との仲介機能が特長）
2015年7月	仮想通貨イーサリアムが誕生（スマートコントラクト機能を実現）
	現在までに、その他、多くの仮想通貨が誕生

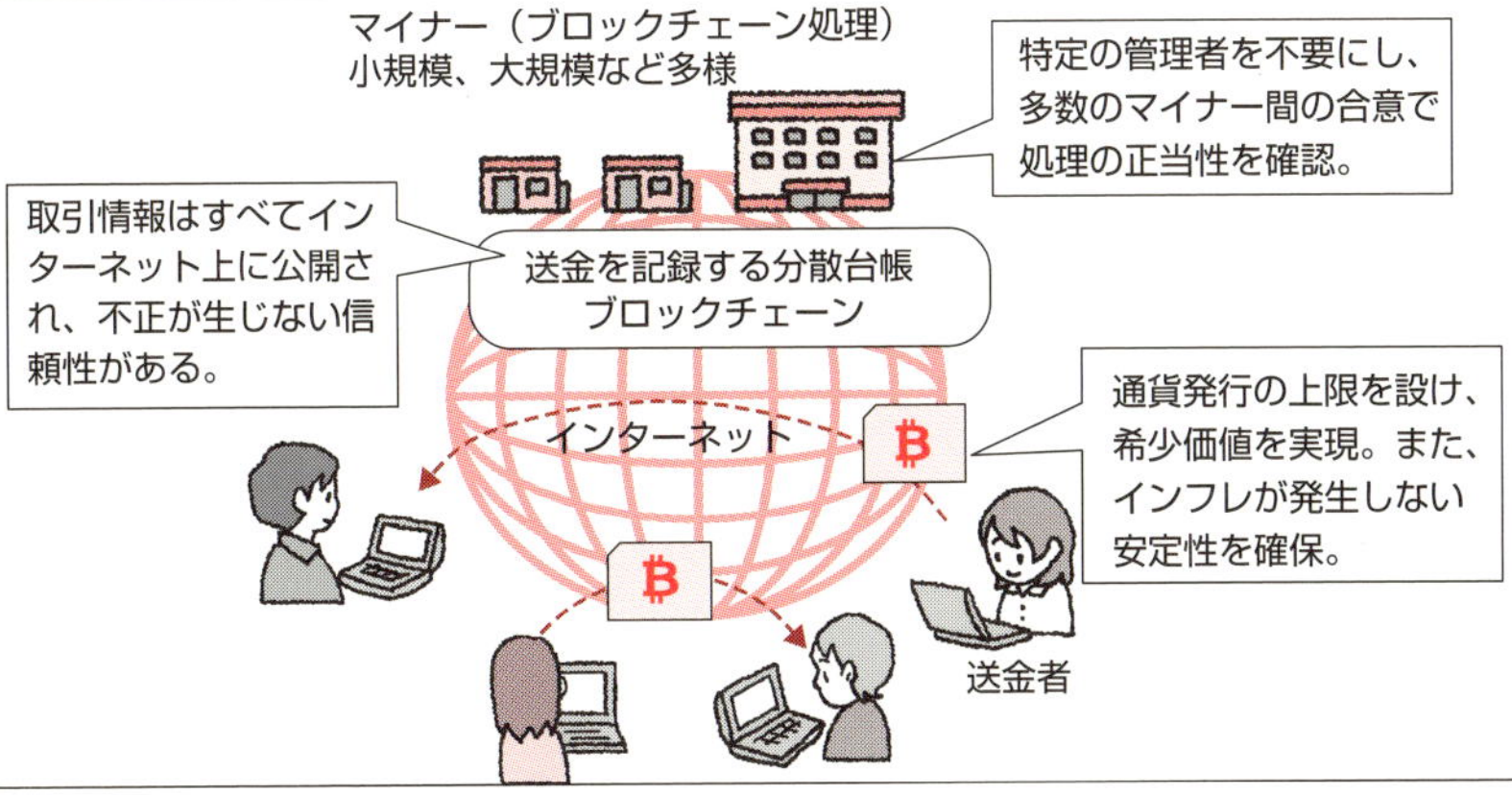
マイナー（ブロックチェーン処理）
小規模、大規模など多様
特定の管理者を不要にし、多数のマイナー間の合意で処理の正当性を確認。
取引情報はすべてインターネット上に公開され、不正が生じない信頼性がある。
送金を記録する分散台帳
ブロックチェーン
インターネット
通貨発行の上限を設け、希少価値を実現。また、インフレが発生しない安定性を確保。
送金者

3 仮想通貨は電子マネーと似ているか

受け渡し（支払い）方法

クレジットカードやポイントカードなど、現金の支払いの代わりに使えるカードを電子マネーと呼びます。電子マネーは管理通貨「円」で決済するのでビットコインのような仮想通貨とは異なります。電子マネーと仮想通貨とはそれ以外でも受け渡し方法が大きく異なるので比較してみましょう。

電子マネーでお金を支払うとき、クレジットカード会社やポイントシステム会社を経由して自分の銀行口座やポイント口座から支払先の口座にお金を移動します。支払者の信用情報や口座情報は銀行やポイント会社などの管理会社が持っています。したがって、万一自分がカードをなくしたとしても、自分が本人であることを別の手段で証明すれば、カードを再発行してもらうなどの対処ができ、自分のお金がなくなることはありません。

一方、ビットコインのような仮想通貨でお金を支払う場合、基本的には支払者のウォレット（仮想通貨の財布）からお店のウォレットに直接お金が送られます。中央の管理者がいないということは、支払者と受取者が一対一の相対取引をすることを意味し、他には誰も管理する人がいないということです。

例えて言えば、店先で現金の受け渡しをするのと同様、自分の財布と相手の財布の間でお札が移動するだけであり、当人たち以外は誰も知らないのです。したがって、自分のウォレットをなくしてしまうと自分のお金は二度と戻ってこなくなります。

確かに、ブロックチェーンにはすべての記録が残っていますから、仮想通貨の受け渡し記録が残っています。しかし、ブロックチェーンの記録を用いて仮想通貨での支払いをするときには、自分の秘密鍵が必要になります。その秘密鍵は自分のウォレットにしか記録されていないので、ウォレットをなくしてしまうとブロックチェーン上に残ったお金は二度と使えなくなってしまうのです。

要点BOX

- 仮想通貨では支払者のウォレットからお店のウォレットに直接支払われる
- 電子マネーは中央集権的、仮想通貨は分散管理

仮想通貨と電子マネー

- 電子マネーは「円」を基本にし、管理会社に預けた円またはクレジットカードを使用
- ポイントシステムも事実上「円」と直接リンクしており、管理会社が交換レートを指定し特定の商品のみを購入可能

電子マネーの取引

最終的には銀行など管理会社で、自分の口座と相手口座間の振替操作をする

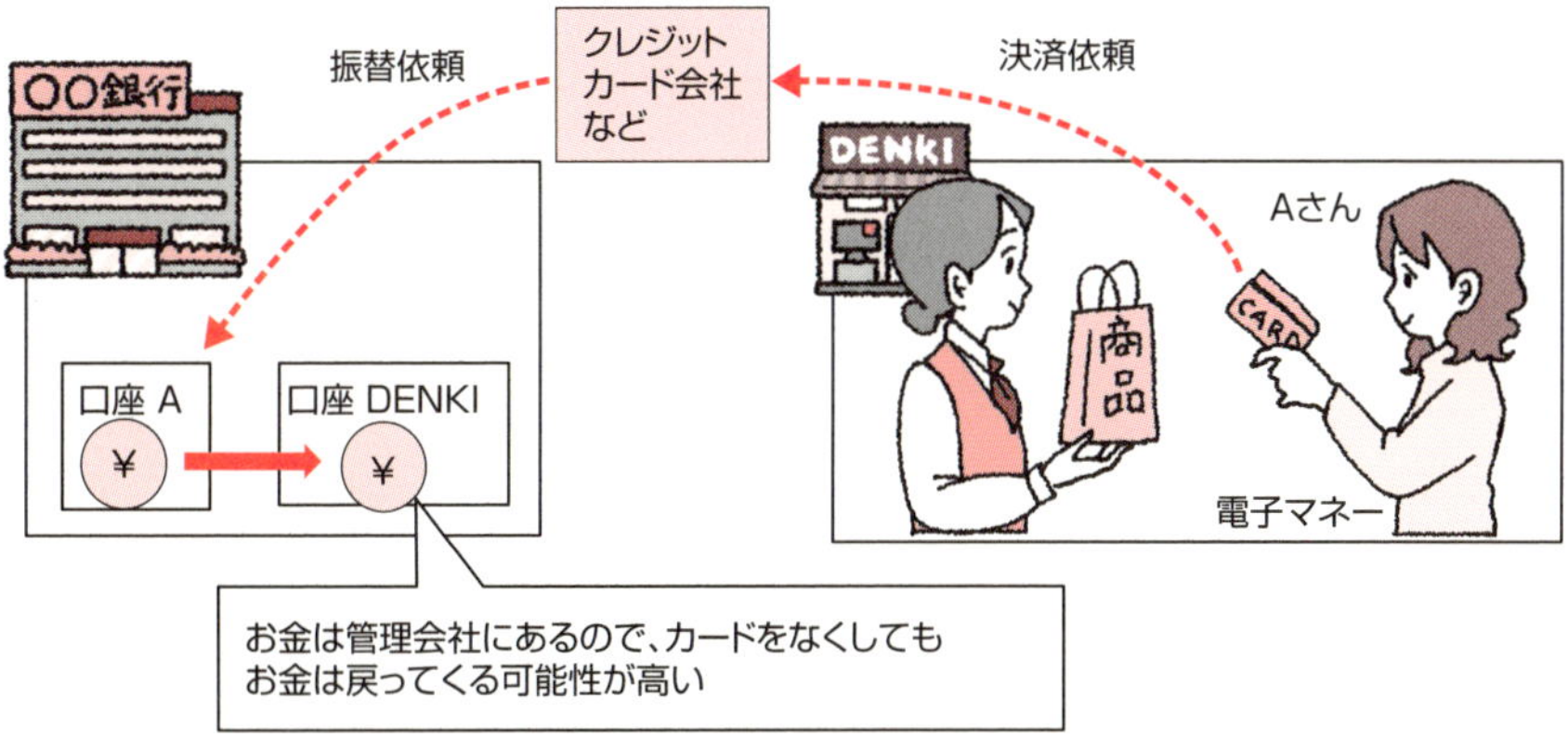

ビットコインなど仮想通貨の取引

自分の財布から相手の財布に現金（仮想通貨）を渡す操作をする

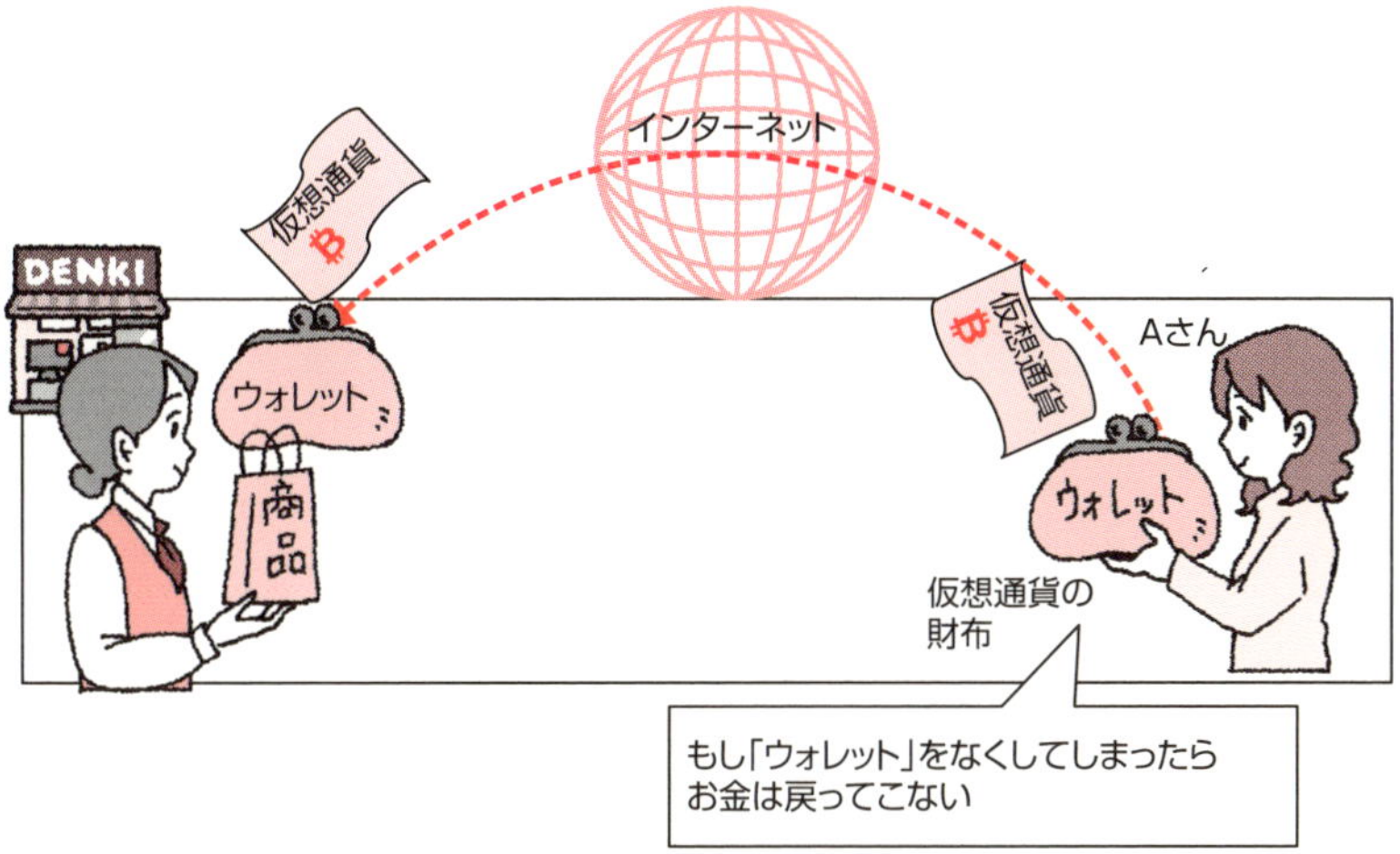

4 主な仮想通貨と特徴的な機能

開発年代の歴史

ブロックチェーン技術は仮想通貨として実用化されていますが、現在では1000以上の種類があると言われています。機能的に異なる通貨もあります。歴史を追って、特徴を見てみましょう。

・ビットコイン（BTC）…世界最初の仮想通貨です。特定国が管理しない世界通貨を実現しました。改ざんを防止するプルーフオブワーク（PoW）の時間を10分と規定しています。

・リップル（XRP）…各国通貨の交換を可能とするシステムとして開発され、2011年にブロックチェーンが導入されました。他の仮想通貨と異なり米国リップル社が中央の管理者として責任を持つので、ブロックの承認が高速です。

・ライトコイン（LTC）…ビットコイン類似の通貨です。2011年に開発され、PoWの時間が短く送金が早い特徴があります。

・モナコイン（MONA）…2014年に開発された日本発の仮想通貨です。Segwit技術を導入し、PoWを1・5分と短縮したことにより、高速な送金が可能となりました。

・ネム（XEM）…計算性能に依存するマイニングでなく、より公平なブロック承認を目指すハーベスティングと呼ぶ方法を使用します。ブロックの承認は約1分と高速です。

・イーサリアム（ETH）…スマートコントラクト機能を持ち、ブロックチェーンを利用するアプリケーションのインフラとして使用できる仮想通貨です。

・ビットコインキャッシュ（BCH）…ビットコインのブロックサイズ不足問題の対応策が統一できず、ハードフォーク（分岐）した仮想通貨です。ビットコインではSegwit技術を導入し、ビットコインキャッシュではブロックサイズを8倍に拡張するという対応に分かれてしまいました。

要点BOX

●1000以上の種類がある
●仮想通貨の歴史はブロックチェーン機能の発展史でもある

主な仮想通貨の開発年代と特徴

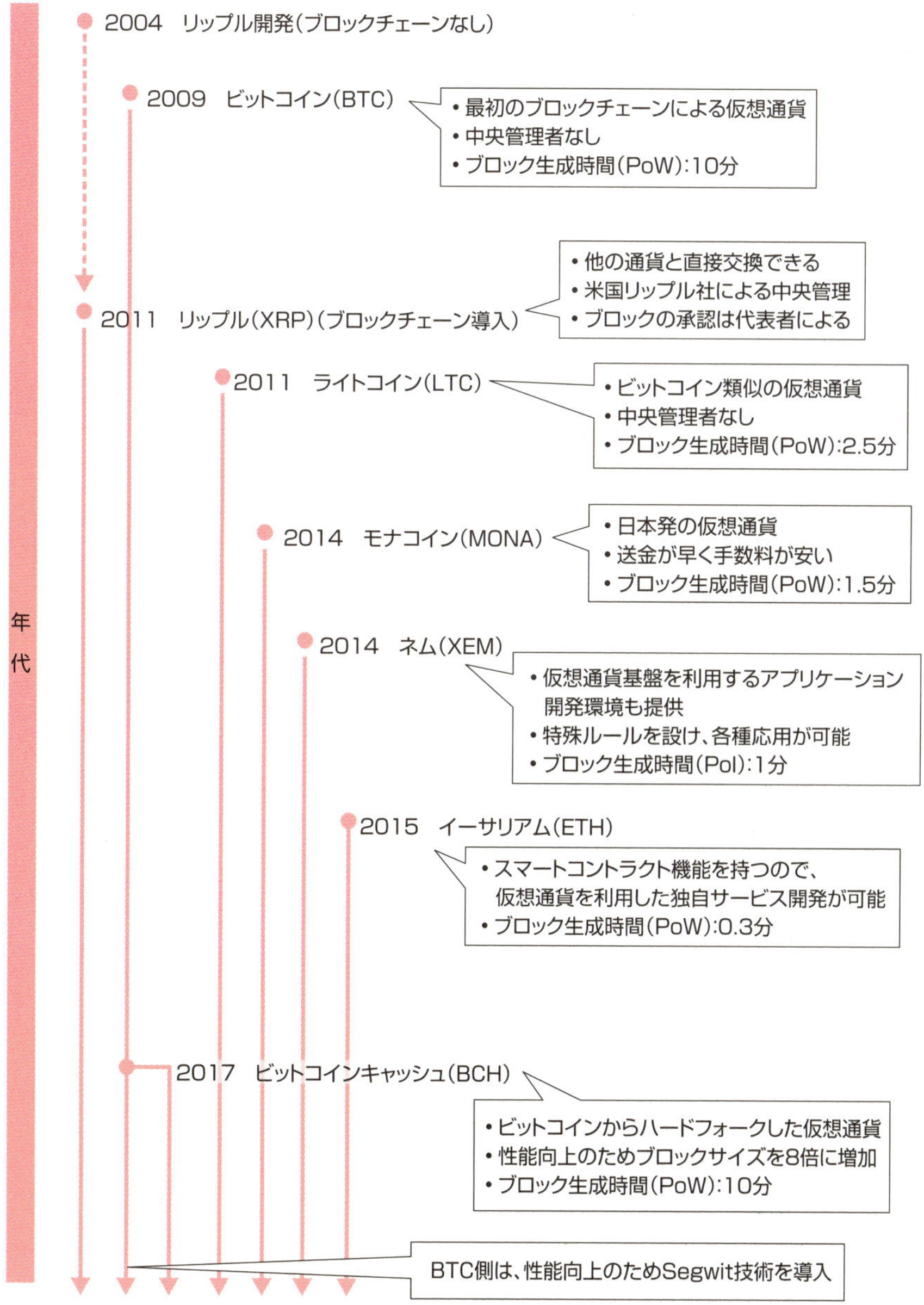
年代
2004 リップル開発（ブロックチェーンなし）
2009 ビットコイン（BTC）
・最初のブロックチェーンによる仮想通貨
・中央管理者なし
・ブロック生成時間（PoW）:10分
2011 リップル（XRP）（ブロックチェーン導入）
・他の通貨と直接交換できる
・米国リップル社による中央管理
・ブロックの承認は代表者による
2011 ライトコイン（LTC）
・ビットコイン類似の仮想通貨
・中央管理者なし
・ブロック生成時間（PoW）:2.5分
2014 モナコイン（MONA）
・日本発の仮想通貨
・送金が早く手数料が安い
・ブロック生成時間（PoW）:1.5分
2014 ネム（XEM）
・仮想通貨基盤を利用するアプリケーション開発環境も提供
・特殊ルールを設け、各種応用が可能
・ブロック生成時間（PoI）:1分
2015 イーサリアム（ETH）
・スマートコントラクト機能を持つので、仮想通貨を利用した独自サービス開発が可能
・ブロック生成時間（PoW）:0.3分
2017 ビットコインキャッシュ（BCH）
・ビットコインからハードフォークした仮想通貨
・性能向上のためブロックサイズを8倍に増加
・ブロック生成時間（PoW）:10分
BTC側は、性能向上のためSegwit技術を導入

Column

ビットコインを通貨として使う

　仮想通貨、特にビットコインで買い物ができる店は徐々に増えてきているようです。とは言うものの、現状はビットコインの取引の大半は利ザヤを狙う投機的取引です。ビットコインと日本円の交換価格の変動を見て、安く買って高く売り、利ザヤを稼ぐ取引です。

　ビットコインを通貨として使うというのは、ビットコインで収入を得て、そのビットコインをお店で使ってモノやサービスを購入するということで、法定通貨に交換しない使い方です。しかし、現在、残念ながら仮想通貨はそのような使い方が可能なほどの社会的地位を得てはいません。それは、通貨に必要とされる価値の安定性が実現されていないことがひとつの要因です。

　経済学において通貨の機能には「交換の手段」「価値の尺度」「価値の保存」があるそうです。現状のビットコインにこれらの機能があるでしょうか。

　まずビットコインは利用できる店が少なく交換の手段として一般的ではありません。次に、円やドルに対する交換レートの変動が大きく、これは本来のモノの価値の変動以上にビットコインの価値が変動していることを意味し、価値の尺度としても利用が難しい状況です。価値の保存の面ではビットコインが永遠に続くと保証する人や組織はいないので、価値の保存に不安を感じる人が多そうです。

　安定した国の観点では以上のように考えますが、経済危機が起きた国の観点で比較すると事情が異なります。

　ハイパーインフレの自国通貨よりもビットコインの方がよほど安定しており価値の尺度として有効に機能し、インフレを起こさないという意味では破綻しそうな国の通貨よりは価値の保存が有効に働らくと言えます。

　実際に2010年のギリシャ危機の際は銀行の営業停止を嫌気してビットコインの利用が広がり、2015年ころから継続するベネズエラのハイパーインフレの影響で同国でのビットコインの時価総額が増加しています。

　このような動きをきっかけに、将来は本来の通貨としての役割が広がってくるのかもしれません。

第1章

ブロックチェーンって、どんなしくみなの

5 ブロックチェーンはどんなシステムなのか

トランザクション処理機能

ブロックチェーンはトランザクション処理機能を実現するシステムです。「トランザクション処理」とは、例えば銀行のATM端末による現金の出し入れや、飛行機や電車の座席予約、インターネット販売サイトでの商品購入など、ユーザーがそれぞれの取引を要求する処理のことです。通常のトランザクション処理システムでは、責任を持つ企業がデータセンタで集中的にシステム管理をしています（図上）。ユーザーの処理要求は端末機あるいはパソコンから1個のトランザクションとして送信されます。データセンタには「トランザクションモニタ」と呼ばれる受付システムがあり、沢山のトランザクションを効率良く受け付けたり、トランザクションの種類によって処理を振り分けたりします。信頼性を確保するために、電源の二重化などハードウェアの冗長化、ソフトウェアの冗長化、障害回復のためのログ情報の保存など、多くの付属機能が装備されています。

これに対してブロックチェーン方式では、システムの責任者や管理者が不要で、全責任を負う中央のサーバという概念がありません。インターネットに接続されるすべてのパソコンやサーバは自由にトランザクションを受け付ける機能を持つことができるのです（図下）。仮想通貨取引など特定の目的のために構築されているブロックチェーンシステムに参加したい場合、必要な性能を持つコンピュータを用意し、必要なソフトウェアをインストールします。

物理的に分散している多くのコンピュータがトランザクションを受け付けます。ユーザーが送信したトランザクションは参加しているすべてのコンピュータにブロードキャスト（一斉送信）され、並行に処理されます。物理的に分散して処理されるので、すべてが同時に障害となる可能性が低く、一台ごとの高信頼化対策は相当簡略化でき、低コストでオープンなトランザクション処理システムを作ることができます。

要点BOX

●ブロックチェーンはサーバに頼らないトランザクション処理機能を実現するシステム

トランザクション処理システム

従来のトランザクション処理システム

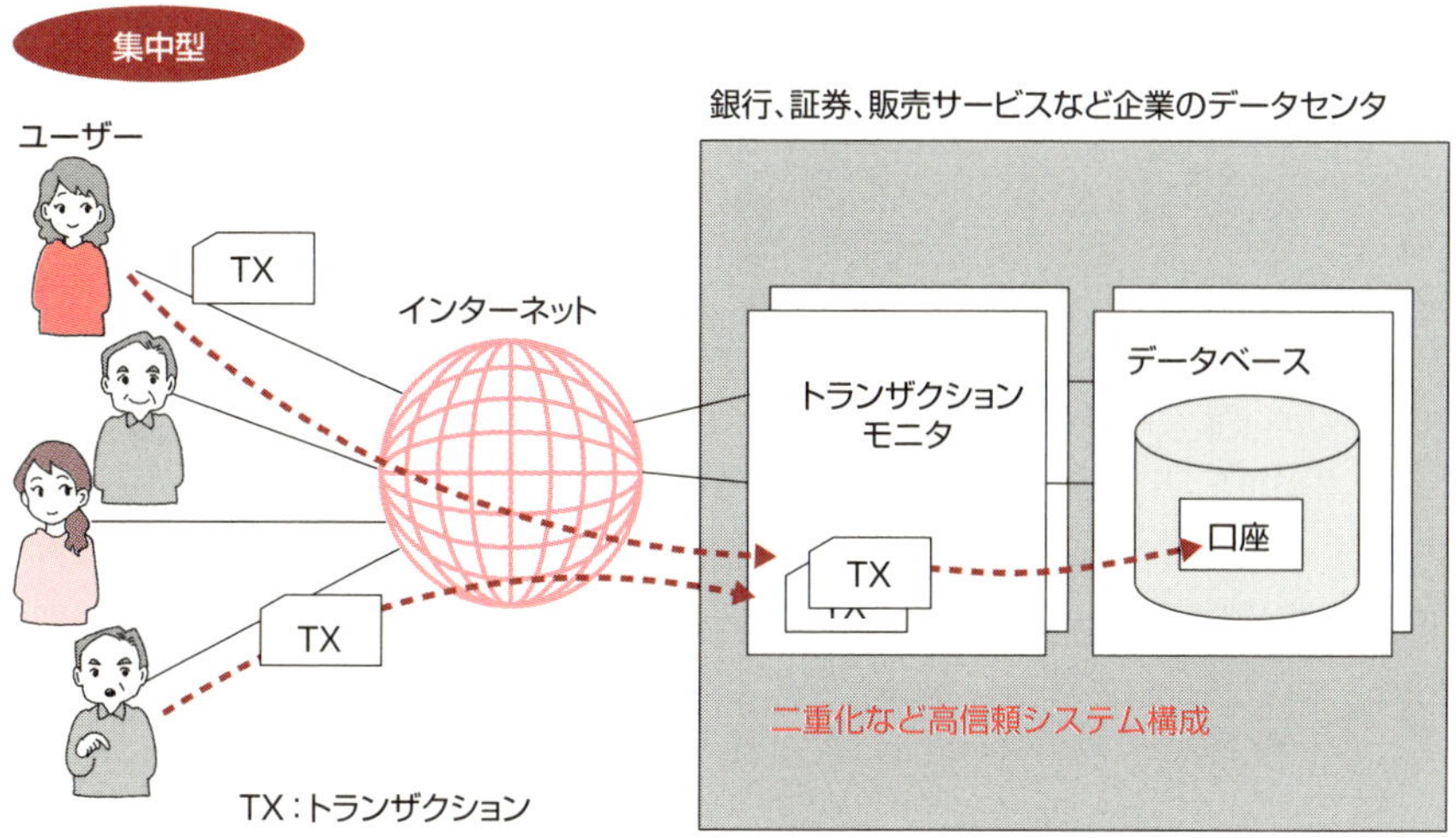

ブロックチェーンによるトランザクション処理システム

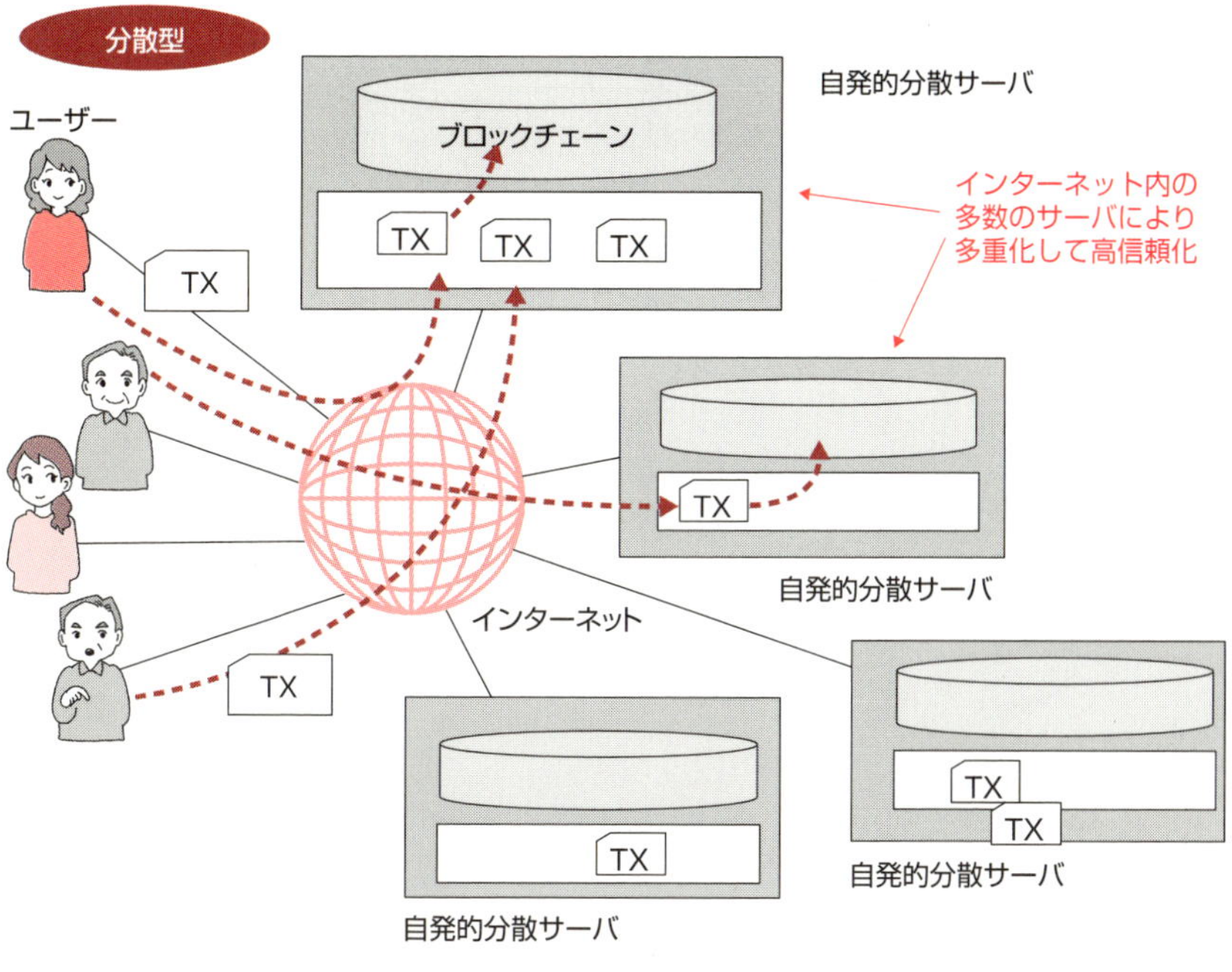

6 大福帳のような履歴記録方式

データベース機能はどのように異なるでしょうか。通常のトランザクション処理システムとブロックチェーンシステムで比較してみましょう。

金融機関や座席予約など通常のトランザクション処理システムではリレーショナル・データベース（ＲＤＢ）を使用します。ブロックチェーンシステムでは大福帳のような履歴記録方式で記録します。大福帳とは、時代劇の商店で番頭さんが記入している長細い帳面で、取引記録を順番に記録していきます。ブロックチェーンシステムでも、トランザクションを時系列に沿って記録し、口座ごとの管理はしません。口座開設時点から「○○口座の金額を△△口座に送った」という取引記録をすべて記録していくのです。通常のトランザクション処理システムのデータベースは、取引口座毎や商品毎という単位に常時最新の状況を記録する方式を採ります。例えば、銀行口座の場合、特定の口座への引き落とし処理要求がくると、その口座の残高を調べてそこから引き落とし金額を引き算した後、口座の残高を最新の状況に書き換えます。これにより、トランザクションを一件処理する度に口座の残高は最新の値になります。

ブロックチェーンでは、誰の口座に合計いくらあるのかという最新状況を知るためには、取引履歴をたどって計算します。したがって、いくら以上の金額が残っている口座をすべてリストアップする、といった検索には時間を要し、検索目的には不向きです。

セキュリティ面ではブロックチェーンに有利な点があります。集中管理されるＲＤＢシステムでは、悪意を持った組織内の人物が不正取引をした場合、監査等、第三者のチェックにより発覚するまでに時間を要します。しかし、ブロックチェーンシステムでは、ブロックチェーン参加者全員がすべての取引を監視できるので、不正が発覚しやすいのです。

要点BOX

- ●大福帳のように取引記録を順番に記録する
- ●ブロックチェーン参加者全員が取引を監視できるので不正が発覚しやすい

リレーショナルデータベース（RDB）

データベース・テーブル

口座番号	残高（¥）
A	200万円 ⇒210万円
B	300万円 ⇒200万円
C	1000万円 ⇒880万円
D	50万円 ⇒60万円
E	5万円 ⇒205万円
:	:

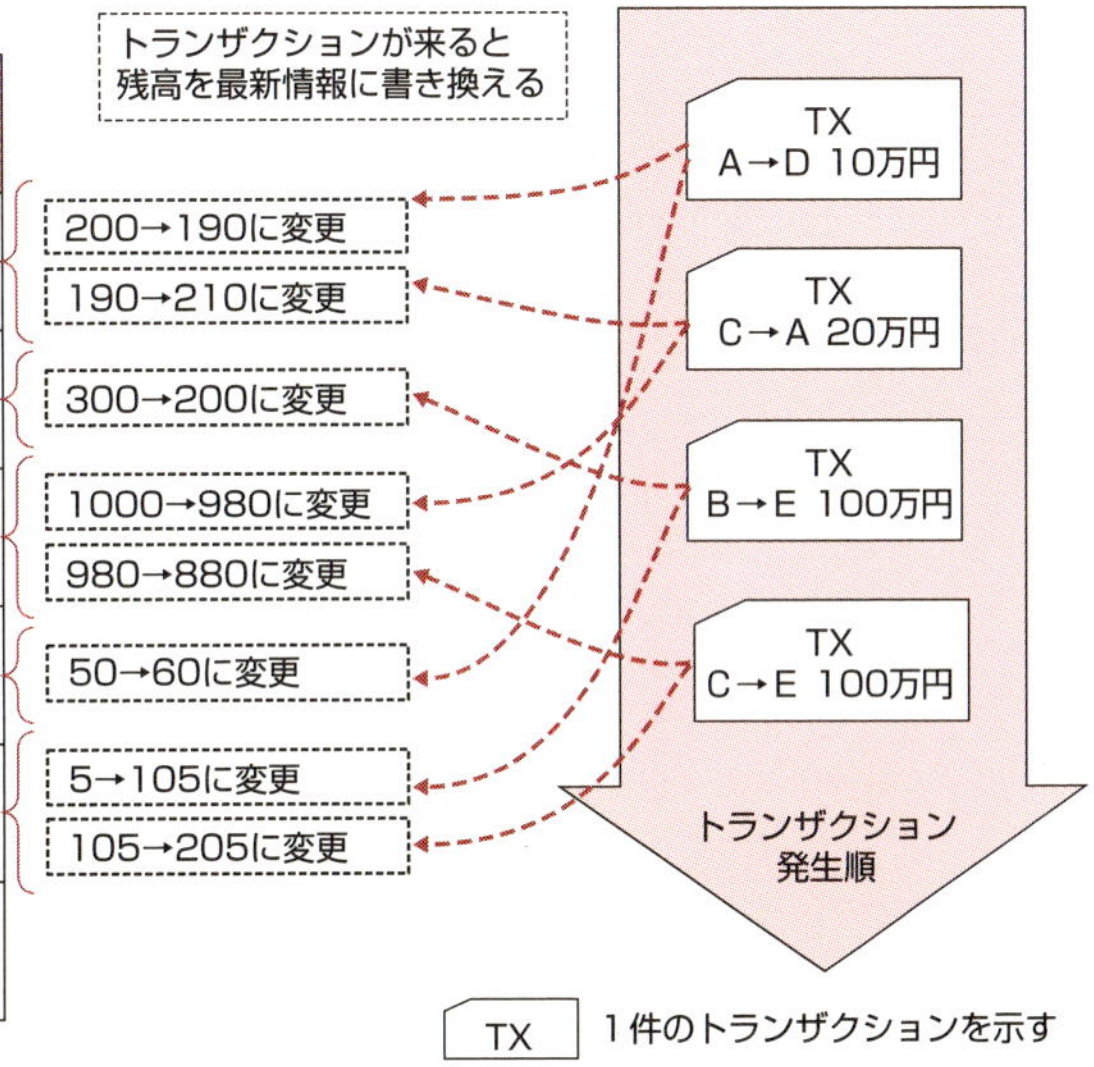

ブロックチェーン（大福帳方式の記録）

TX番号	送金元	送金先	金額
:	:	:	:
101	X	A	200万円
102	Y	B	300万円
103	Z	C	1000万円
104	Y	D	50万円
105	Z	E	5万円
:	:	:	:
1234	A	D	10万円
1235	C	A	20万円
1236	B	E	100万円
1237	C	E	100万円
:	:		

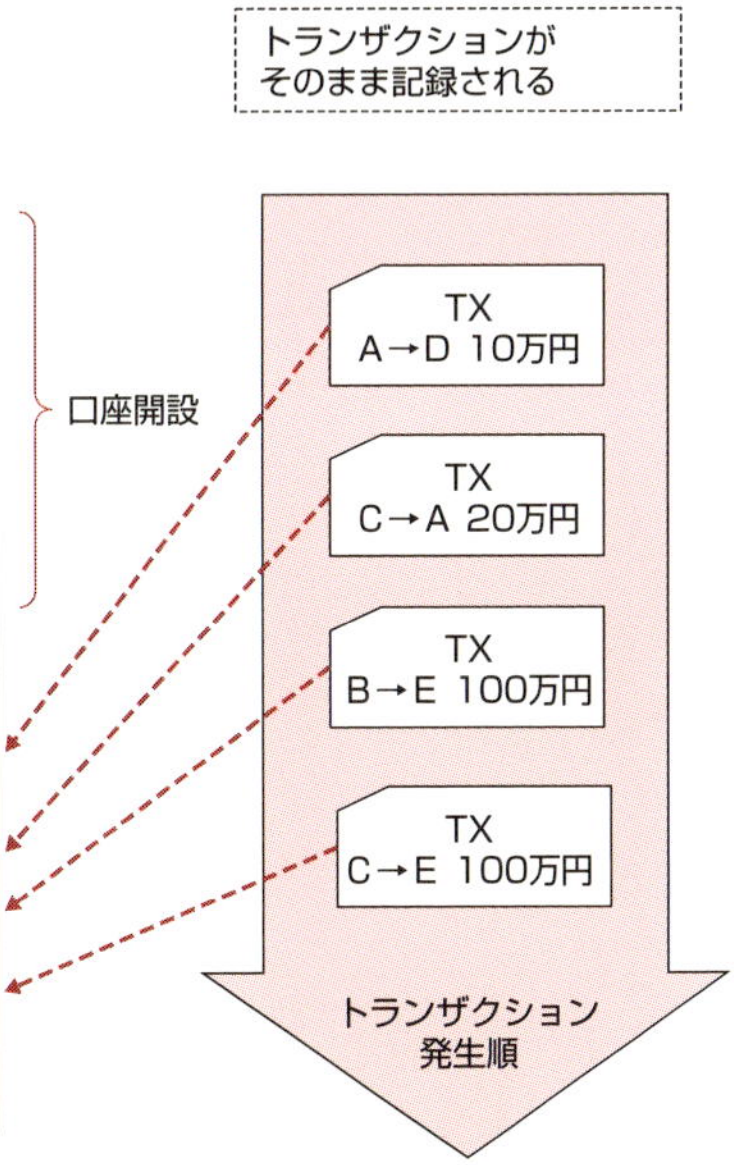

低コストにもかかわらずシステム障害耐性が高い点も大きな利点です。

7 公開鍵を使った防御機能

トランザクションモニタ機能

ブロックチェーンのトランザクションはどのように受け付けられるのでしょうか。これも通常のトランザクション処理システムとの対比で考えてみましょう。

通常のトランザクション処理システムでは、トランザクションモニタがユーザーの取引要求トランザクションを受け付けます。多数のユーザーが同時に要求を送信してきた場合、受付順を厳格に管理します。ユーザーの要求は専用端末や専用ソフトの機能を利用して暗号化され、インターネット内で盗聴や改ざんをされないように防御します。中央の管理者が管理するシステムでは、データセンタ内は安全に保たれていることが前提なので、内部の処理は暗号を復号化した状態で処理されます。

一方、ブロックチェーンシステムでは、ユーザーはブロックチェーン参加のために導入した専用ソフトを用いてトランザクションを作成します。ただ、このトランザクションは秘密情報ではなく、公開情報としてだれでも読める形で送信されます。誰でも読めるのですが、書き換えが発生したり、データ転送中にデータが壊れたりしたら誤りであることがすぐにわかるように、ユーザーが公開鍵式暗号（ＰＫＩ）の機能を用いて署名をします。ブロックチェーンに参加しているサーバは、そのトランザクションを受信すると、公開鍵を用いてその署名が正しいか否かを判定します。公開鍵は署名の正当性を確認するために用いることができますが、偽の署名を作成できないので、トランザクションの正当性が守られます。

ブロックチェーンに参加しているサーバは多数存在するので、そのすべてでユーザーのトランザクションがほぼ同時に並行して処理されます。しかし、若干の時間差があるために、作成されたブロックチェーンデータが全サーバ間で一致しない可能性があり、一致させる合意（コンセンサス）処理を定期的に実行します。

要点BOX

- ユーザーが公開鍵式暗号の機能を用いて署名
- 公開鍵は偽の署名を作成することができないので正当性が守られる

トランザクション・モニタ

- 通信は暗号化されるが、データセンタ内は非暗号化
- データセンタ自体を高セキュリティにして攻撃からデータを守る
- 暗号化、複合化は管理者（データセンタ側）の責任

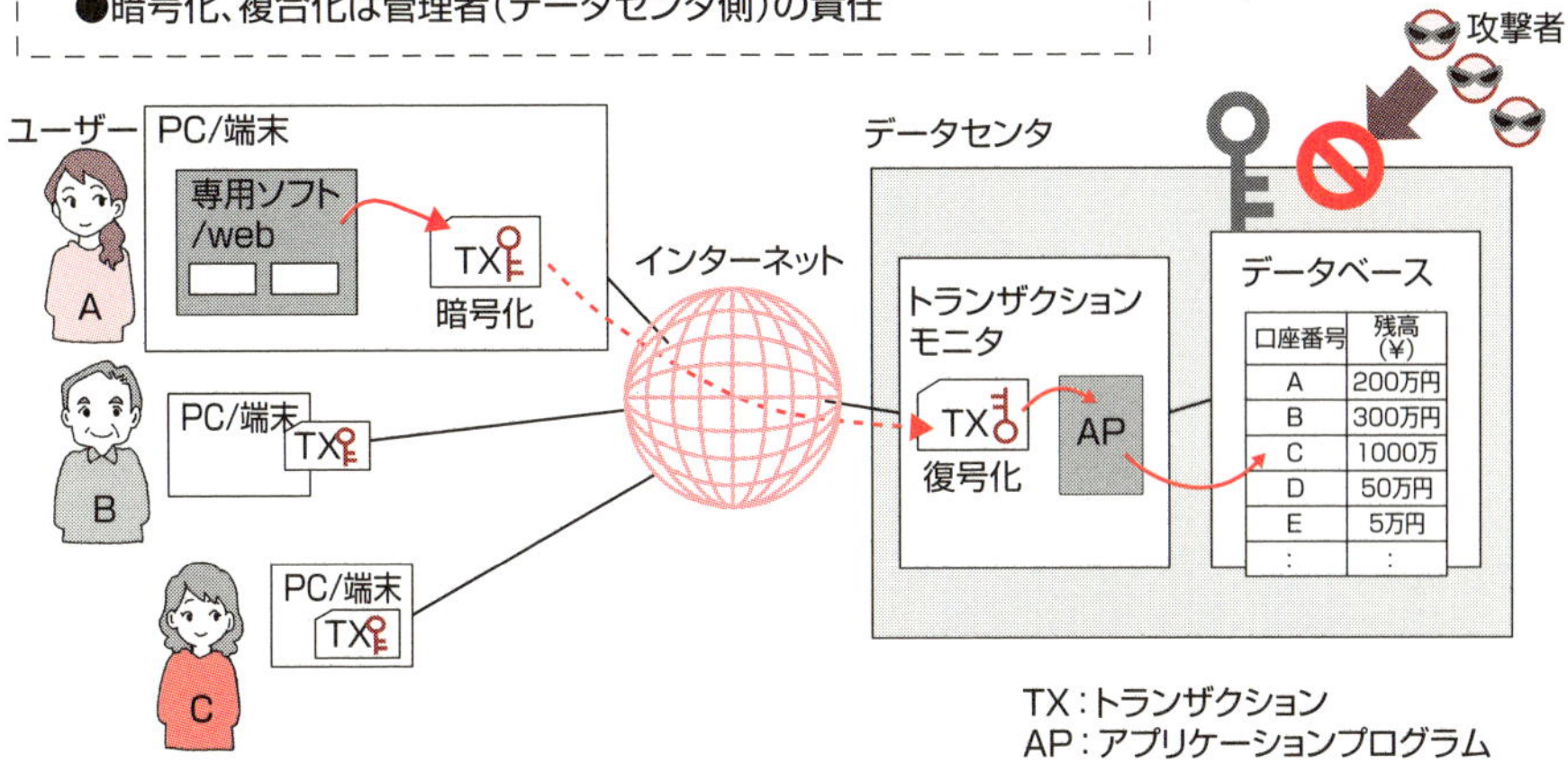

TX：トランザクション
AP：アプリケーションプログラム

ブロックチェーンのトランザクション受け付け

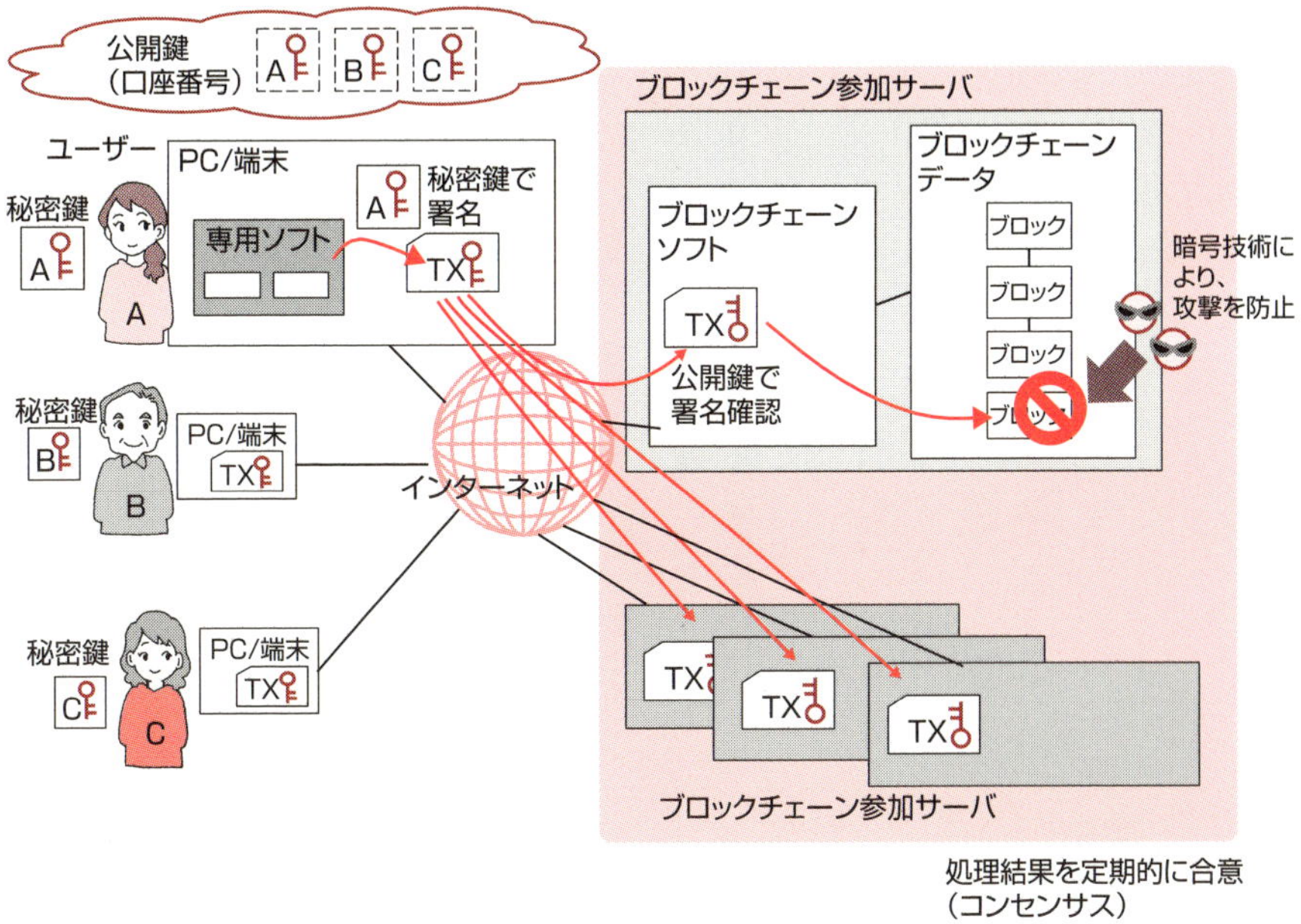

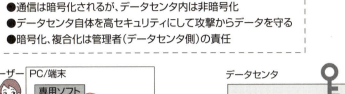

8 偽者を見破る電子署名

トランザクションのデータ形式

ブロックチェーンで使われるトランザクションとは、どんな内容を持っていて、どんな形をしているのでしょう。ブロックチェーンの特長のひとつは「チェーンの内容をすべての参加者が見ることができる」という点です。誰からも見ることができるということは、それを真似して作れば、誰でも偽物のトランザクションを作ることができるような気がしませんか？

そんなことができないように、トランザクションには「電子署名」がつけてあります。

ここで言う電子署名とは、このトランザクションの内容を一文字でも変更すると、不正に変更したということがわかってしまう仕組みのことです。

電子署名の中には、この1件のトランザクション全体の情報を圧縮して示す「指紋」のようなものが入っていて、不正に修正すると指紋と一致しないことによりばれてしまうのです。悪人が電子署名の偽物を作ろうと思っても、公開鍵式暗号という仕組みに守られていて、偽物の指紋情報を作れないので、このトランザクションの偽物を作ることはできないのです。

トランザクションのデータとしては、必要に応じていろいろな情報を格納してよいのですが、例えばビットコインのトランザクションの例では、自分が送りたいお金が誰からもらったお金かを示す「入力トランザクション」の情報と、自分が誰にお金を送りたいかを示す「出力トランザクション」の情報が入っています。

図の例では入力トランザクションを1個だけ書いてありますが、入力トランザクションの個数を指定すれば、多数にすることもできます。出力トランザクションも同様に多数にすることができます。

このように、取引の内容を誰でも読めるのに、改ざんすることができないという、ちょっと考えると不思議なしくみが作られているのです。

要点BOX
●チェーン内容をすべての参加者が見れる
●偽物のトランザクションを作れないように「電子署名」がつけてある

トランザクションの概念構造（ビットコインの例）

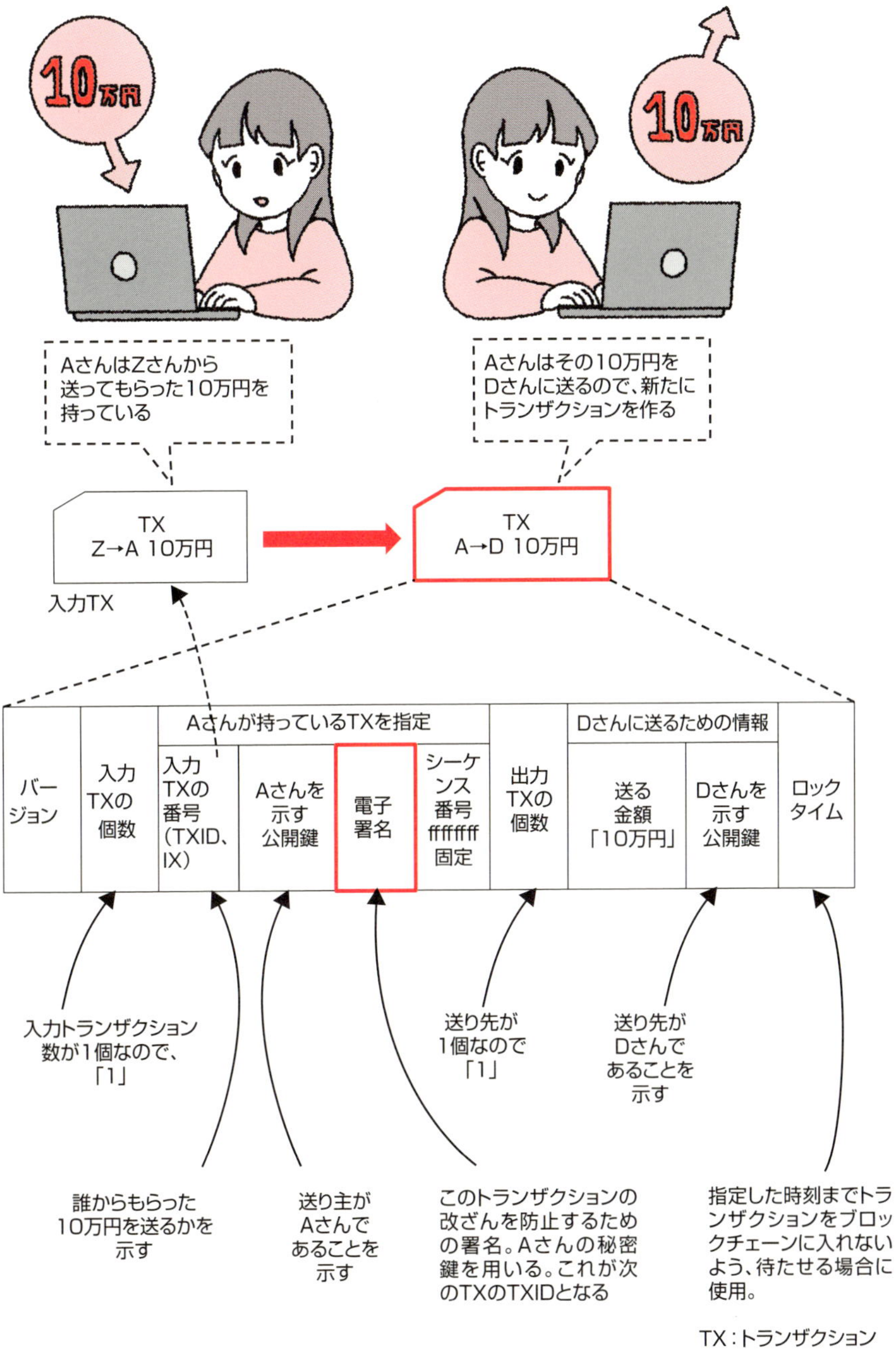

9 大福帳型データベースへの登録方法

ブロックチェーンの構造

さて、トランザクションを作ると、それをブロックチェーンと呼ばれる大福帳型のデータベースに登録しなければなりません。ここにはどうやって登録すればよいのでしょうか。

トランザクションを作った人は、それをブロックチェーンを処理するサーバ全員に送信します。ブロックチェーンに参加しているサーバは、トランザクションを受け付けると、図に示すように、ある程度の数が溜まるのを待って、一つのブロックを作成します。

ブロックはブロックヘッダ部分とブロック本体に分かれていて、ブロックヘッダには直前のブロックを示すブロック番号やブロックを作成した日時、ブロックに含まれているトランザクションの個数などの情報を書き込んであります。ブロックチェーンの中に入っているブロックは（最初のブロックを除いて）すべてひとつ前のブロックを指すブロック番号を持っています。一つのブロックを見ると、その前のブロックがどれなのかがわかるので、前のブロックを順にたどっていくことができます。このようにブロック同士が鎖（チェーン）のような形で結ばれていることから「ブロックチェーン」と呼ばれています。

ところで、「ブロック」は誰か一人の持ち物というわけではないので暗号化されておらず、電子署名があるわけでもありません。では、どうしてあるブロックが正しいブロックであることを証明できるのでしょうか。それはブロック番号が証明してくれているのです。ここで言うブロック番号とは、ブロックヘッダの内容を要約した数値である「ブロックヘッダのハッシュ値」を意味します。ブロックの中身を書き換えるとハッシュ値が変化するので、次のブロックとのチェーンが切れてしまいます。ブロックヘッダを変更しないでブロック本体を書き換えると、ヘッダと本体の整合性が取れなくなり、改ざんがばれてしまいます。したがっていずれの書き換えもできないのです。

要点BOX

●トランザクションはブロックチェーンサーバで一つのブロックにまとめられる
●ブロックを積み重ねてブロックチェーンを登録

ブロックチェーンの概念構造（ビットコインの例）

- ●トランザクションはすべてのブロックチェーン処理サーバに送信される
- ●受け付けたブロックチェーン処理サーバは、いくつかのトランザクションをまとめ、1ブロックにして過去に生成されたブロックの次に追加する
- ●ひとつのブロックは前のブロックの番号を覚えており、これを積み重ねて「チェーン」にしている

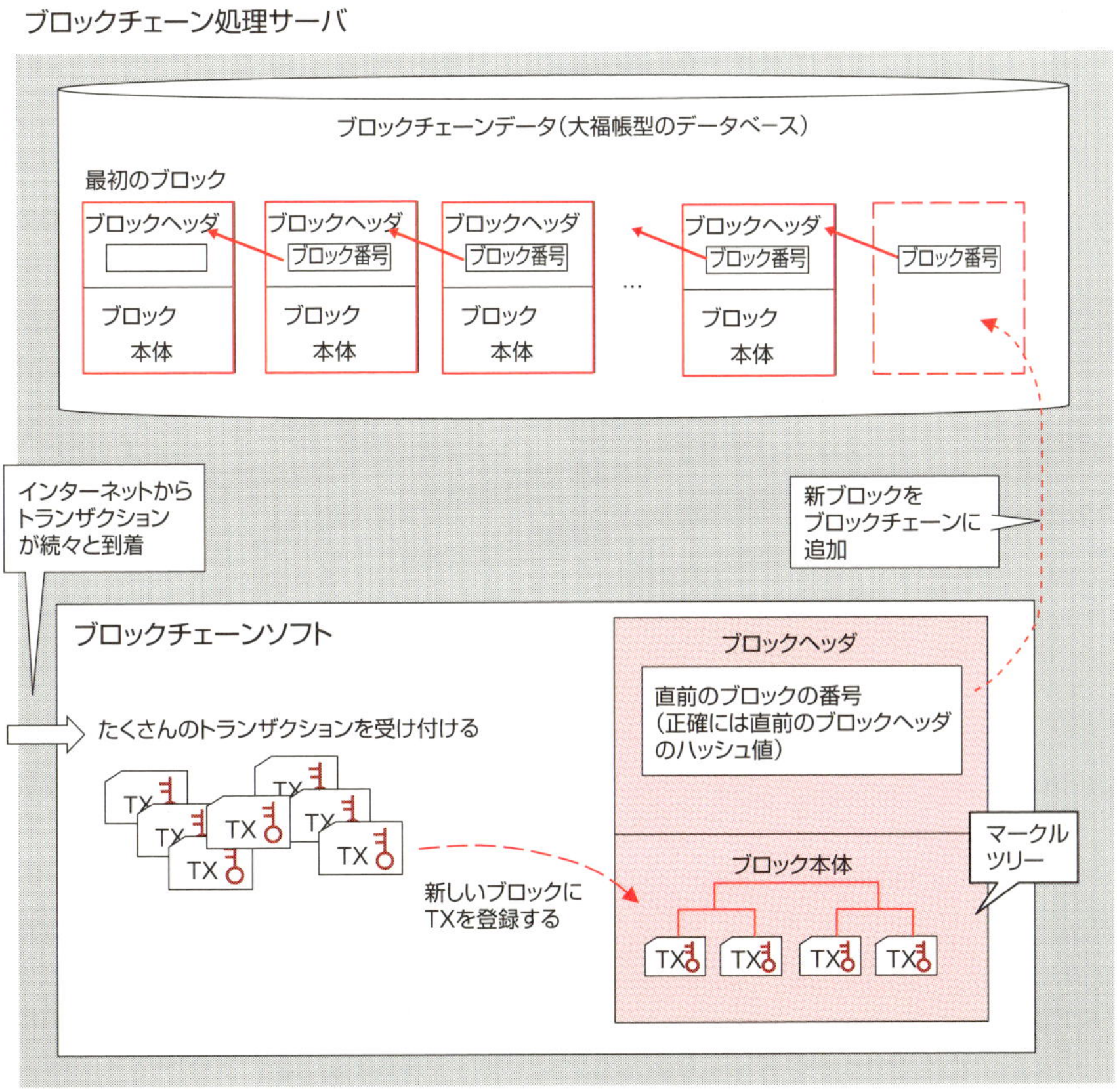

10 ブロックの改ざんを見つけるマークルツリー

マークルルートのハッシュ値

ブロックチェーンの構造で示したように、沢山のトランザクションが一つのブロックにまとめて格納されますが、ブロックヘッダの中に記録する「マークルルートのハッシュ値」がブロック本体に格納されているトランザクションの内容を保証しています。

ハッシュ値とは、元のデータの特徴を短いデータに変換して表す「指紋」のようなデータです。ブロック本体では、2個のトランザクションIDを対にしてハッシュ値を計算し、別の2個のトランザクションIDから計算されたハッシュ値を合わせて対にして、またハッシュ値を計算する、という作業をハッシュ値が1個になるまで繰り返して計算します。これをマークルルートのハッシュ値と呼び、ブロックヘッダ部に記録します。

どれか一つ、トランザクションの送金金額を変更すると、その上のハッシュ値が変わり、さらにその上のハッシュ値が変わり、最終的にはマークルルートのハッシュ値が変わってしまうので、ブロックヘッダに記録したハッシュ値と不一致になり、改ざんがバレてしまいます。

ブロックヘッダの中に記録してあるマークルルートのハッシュ値も同時に書き換えてしまうと、ブロックヘッダのハッシュ値が変わってしまいます。すると、次のブロックに記録してあるブロックヘッダのハッシュ値と不一致になり、ブロックチェーンが切れて、やはり改ざんがバレてしまいます。

このような仕組みでマークルツリー構造を用いると、ブロックの誤りや改ざんを検出することができるのです。

また、マークルツリーには、特定のトランザクションの正当性を確認したいときに、ツリー構造の中の一部のデータを使用して確認用のハッシュ値を求め、マークルルートのハッシュ値と比較すればよいので、計算効率が良いという特長もあります。

要点BOX

- ブロックヘッダの「マークルルートのハッシュ値」がトランザクション内容を保証
- マークルツリー構造の誤りや改ざんを検出

ブロックの改ざんを見つけるマークルツリー

- ブロックの改ざんや誤りを見つけるためのデータ構造
- マークルツリーは２分木式にハッシュ値（データの特徴の要約値）を計算する方法であり、全トランザクションのうち、どれか一つでも改ざんされるとハッシュ値が変わるので、誤りや改ざんが検出可能になる

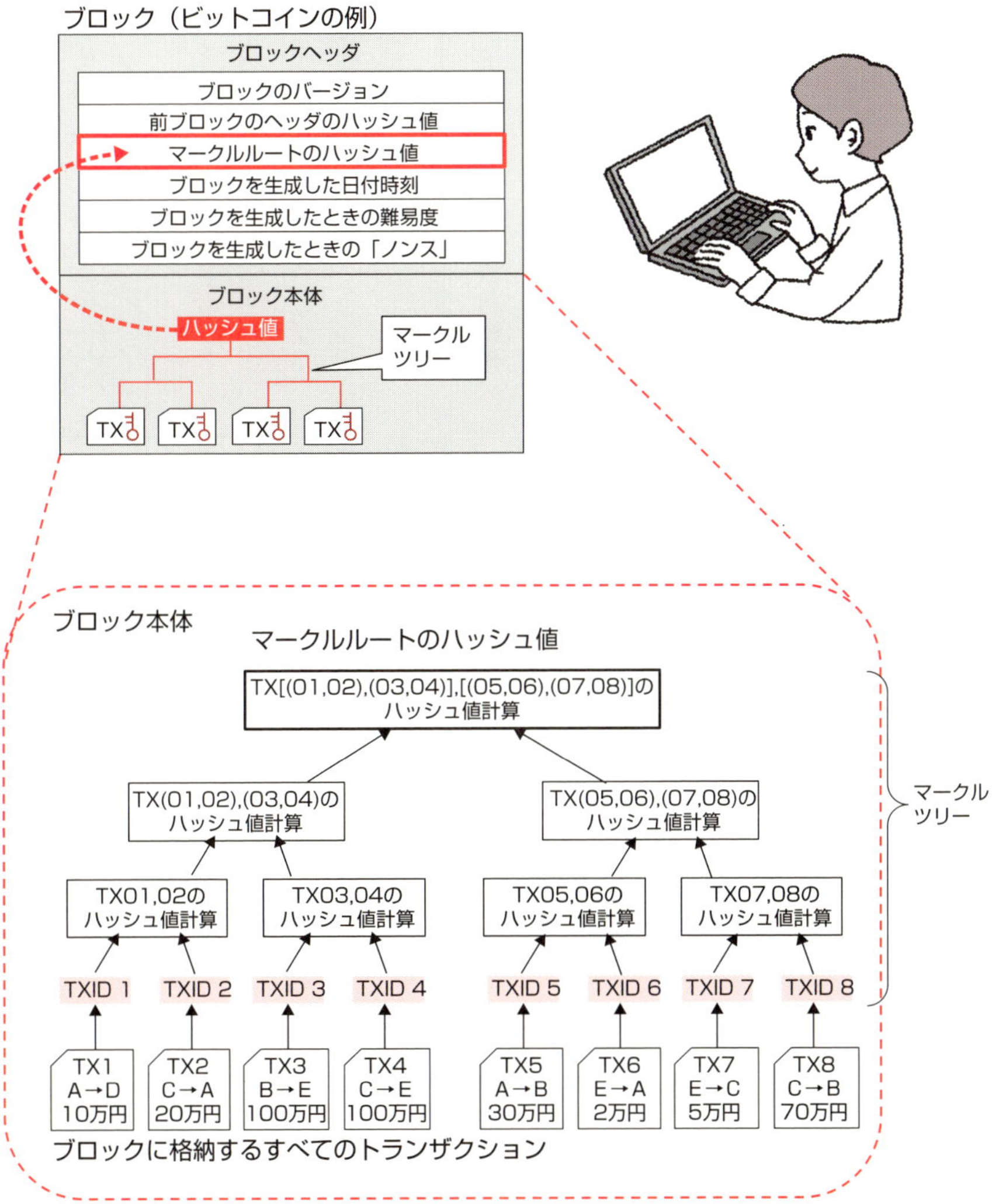

11 合意形成でブロックチェーンの枝分かれを防ぐ

コンセンサスアルゴリズム

ブロックを生成する処理サーバは、だれでも立てることができます。そして、すべての処理サーバは最終的にはすべてのトランザクションを受付けますが、インターネットの状況によって到着するトランザクションの順序や時間が異なります。

処理サーバ毎に異なるトランザクションを受付けた状況になっているときに各処理サーバが独自に新規ブロックを生成すると、サーバ間で異なるトランザクションを格納したブロックができてしまいます。各処理サーバの中では新ブロックを1本のチェーンにつないでいるのですが、全処理サーバの新規ブロックを集めてみると、図のように共通の旧ブロックの次に、異なる内容の新ブロックが何種類か接続されている「枝分かれ」状態になってしまうのです。

複数の枝を残したまま処理を続けると仮定すると、次のブロックをどの枝につけるか判定するのに時間がかかってしまいますし、さらなる枝分かれが発生して処理に要する時間が膨大になってしまいます。これを避けるために、枝分かれが発生したときには、ブロックチェーン処理サーバの間で、どの枝を共通的に本当の「枝」として認めるかを決める作業をすることになっています。この作業のことを合意形成（コンセンサスアルゴリズム）と呼んでいます。

例えばビットコインではＰｏＷと呼ぶとても時間がかかる処理で、最初に実行し終わったサーバのブロックを有効なブロックとします。ＰｏＷが終わったサーバは他のサーバにそのブロックを通知して完了を宣言します。しかし、ほぼ同時に複数のＰｏＷが終わると、それでも複数の新ブロックができてしまう場合がありえます。この場合はしばらく時間が経過して、より長く成長したチェーンを正式なチェーンとして認めます。早く長いチェーンになった枝は、それを正式なチェーンとして認めるサーバが多いという意味である、という考え方に基づいています。

要点BOX

- ●複数のサーバでほぼ同時にブロックをつなぐと枝分かれが生じる
- ●長く伸びた枝を本物とする合意形成

ブロックチェーンの枝分かれを防ぐ合意形成

- ●トランザクションはインターネット上の誰でもが作れるし、ブロックチェーンを生成するサーバも誰が作ってもよい
- ●ブロックチェーンを生成するサーバは多数存在するが、サーバによって受け取るトランザクションの順番が異なり、それぞれが異なるブロックを作りチェーンする
- ●合意形成処理としてビットコインではPoW処理を実行し、最初に成功したサーバがブロックをチェーンにつなぐことができる。
- ●しかし、複数のサーバでほぼ同時に成功すると、枝分かれが生じ、その時点では有効なチェーンがどちらかわからない。
- ●しばらく時間をおいて、長くのびたチェーンが多数決で勝ったチェーンとする。

各サーバで作成した新ブロックを統合して見たイメージ

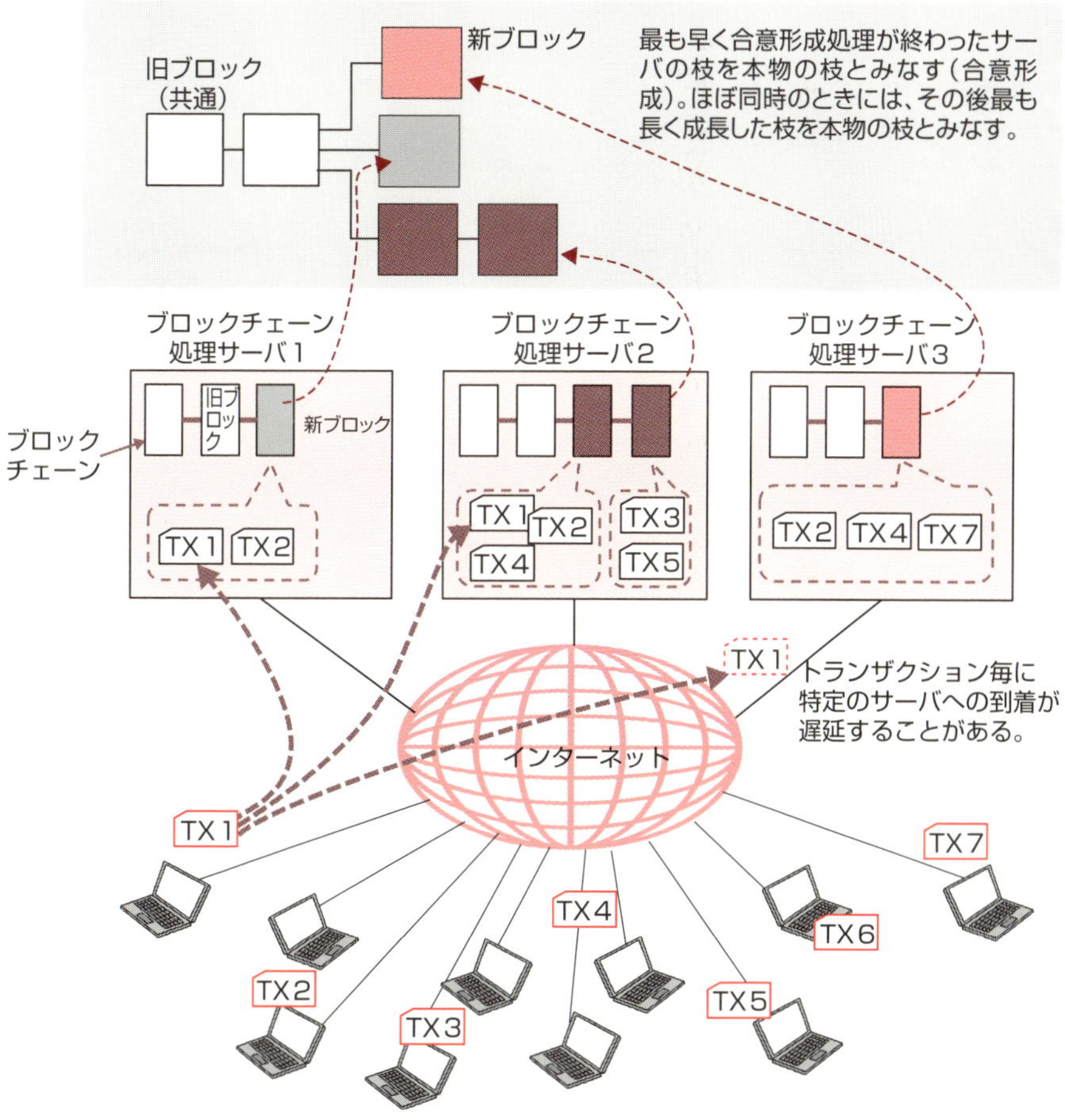

たくさんのＰＣで生成されたトランザクションは、全サーバに送信される。
しかし、各サーバに到着する時刻はそれぞれ異なる。

12 トランザクションはお札のように現金払い

トランザクションの処理順序

ブロックチェーンにおけるトランザクションの処理順序はどうなっているでしょうか。通常のトランザクション処理では、中央の処理システムにトランザクションが到着した順序を厳密に判定して、到着順に処理をします。一つの口座に対して複数の送金要求が到着した場合、残高不足が発生する恐れがあるので先着順に処理をするという考え方です。

ブロックチェーンではトランザクションの到着順がサーバ毎に異なって見えるので、トランザクションの到着順で処理をするという考え方はできません。しかし、特に不整合が発生することはありません。なぜでしょうか。

簡単にイメージ化して説明すると、通常のトランザクション処理システムの場合は中央の処理センタにお金が置いてあり、それを送金したいと依頼します。これに対してブロックチェーンではお札（お金）に名前を書いて、それをトランザクションとして直接相手に送るイメージになっています。自分が持っている分のお金しか払うことができないので、トランザクションの順序を気にする必要がない、というからくりがあるのです。

通常のトランザクション処理システムでは、トランザクションがシステムに到着すると、先に到着した送金要求を見て、対象の口座の残高をその場で計算します。きちんと処理できたときには、トランザクション要求元に対して「処理完了」を通知します。残高不足が発生した場合は、エラー発生による「処理完了」を通知します。つまり、トランザクション要求元は、処理完了の通知がくるまで、その処理が有効だったか無効だったかがわかりません。

ブロックチェーン処理システムでは、トランザクション生成者がインターネットに向かって送信した時点で、そのトランザクションは有効なトランザクションとして処理されることが確定します。

要点BOX

- ●トランザクションの順序を気にしない
- ●生成者が送信した時点で有効なトランザクションとして処理される

ブロックチェーンのトランザクションは順序を保証しない

●通常のトランザクション処理システムは、トランザクション発生順を保証して処理

●ブロックチェーンではトランザクションの発生順に処理するとは限らない

●通常のトランザクション処理システムは、銀行引き落とし方式。トランザクション発生場所では正確な残高がわからないので、中央に問い合わせて、残高があれば引き落としをし、確認したあとトランザクションを完了する。

●ブロックチェーンは、現金払い方式。トランザクションはお札に相当するものであり、お札を持っていればトランザクションを作れるが、持っていなければトランザクションを作ることができない。

通常のトランザクション処理システム

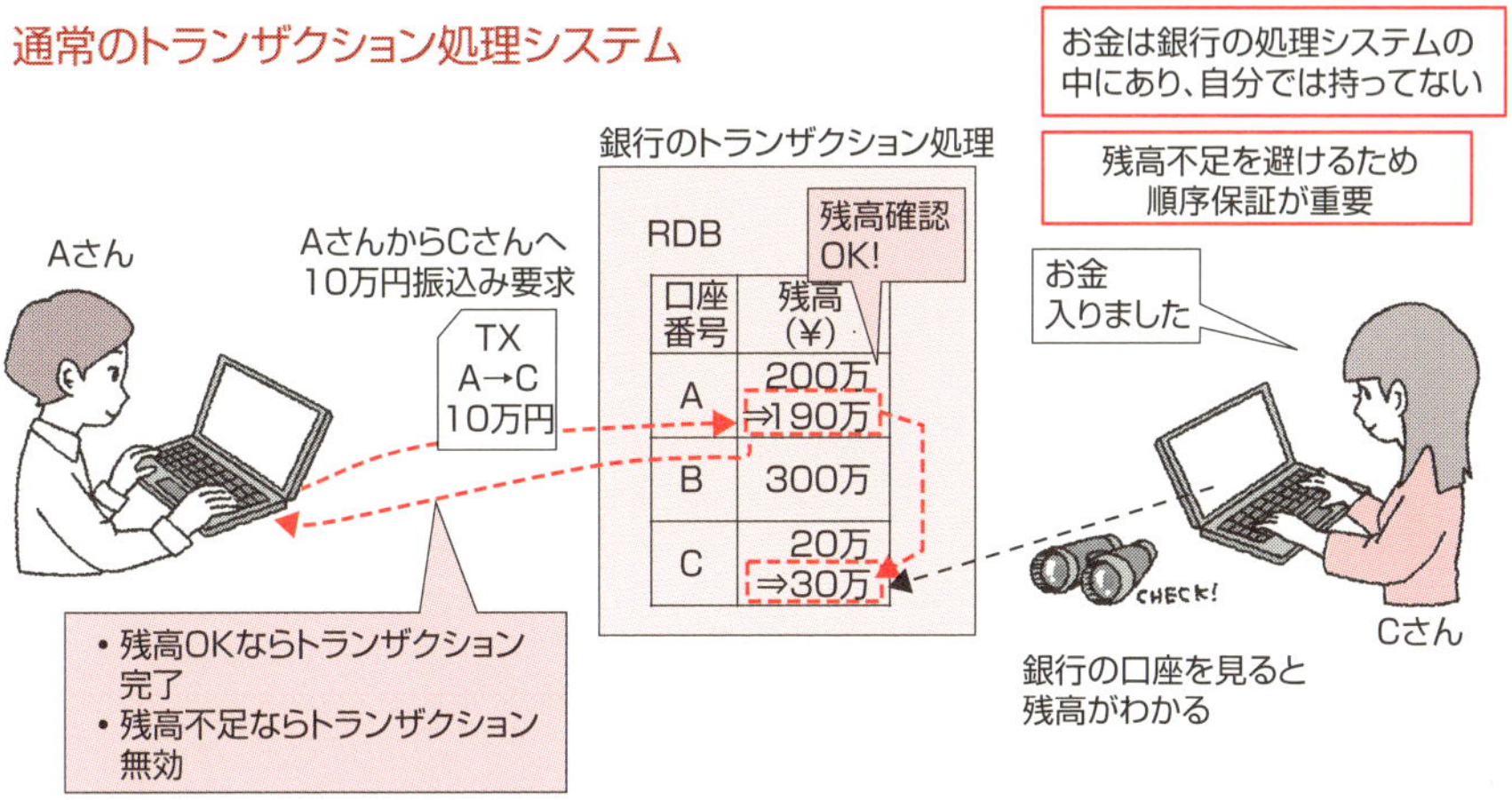

ブロックチェーンによるトランザクション処理システム

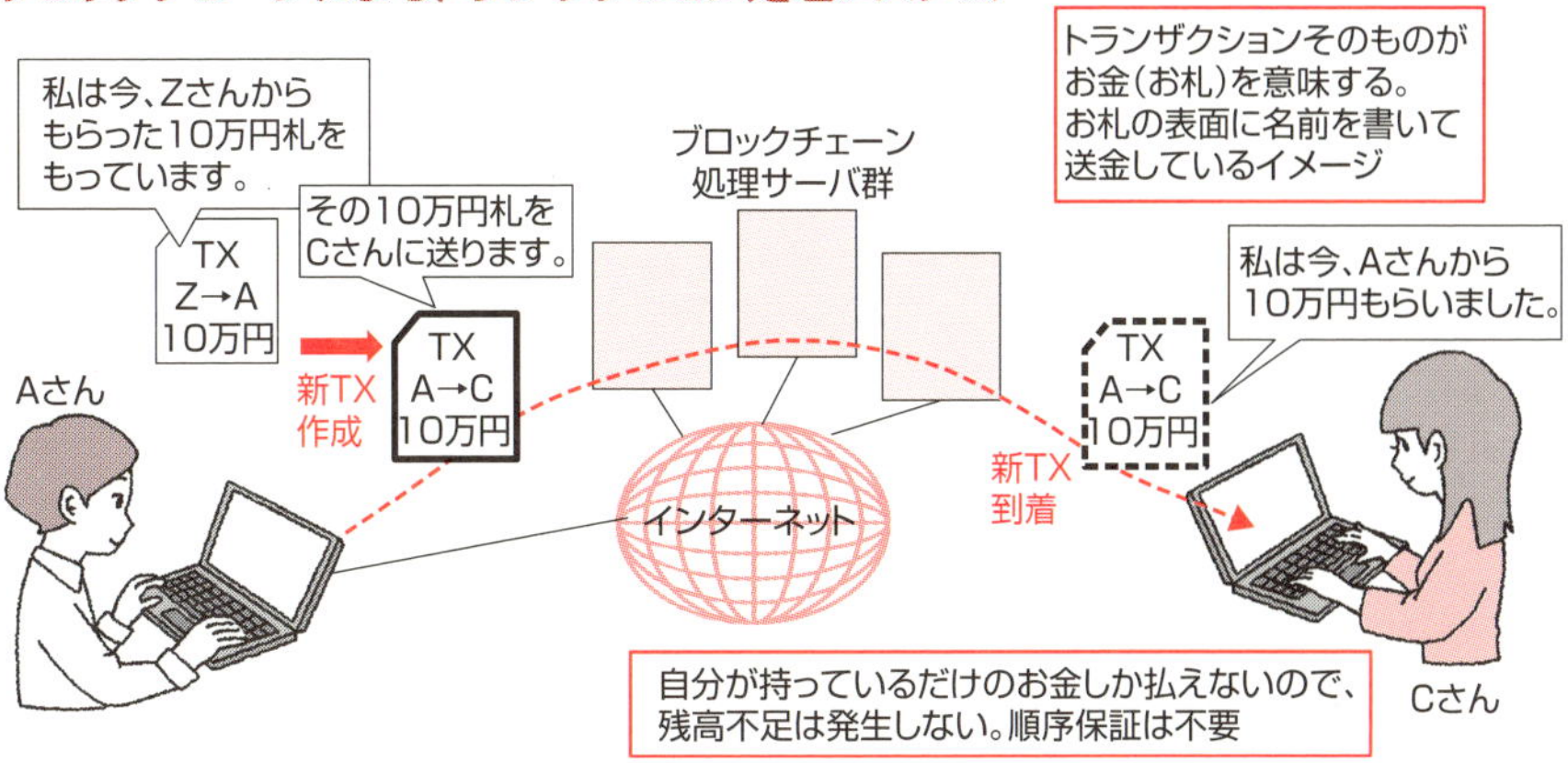

13 ハッシュ値は指紋のようなもの

変更や改ざんを防止するハッシュ値

これまで見てきたように、ブロックチェーンの情報には、ハッシュ値を計算して内容の改ざんを検出する仕組みがたくさん含まれています。ハッシュ値とはどんなものなのでしょうか。

ハッシュ値は人間の世界で譬えると指紋のようなものと言えます。指紋は一人ひとり異なっており、犯罪捜査にも利用されるほど確実に本人を特定できる情報です。とは言え、指紋情報を利用しても元の人間の顔や体形を復元できるわけではありません。指紋は人間に関する情報を小さな量に圧縮した特徴情報なのです。

デジタルデータに関して同様な特徴データを作成する機能がハッシュ値の計算です。例えば、図のように似たトランザクションがあり、一方は20万円の送金、もう一方が２００万円の送金になっていたものとします。両者を同じようにハッシュ関数にかけて計算すると、計算されたハッシュ値はまったく異なる値になります。少しでも内容が変化すればハッシュ値も大きく変化するので、ハッシュ値から元のデータを推定することはできません。例えば、ビットコインで使われるブロックチェーンでは、ハッシュ関数としてＮＩＳＴ（米国標準技術局）が規格を定めているＳＨＡ-２５６と呼ばれる仕様の計算方法が多用されています。この計算方法では結果が２５６ビットとなり、16進数で表示すると64ケタになります。

ところで、ハッシュ関数は長文の原文を入力として短いデータで代表させる技術です。情報量が減るのですから、原理的には二つの異なる原文が同一のハッシュ値に変換される「衝突」の可能性があります。しかし、作為的に衝突させる原文を作ることさえも難しい作業ですので、意味のある原文に悪意のある変更を加えた上で、さらにハッシュ値を一致させる変更は不可能です。ハッシュ値が同じであれば、原文は改ざんされていないと判断できるのです。

要点BOX
- ●特徴データを作成するハッシュ値の計算機能
- ●ハッシュ値だけからは元の文書を復元できない

ハッシュ値は本物を証明する指紋のようなもの

【指紋】本人であることが保証できる情報

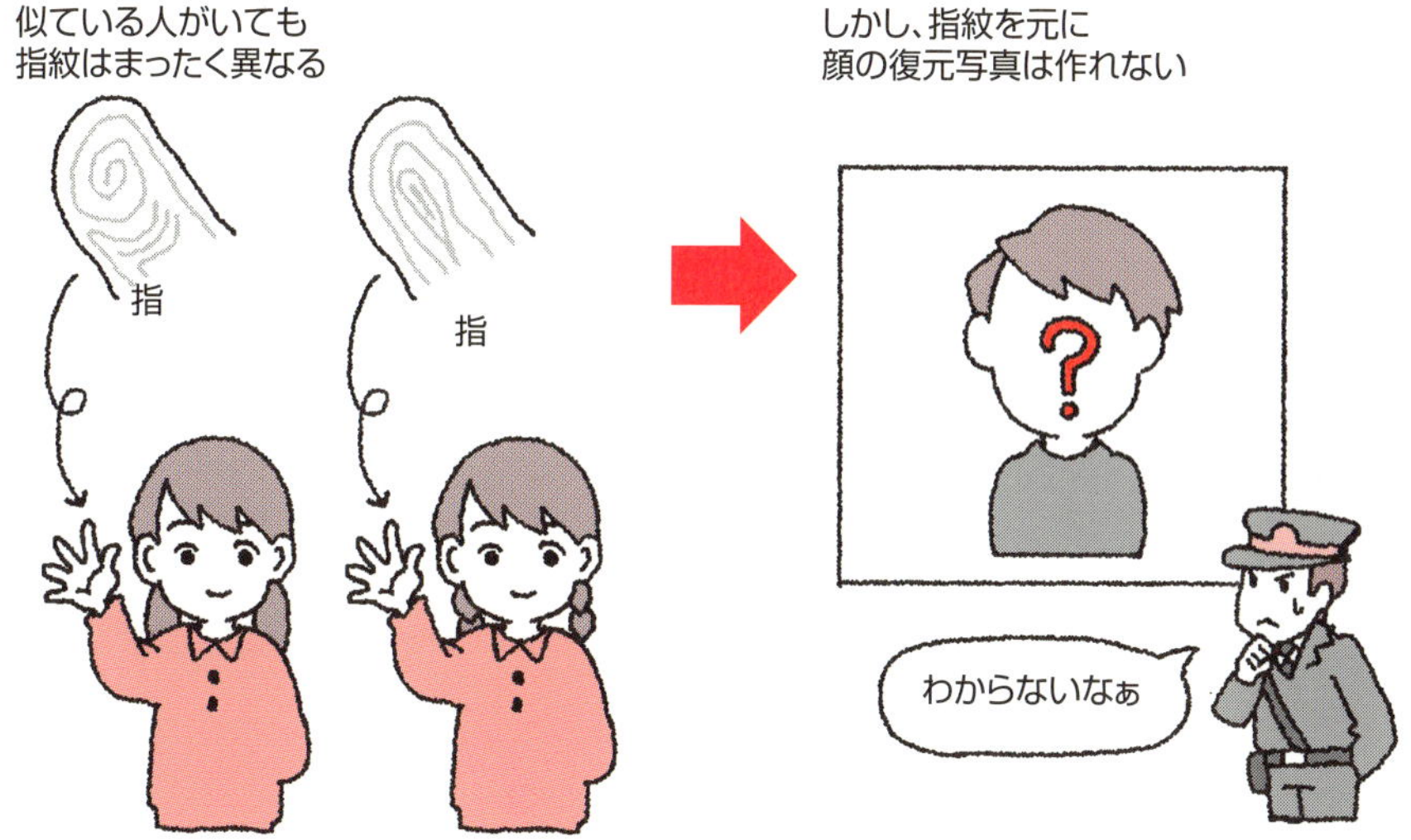

【ハッシュ値】元の文書・データが本物であることが保証できる情報

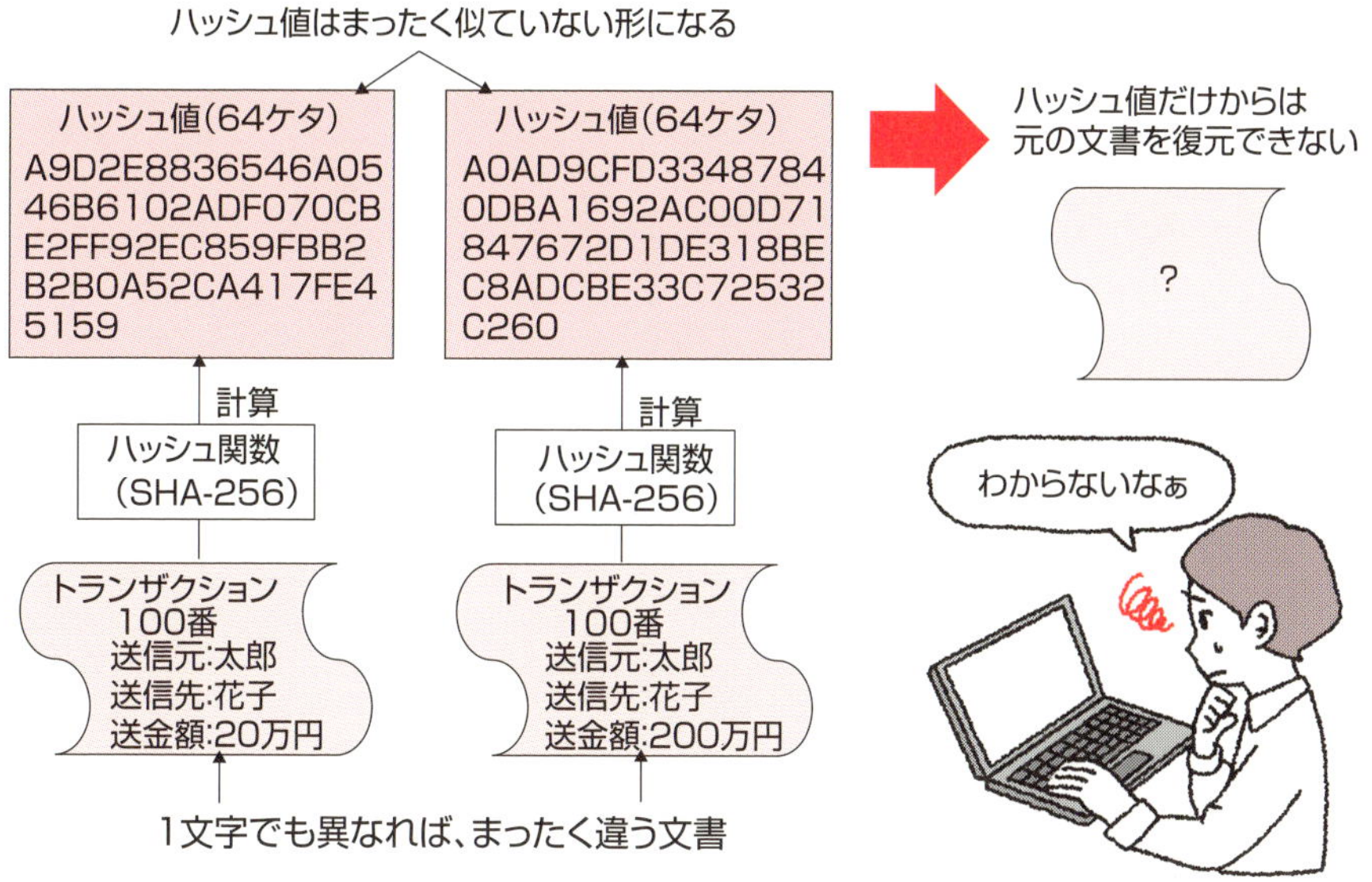

14 ブロックチェーンの枝分かれ「フォーク」

フォークの種類

　ブロックチェーンの正常な状態では、一つのブロックの次には必ず一つのブロックしかありません。ブロックは一列に行儀よく並んでいます。ところが、何かの拍子に一つのブロックの次に複数のブロックがチェーンされるタイミングが存在します。

　一列のブロックが先の方で複数に割れた状態になるので、これをフォークした状態であると呼び、①一時的なフォーク、②ソフトフォーク、③ハードフォークがあります。

　一時的なフォークは、複数のブロックチェーン処理サーバがほぼ同時に新ブロックの生成に成功したために生じ、各サーバが自分の新ブロックを全サーバに通知するので、チェーンが複数に分かれてしまいます。この場合、合意形成により後に枝が長くなったチェーンが採用され、他のチェーンは捨てられるので、いずれ1本のチェーンに集約されます。

　ソフトフォークはブロックの仕様に変更があった場合で、特に以前の仕様と互換性がある変更のため、古いブロックをチェーンするサーバが生き残ってしまい発生する枝分かれです。この場合、旧仕様でブロックをチェーンするサーバが少数派になるので、いずれ新仕様のブロックの枝が長くなり、枝分かれは解消します。

　ハードフォークはブロックの新仕様策定の際、ブロックチェーン参加者の間で合意が得られず、複数の新仕様が並列して存在する分かれ方です。ハードフォークが発生した場合には、再びチェーンが1個に戻ることはありません。

　ハードフォークの例としては、ビットコインのブロックチェーンが二つに分かれて、新ビットコインとビットコインキャッシュに分かれた事例があります。1ブロックに入るトランザクション数を拡大する際に、仕様の変更方法の統一を図ることができず、二つの仕様が両方とも有効になってしまったのです。

要点BOX

- ブロックチェーンの枝分かれ状態が「フォーク」
- 一時的なフォーク、ソフトフォーク、ハードフォークがある

フォークとはブロックチェーンの分岐が発生すること

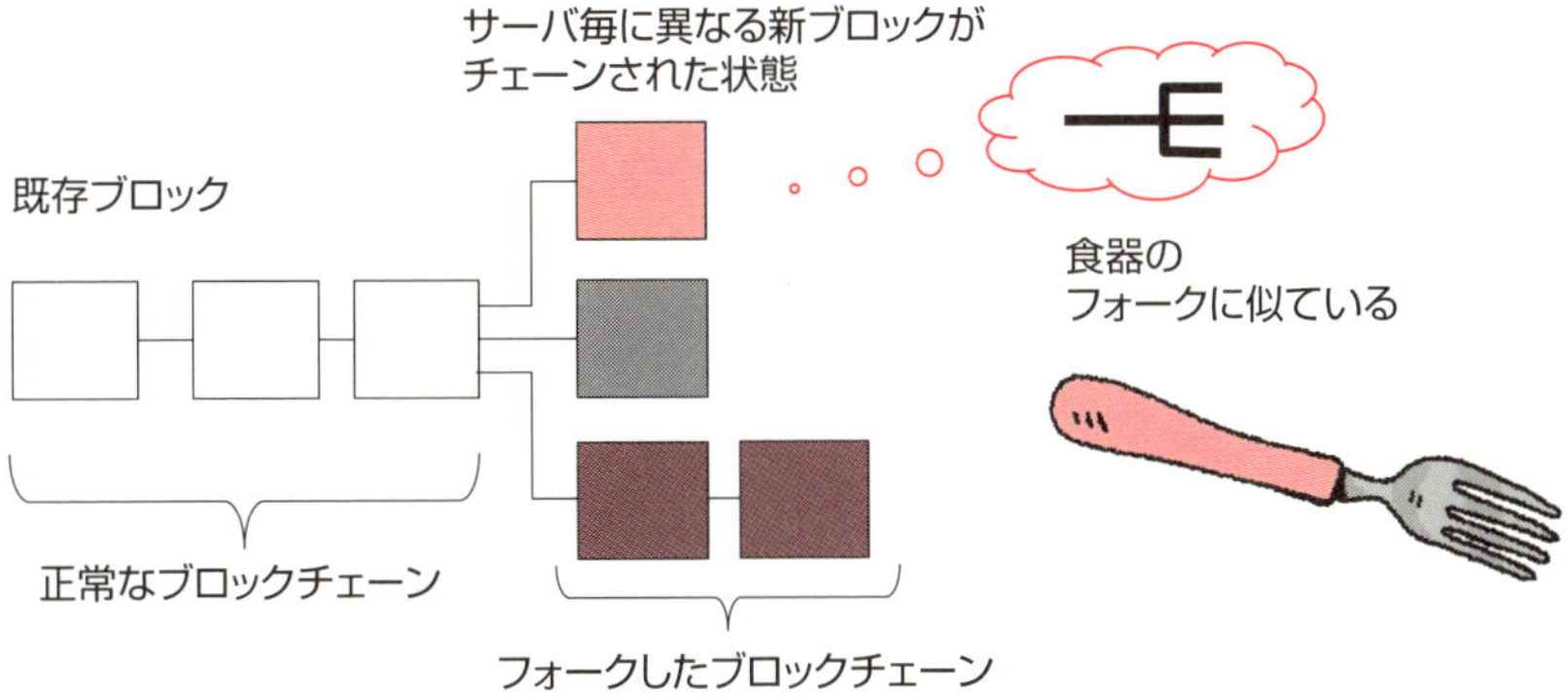

●一時的なフォーク…たまたま同時に異なる新ブロックができたとき

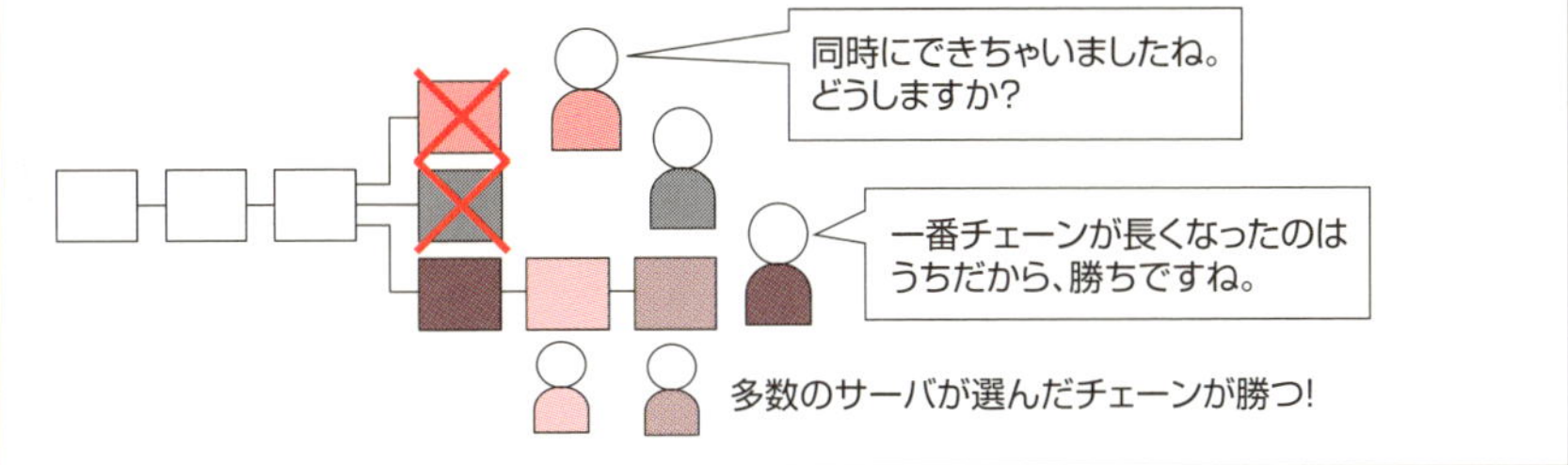

●ソフトフォーク…互換性のある仕様変更では旧ブロックも残るが最終的には新ブロックが勝つ

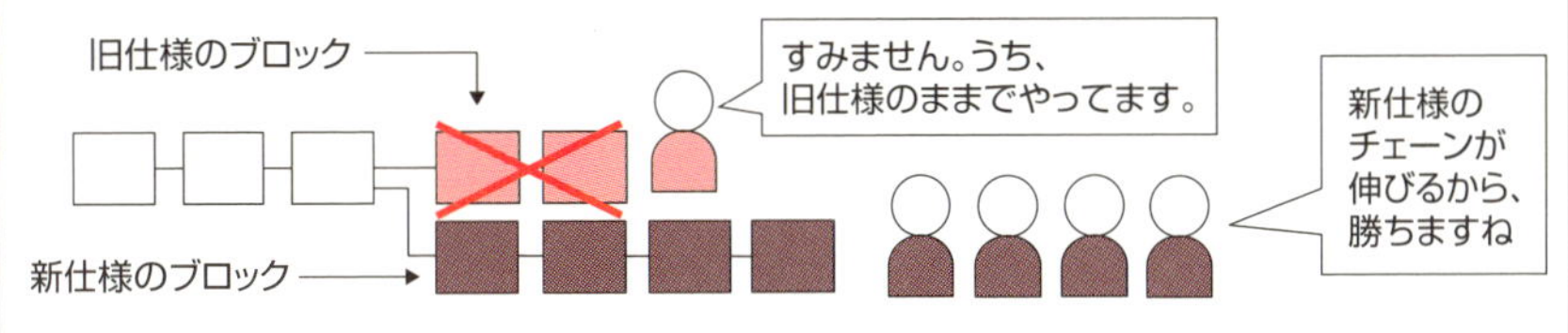

●ハードフォーク…ブロックの仕様変更後、異なる仕様で複数の新チェーンが永久に残る

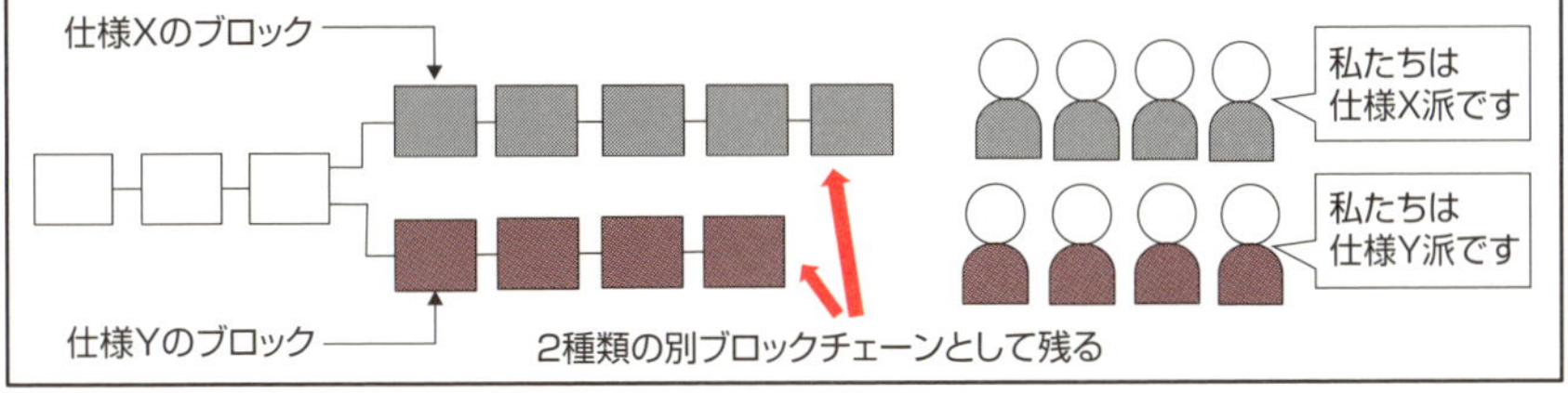

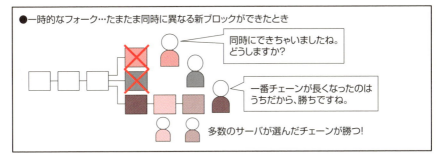

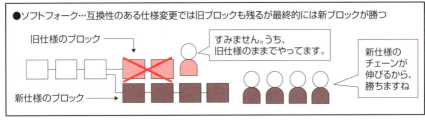

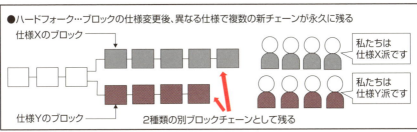

15 今いくら持っているかを計算する方法

自分宛トランザクションの合計

　ブロックチェーン方式による仮想通貨では、なんと、今現在自分がいくらのお金を持っているか、一つのデータを見ただけではわかりません。前にも述べたように、ブロックチェーンは送金情報を時系列に記録した大福帳型のデータベースなので、最初のデータから順にたどって、自分の手元に残っている送金データを合計しないとわからないのです。

　ビットコインでは、トランザクションの中で、まだ自分が他の人に送っていないトランザクションのことをＵＴＸＯ（Unspent Transaction Output）（未使用のトランザクション）と呼んでおり、自分宛のＵＴＸＯをすべて合計することにより、自分がいくらのお金を持っているかを計算することになっています。

　左図にブロックチェーンに記録されているトランザクションのイメージを示します。各トランザクションに出入りしている点線はどのトランザクションを入力にして次のトランザクションが生成されたかを示します。赤枠で示したトランザクションは、次のトランザクションの生成に使われていないので、未使用の状態で残っています。未使用のトランザクションはブロックチェーン全体に散在しているので、特定の人の現在残高は全ブロックを調べないと正確な残高がわかりません。図の例では、Ａさん宛のトランザクションが三つのブロックそれぞれの中に一個ずつあるので、それを合計した金額が現在の残高ということになります。

　仮想通貨を使うたびに全トランザクションを調べるとなると大変な時間を要して通貨としての利用価値が阻害されるので、ブロックチェーン処理システムでは最新の残高を格納するデータベースを補助的に併用して、高速な計算を可能にしています。

要点BOX

- ●送金データを合計しないと持っている自分のお金がわからない
- ●ビットコインではUTXOを合計する

今いくら持っているか計算するためには

- 現在の残高を計算するには、全ブロックのトランザクションを調べる必要がある（BitcoinではUTXOトランザクションを見つける処理）
- 実用的な性能を確保するため、通常は最新の残高を格納したデータベースを持つ（BitcoinではUTXOデータベースと呼ぶ）

【ブロックチェーン】

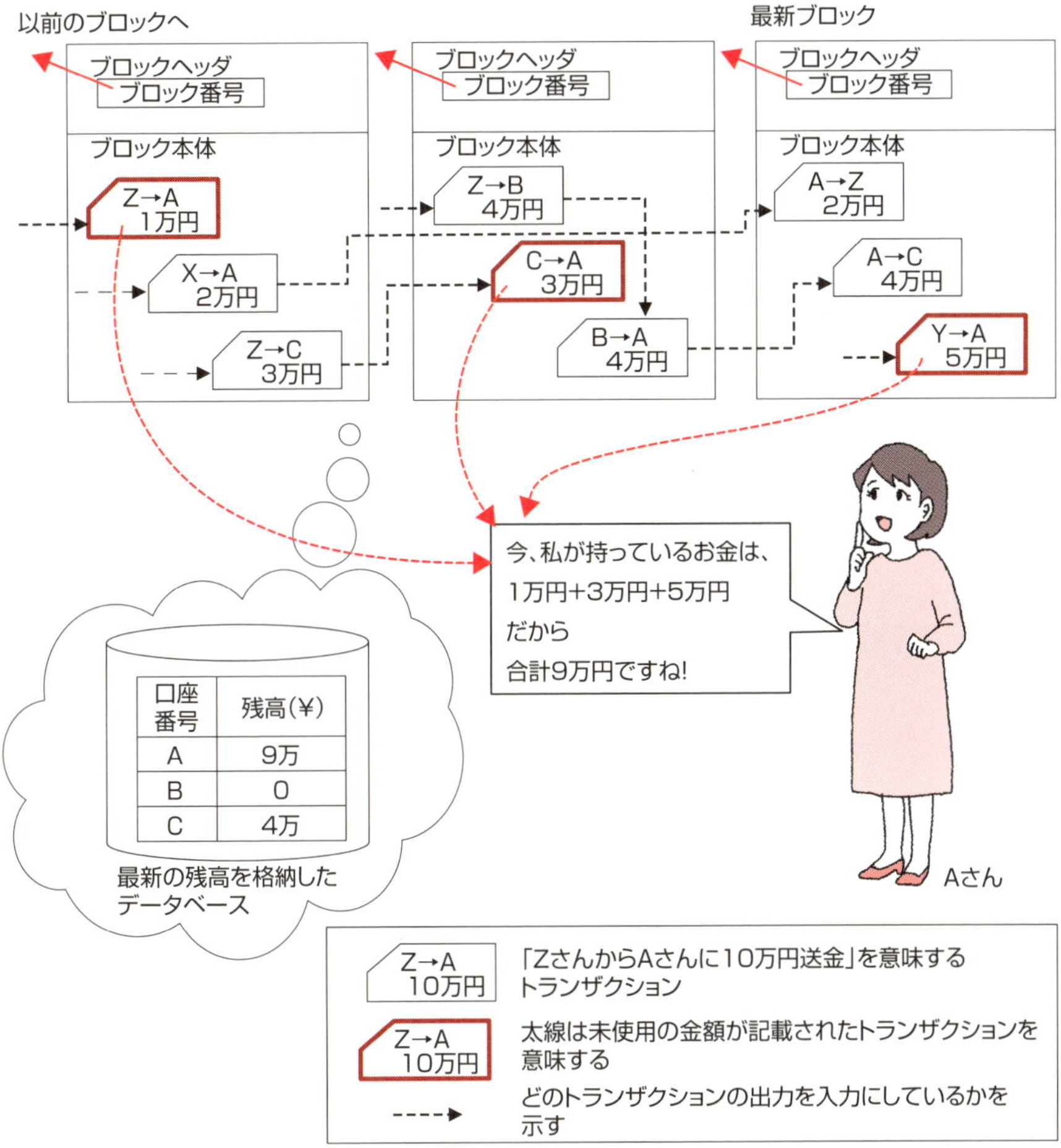

16 ブロックチェーンを守るプルーフオブワーク

改ざん防止のための長時間計算

ブロックに格納しているトランザクションの中身は誰にでも読めるように公開されていますが、書き換えができないように暗号技術を用いて保護しています。しかし、トランザクションを格納するブロックの方は、次のブロックが持っているハッシュ値が以前のブロックの正当性を保証するだけの仕掛けになっています。

つまり、なんと、ブロックについては暗号技術による保護をしていないのです。暗号技術により保護をするということは、復号鍵の所有者がそのブロックの権限を持つことを意味するので、誰にも権限を集中させないというコンセプトに反することになるからです。これは、悪意を持った人が関連するすべてのブロックを書き換えれば、偽のトランザクションを追加するなどの不正ができるということを意味します。これを防ぐ仕掛けがプルーフオブワークです。

例えばビットコインでは、約10分という長時間を要する計算方法を規定しています。具体的には図のように、ブロックヘッダ内のハッシュ値と「ナンス」と呼ぶ適当な値を合わせて新たなハッシュ値を計算し、それが予め決められた値より小さい値になるまで繰り返す、という計算方法です。ナンスは自由に選んでよいのですが簡単には発見できないので、良い値を採掘する作業であるという意味合いでこの計算をするサーバのことを「マイナー」と呼びます。

他のサーバからブロックを受け取ったブロックチェーン処理サーバはナンスの値の正当性を判定しますが、このときには一度だけハッシュ値を計算すればよいので、簡単に判定することができます。

不正を目的に関連するすべてのブロックを書き換えるためには、ナンスの再計算のために多大な時間を要します。その間に多数派のサーバによる処理がどんどん進んでしまい、悪意のある書き換えが間に合いません。この仕掛けによりブロックの改ざんが防止できているのです。

要点BOX

●トランザクションを格納するブロックは暗号技術で保護されない
●長時間を要する計算方法を規定して改ざん防止

プルーフオブワーク

ブロックチェーンを改ざんしたいとき

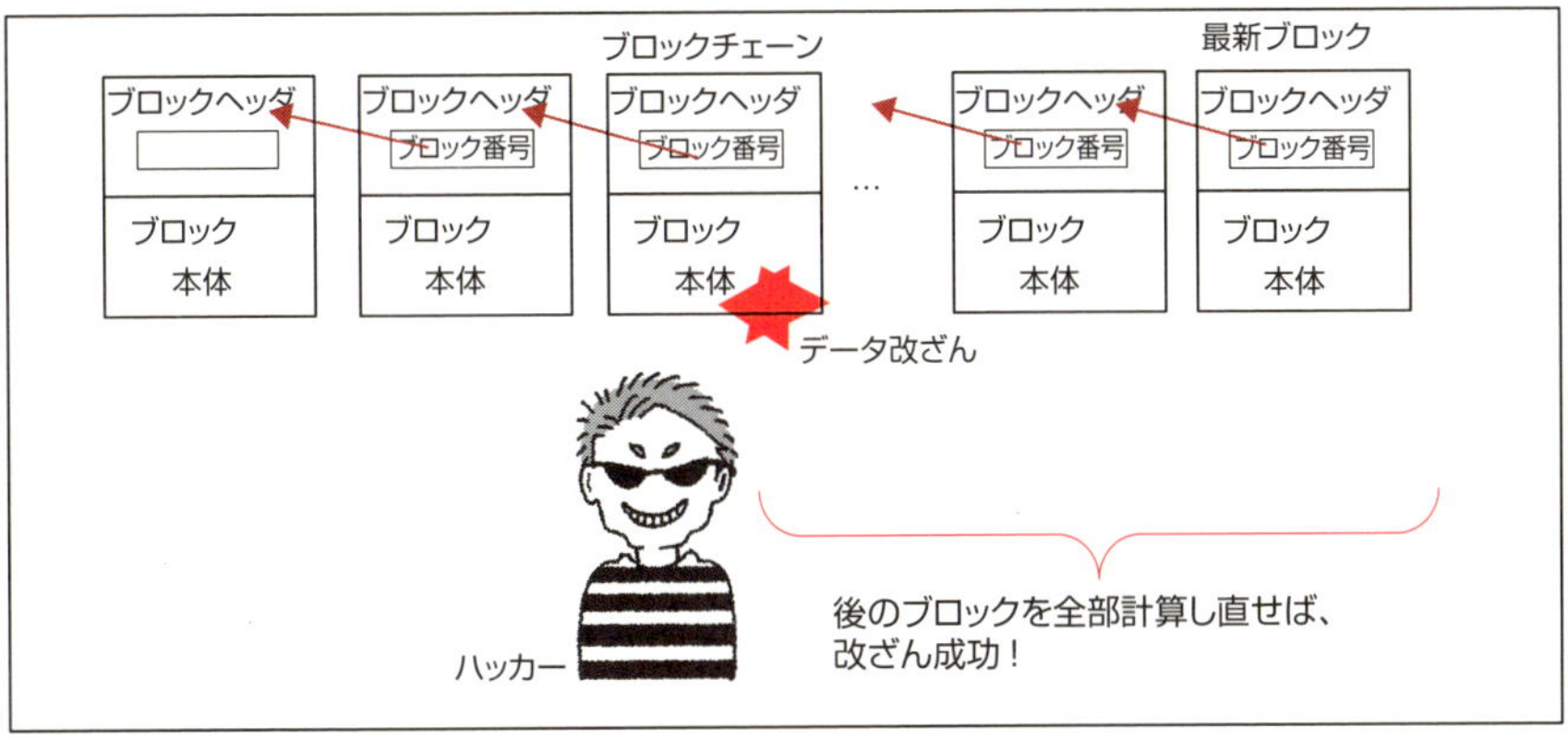

「善良な」別のサーバ群がブロックチェーンを伸ばし続けることにより、改ざんを防止する

計算に多大な時間を要する仕組みを作る!

「プルーフオブワーク」

時間を要する計算（ビットコインの例）

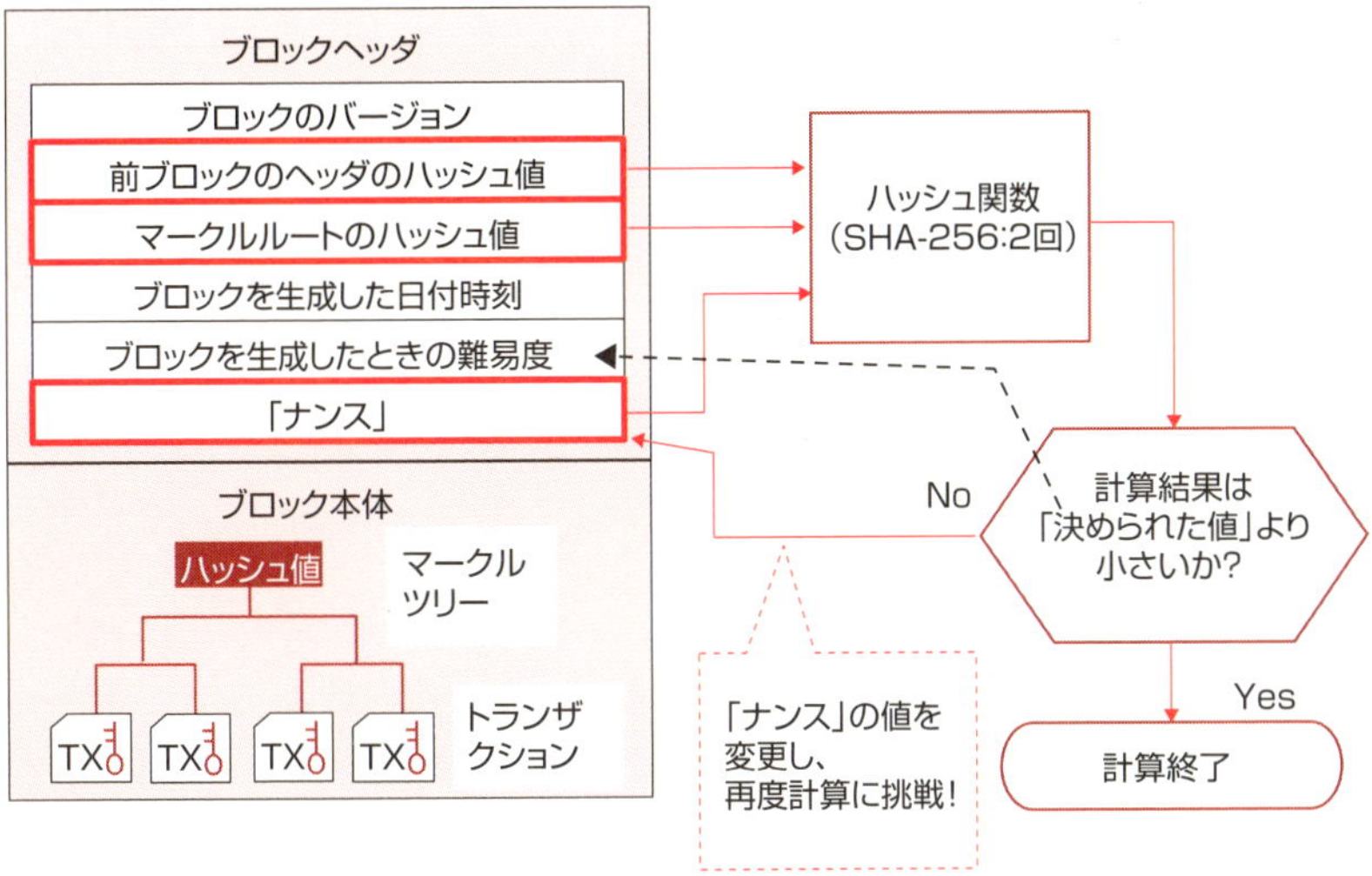

「決められた値」より小さいハッシュ値を作ることができる「ナンス」を見つけるまで、約10分かかるように、条件が決められている。（「難易度」としてブロックヘッダに記録する）

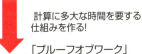

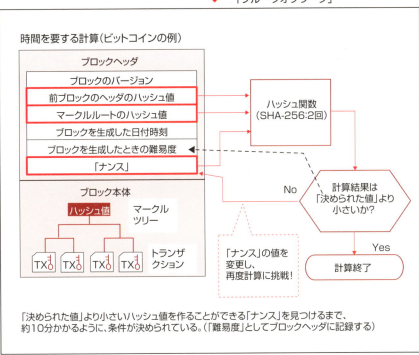

17 意外に不正確なブロックタイムスタンプ

ブロックを生成した日付時刻

ブロックチェーンの中でもビットコインにおけるブロックのヘッダには、ブロックを生成した日付時刻を示す「ブロックタイムスタンプ」が記録されています。この時刻はどれくらい正確でなければならないのでしょうか。誰が最初に新ブロックを生成したか判定するために時刻を用いるなら、時刻が重要とも思えます。しかし、実は時刻に基づいた判定はできないので重要ではないのです。

誰でも参加可能なパブリックのブロックチェーンの場合、参加しているすべてのブロックチェーン処理サーバが正しい処理をしているという保証がありません。サーバの時刻設定については、悪意がなくても多少の誤差がつきものです。

そこで、ある条件を満たしているなら、ブロックチェーン処理サーバがそれぞれ自分の時刻情報をブロックタイムスタンプとして設定すればよいという仕組みになっています。その条件とは、自分が設定しようとしている時刻が過去11個のブロックのタイムスタンプの中央値よりも大きい値であることです。また、新たに生成されたブロックが他のサーバから送られてきたときに、そのブロックのタイムスタンプが現在時刻より+2時間以上未来になっている場合には、そのブロックを受け付けてはいけないことになっています。

新ブロックの生成には約10分のプルーフオブワーク処理が必要ですから、通常は直前のブロックの時刻より何分も過ぎた値になり、サーバ間で多少時計のずれがあるとしても前後関係がひっくり返って見えるほどの影響はありません。

ブロックの前後関係はチェーンのつながりでわかるし、同時に生成されたブロックの優先判定は、多数のサーバ間での多数決で解決するので、時刻はそれほど重要ではないのです。

要点BOX

- ●各ブロックにはブロックタイムスタンプを記録
- ●ブロックチェーンでは時刻はそれほど重要ではない

意外に不正確で良いブロックタイムスタンプ

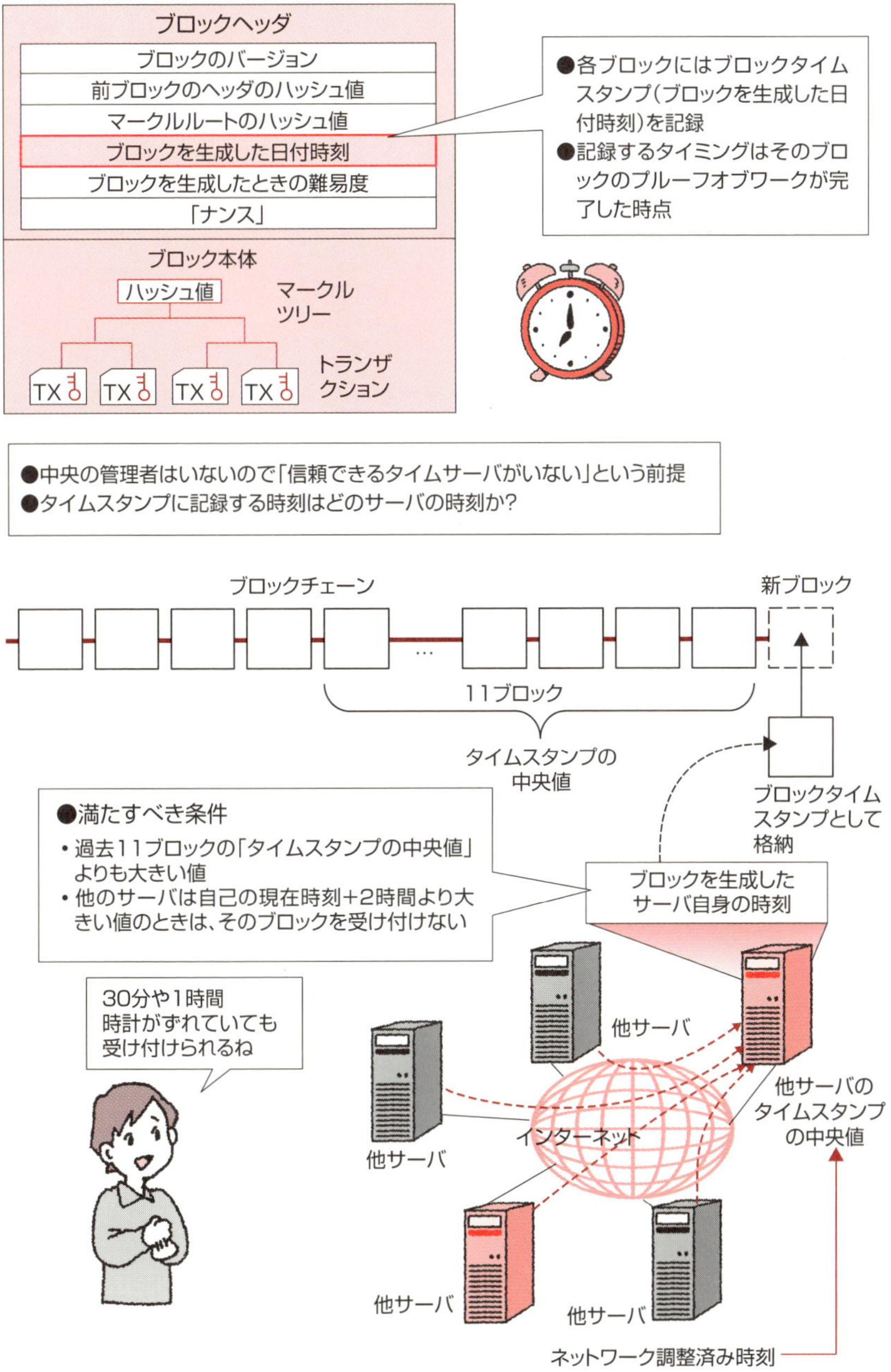

ブロックヘッダ
ブロックのバージョン
前ブロックのヘッダのハッシュ値
マークルルートのハッシュ値
ブロックを生成した日付時刻
ブロックを生成したときの難易度
「ナンス」
ブロック本体
ハッシュ値
マークルツリー
TX
TX
TX
TX
トランザクション
●各ブロックにはブロックタイムスタンプ（ブロックを生成した日付時刻）を記録
●記録するタイミングはそのブロックのプルーフオブワークが完了した時点
●中央の管理者はいないので「信頼できるタイムサーバがいない」という前提
●タイムスタンプに記録する時刻はどのサーバの時刻か?
ブロックチェーン
…
新ブロック
11ブロック
タイムスタンプの中央値
ブロックタイムスタンプとして格納
●満たすべき条件
・過去11ブロックの「タイムスタンプの中央値」よりも大きい値
・他のサーバは自己の現在時刻＋2時間より大きい値のときは、そのブロックを受け付けない
ブロックを生成したサーバ自身の時刻
30分や1時間時計がずれていても受け付けられるね
他サーバ
他サーバ
インターネット
他サーバのタイムスタンプの中央値
他サーバ
他サーバ
ネットワーク調整済み時刻

18 非公開のパーミッションドブロックチェーン

プライベートブロックチェーン

本書では主にパーミッションレス（パブリック）ブロックチェーンを前提として仕組みを解説しています。これは、誰もが参加できるブロックチェーンシステムです。一方、ブロックチェーンは優れた仕組みなので、企業や特定の組織内で使用したいというニーズもあります。これがパーミッションド（プライベート）ブロックチェーンと呼ばれ、管理者から許可をもらった者だけが参加できるシステムです。許可が必要であると仮定すると、悪意を持った者が参加できないので、改ざん防止の手続きを簡略化して性能を向上したり、記録内容を組織に合わせて自由に決めたりすることができます。

左の表で二つの方式について比較してみましょう。参加者の観点ではパーミッションレスでは誰もが自由に参加できますが、パーミッションドの場合は、管理者の許可を受けなければなりません。トランザクション処理性能の面では、前者では時間のかかるプルーフオブワークを必要とし、トランザクション処理性能が低くなりますが、後者ではプルーフオブワークを簡単化でき性能が向上します。セキュリティ面では、パーミッションレスでは公開であるにもかかわらず、悪意を持った参加者がデータを改ざんできないという素晴らしい特長を発揮していますが、パーミッションドでは、参加者を制限することにより強いセキュリティを確保できます。耐障害性に関しては、両方式ともサーバの分散配置を前提としているので良好な構成が可能です。

システム構築コストの観点では、パーミッションレスの場合はボランティアの参加者がコストを分散して負担し低コストを実現します。パーミッションドの場合でも、従来のトランザクションシステムでは必須となる設置環境の安全確保やシステムの冗長化など、大きなコストを要する構成を採用する必要がないのでシステムを比較的安価に構築できるのです。

要点BOX

- ●パーミッションドブロックチェーンは企業や特定の組織内で使用する
- ●管理者から許可をもらった者だけが参加できる

パーミッションドブロックチェーン(プライベートブロックチェーン)

	パーミッションレスブロックチェーン		パーミッションドブロックチェーン	
参加者	・誰でも参加可能 ・悪意の参加者が存在することが前提  		・企業·組織などから予め許可を受けた者だけが参加可能 ・悪意の参加者は存在しない前提  	
中央の管理者	・不要	◎	・必要(特定用途に対しては問題ない)	○
トランザクション処理速度	・低速(特定用途に対しては十分) ・10分ごとのブロック生成+ブロックの承認時間が必要	×	・中速(特定用途に対しては十分) ・トランザクションの承認が短時間で可能(通常のトランザクション処理システムよりは遅い)	△
セキュリティ	・悪意の参加者に対して十分な信頼性を持つ手順を実行	○	・信頼性と性能を両立	○
耐障害性	・非常に高い信頼性を持つ(地理的にもコンピュータハード/ソフト的にも多重化されている)	○	・非常に高い信頼性を持つ(地理的にもコンピュータハード/ソフト的にも多重化されている)	○
システム構築コスト	・安価(ボランティアが分散してコストを負担)	◎	・比較的安価(中央のセンターに、ハード/ソフトを多重化したトランザクション処理システムを構築する方法に比較して安価)	◎

◎/○/△/×:通常のトランザクション処理システムに対して、優位/同等/若干劣る/かなり劣ることを示す

19 送金だけじゃない！スマートコントラクト

サービスの自動実行

ブロックチェーン技術はインターネットに公開されているトランザクション処理システムです。しかし、単純な送金トランザクションだけでなく、自動的にいろいろな取引ができるようにする仕掛け「スマートコントラクト」が実現されています。コントラクトという言葉を聞くと重々しい契約書をイメージするかもしれませんが、そうではありません。自動販売機のように、「ある条件が成立したらサービスを自動的に提供する」という仕掛けのことです。

具体的には、サービスを自動実行するプログラムをトランザクションの中に記述できるようにして実現します。左上図のように、自動的にサービスを提供したい企業（A）は、トランザクションの中に自動実行用のプログラムを記述してブロックチェーン処理サーバ（マイナー）に送信します。そのトランザクションが承認されると、自動実行を受け付けるために新たな口座（C）が生成されます。サービス希望者（X、Y）は自動実行受付口座（C）に対するトランザクションを作成し送信します。どのような条件でどんなサービスを提供するかは、ブロックチェーンに記録されているトランザクション内のプログラムの形でインターネット上に公開されており、申込・受付状況もブロックチェーンで公開されているので、契約違反が発生すればすぐにバレてしまうという仕組みです。例えば、200枚のコンサートのチケットを1枚5000円で販売するスマートコントラクトを考えてみましょう。販売企業は200枚までのチケットを規定の価格で売るというプログラムをトランザクションに書いて送信します。そのプログラムはブロックチェーンの最新ブロックに登録され、購入希望者のトランザクションが来るたびにチケットを自動的に発行します。規程枚数に達した後に到着したトランザクションに対しては「売切れ」を表示して、購入代金を返送する、というような動作をします。

要点BOX

- 「ある条件が成立したらサービスを自動的に提供する」仕掛け
- 中央の管理者なしに一連のサービスを実行

スマートコントラクト機能で自動取引

●ブロック中に取引内容(プログラム)と取引要求(トランザクション)を公開
→「証拠」になるので信頼性がある
●まずコントラクト用口座を生成するトランザクションを送信(①)。
ユーザーはコントラクト用口座に対してトランザクションを送信(②)。
●コントラクト生成者は口座の状況を確認して、サービスを提供。あるいはコントラクト内のプログラムにより自動的にサービスを提供。

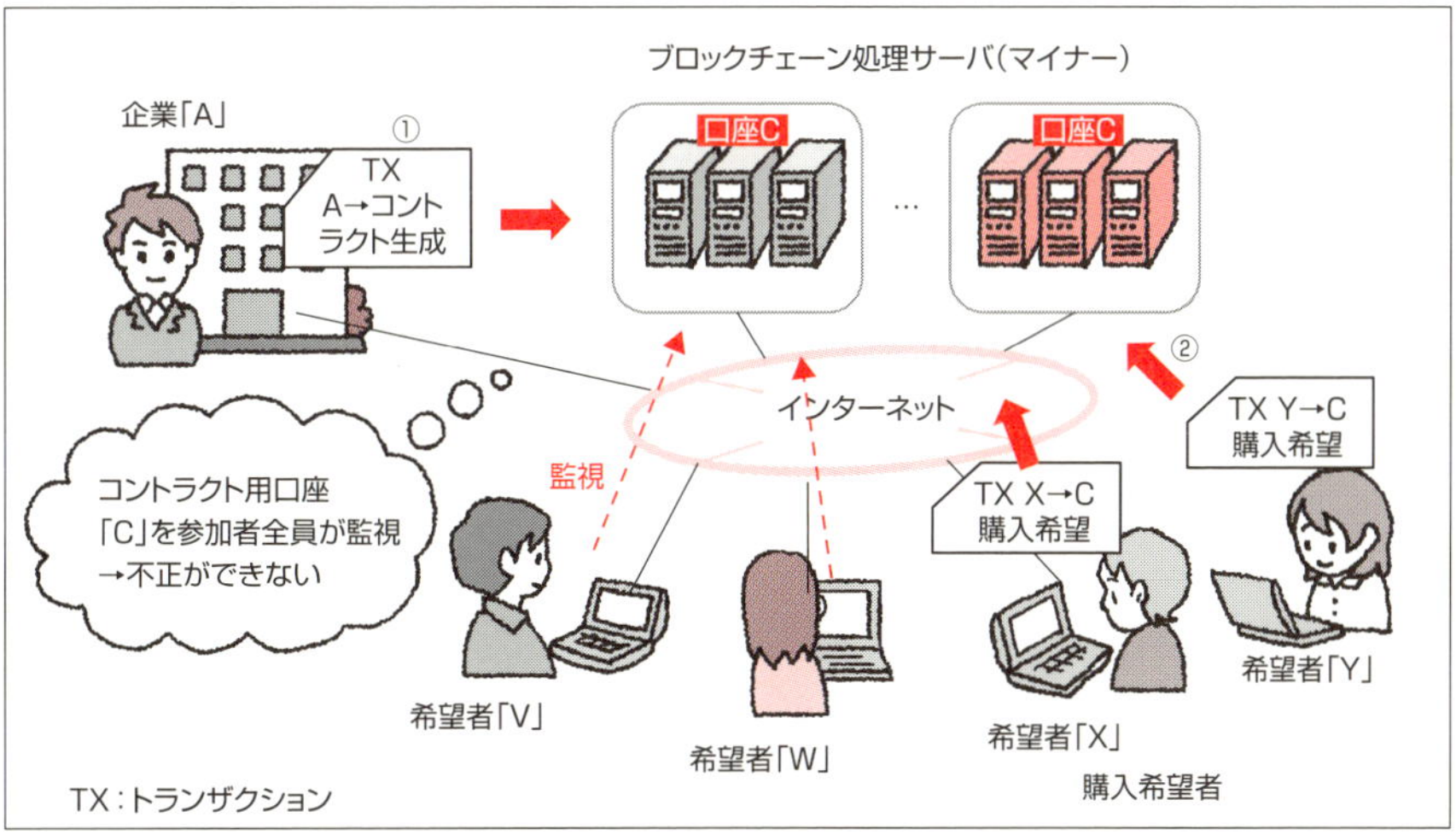

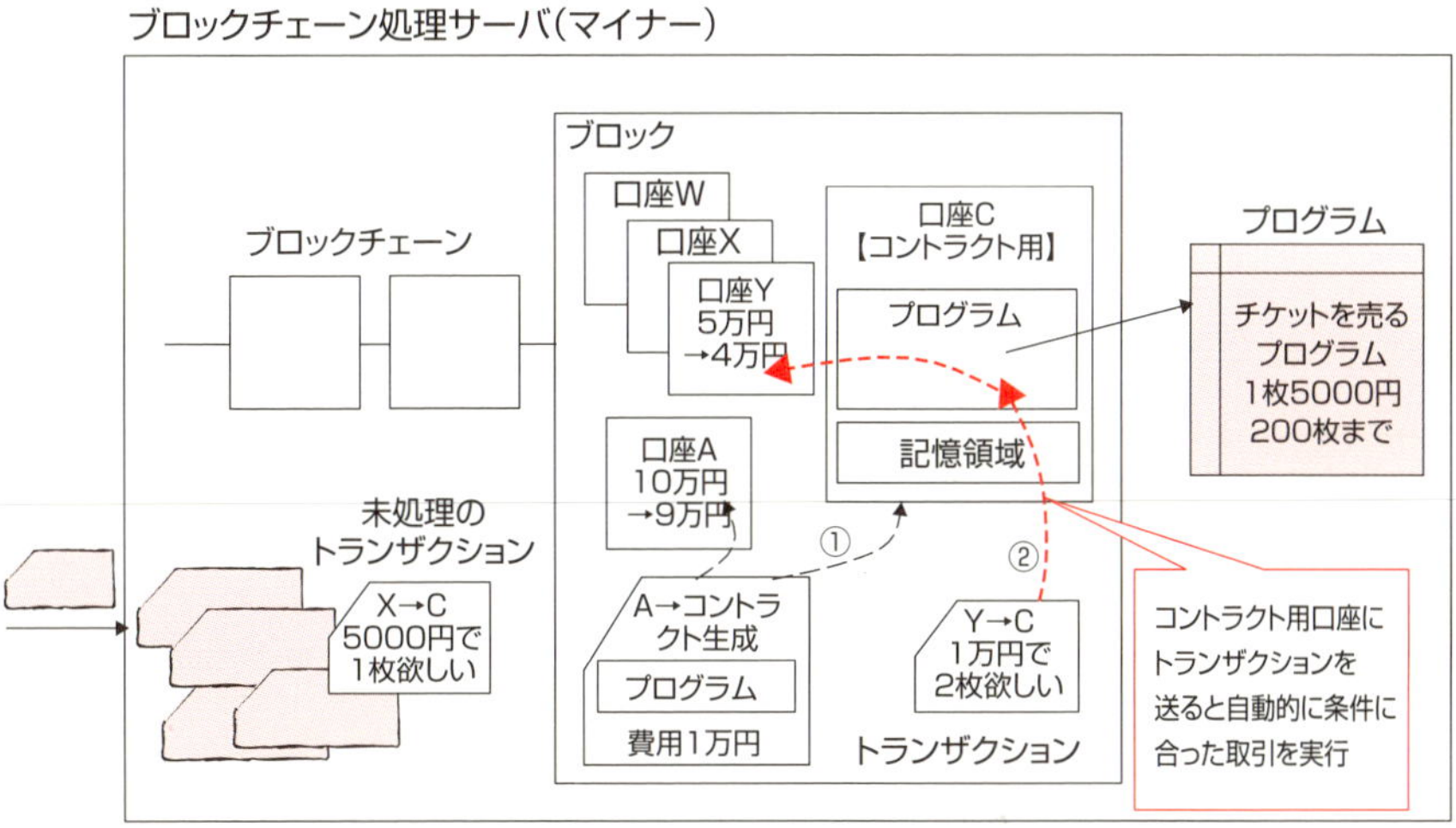

イーサリアム(Ethereum)の処理イメージ

20 なんでも記録！スマートプロパティ

履歴をブロックチェーンで管理

ブロックチェーンによるトランザクション処理の特徴のひとつは、すべての取引履歴を残す機能です。ここに目を付けた新たな利用方法がスマートプロパティです。世の中には土地や株、戸籍や住民票など、所有者の履歴や内容の変更履歴が重要となるものがあります。こういった履歴をブロックチェーンで管理しようというアイデアがスマートプロパティです。

スマートプロパティはスマートコントラクトの仕掛けを土台として使って実現されます。例えば株券の所有者の変更履歴を残すブロックチェーンを作ることを考えてみましょう。株の名義書換や増資、分割など、株に関するいろいろな処理をブロックチェーンの基本処理の中に作りこむことは得策ではありません。制度の変更などで修正が入ると基本処理に影響する可能性があるからです。また、ブロックチェーンの基本処理をインフラとして活用し、その上にいろいろなプロパティを扱うアプリケーションを載せられた方が、応用範囲が広がり、トータルの開発コストも安くなると考えられます。

左図には株、運転免許、ホテルの予約を例として挙げていますが、もっともっと、多数の応用が可能でしょう。何かをスマートプロパティとして管理したい企業は、スマートコントラクトのときと同様に、トランザクションにプロパティを管理するプログラムを書き、トランザクション処理サーバに送ります。各サーバはスマートプロパティを受け付ける口座を生成して、ユーザはその口座に対してトランザクションを送信してプロパティの記述を変更することになります。

スマートプロパティの利用はプライベートブロックチェーンで活用される場面が多くなるかもしれません。内容を公開してよいプロパティは、それほど多くないと思われるからです。

要点BOX

- ●トランザクション処理時にすべての取引履歴が残る
- ●登録履歴をプロパティ（財産）として管理活用

なんでもブロックチェーンに載せるスマートプロパティ

- ブロックチェーンの特徴…来歴が重要なデータの管理に適する
- 例えば株、運転免許、ホテルの部屋など、スマートプロパティにできる可能性
- プロパティ対応に個別の制御が必要→スマートコントラクトをインフラとして使用

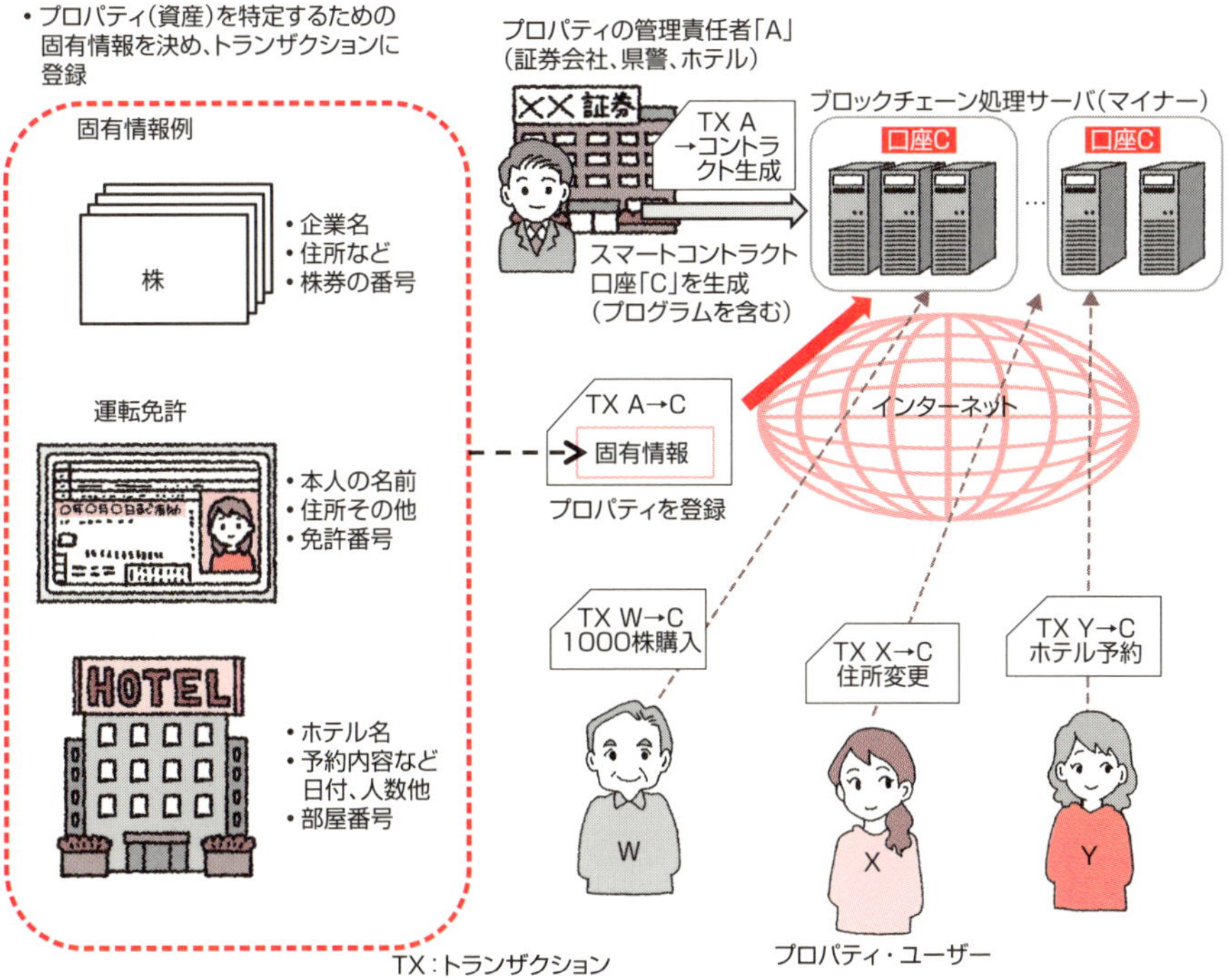

- 管理者はそれぞれの処理を正しく実行するプログラムを開発して提供
- ユーザーの要求に対応して費用を徴収し、プロパティの所有者をユーザーに変更し、必要なレスポンスを返す

- 1000株分のプロパティを分割し、所有者名をWに変更
- 株の権利者の移動履歴がブロックチェーンに残る

- 運転免許登録住所を変更
- 運転免許記載事項の変更履歴がブロックチェーンに残る

- ○月○日～○泊予約
- 部屋の予約履歴がブロックチェーンに残る
- 電子キーがYの口座に送付される

Column

インターネットとブロックチェーン

中央の管理者がおらず、参加したい人が自由に参加できることがブロックチェーンの特徴ですが、これはインターネットの考え方とよく似ています。

ひと昔前、情報システムと言えばメインフレームコンピュータだった時代、ネットワークに新しい端末を接続するためには中央の管理者に依頼しなければならず、手間と時間がかかりました。そこにイーサネットとインターネットが出現し、管理者に依頼しなくても自由に個人のパソコンをネットワーク接続できるようになりました。インターネット技術の開発は、自由を得るための戦いであったとも言えるでしょう。

しかし、大きな自由度を得たことと引き換えに、外部からの攻撃にさらされることとなり、現在ではセキュリティ対策が非常に重要になっています。

ブロックチェーンはインターネットにおける戦いと同様、中央の管理者を必要とするリレーショナル・データベースを用いたオンライントランザクション処理システムに戦いを挑む技術です。今のところはまだ適用可能範囲が狭いですが、今後の発展が期待されます。

さらに、将来は自由であるが故の課題に直面するでしょう。大きな自由度と引き換えに予想もしないマルウェアが生まれ、システムを攻撃してくるかもしれません。セキュリティ対策の強化がますます重要になっていくことでしょう。

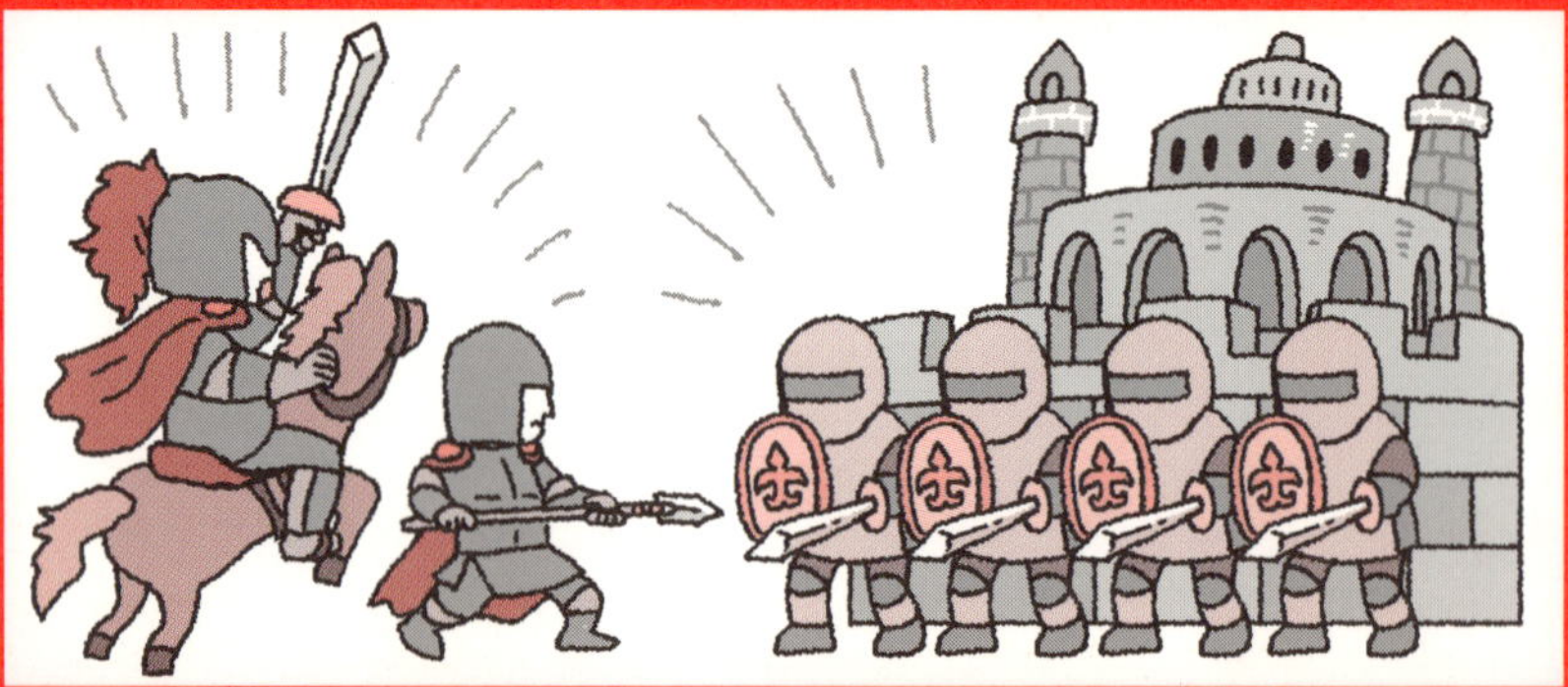

第2章

文字通りブロックチェーンの鍵になる暗号技術

21 データ暗号化の基本

共通鍵暗号

ブロックチェーンのしくみでは暗号をたくさん利用しています。暗号とは伝えたい内容を他人には分からないように変換して相手に送るしくみです。例えば、人間が相手の人に暗号を使った手紙を送りたいとき、左上図にあるような暗号表を使って文字を置き換えて送ります。相手の人は暗号表を逆の変換に使用して元の文字に戻すことができます。暗号表を自分と相手だけが持っているなら、途中でその手紙を見た人がいても意味がわからないのです。

コンピュータ内のデータを暗号化するときにはどうしているのでしょうか。

コンピュータ内では文字列も数字も、すべて数値で表現されています。そこで、データを暗号化する際にはその数値を計算式にかけて、適当な数値に変換します。これでその数値は別物になり、悪意を持った第三者がそれを見ても元のデータが何なのかわかりません。暗号を元に戻す（復号）際には、逆の計算式にかけて元の数値に戻せば、意味のあるデータとして読むことができるようになります。

左下図に簡単な例を示します。例えば計算式として $f(x)=ax+b$ を用いることにすると、逆に変換する逆関数として $f^{-1}(x)=(x-b)/a$ を用いることになります。これは人間が暗号表を逆に読むのと同じことです。計算式を暗号表の代わりに自分と相手だけの秘密としておくことにより、自分たちだけが元のデータを見られます。しかし、一般的には計算式を公開し、必要なパラメータ（例では a と b）だけを秘密鍵として使用します。自分と相手で共通の秘密鍵を持つので、この方式を共通鍵暗号と呼びます。

もし計算式そのものを秘密にしてしまうと、新たに秘密のグループで別暗号を使いたいときにはコンピュータプログラムを作り直す必要があり、多大なコストがかかるので実用的ではないのです。

要点BOX

●データの数値を計算式にかけて暗号化する
●計算式を公開して必要なパラメータだけを秘密鍵として使用

コンピュータデータの暗号化は数字の計算で実行

人が手紙を暗号化したいとき

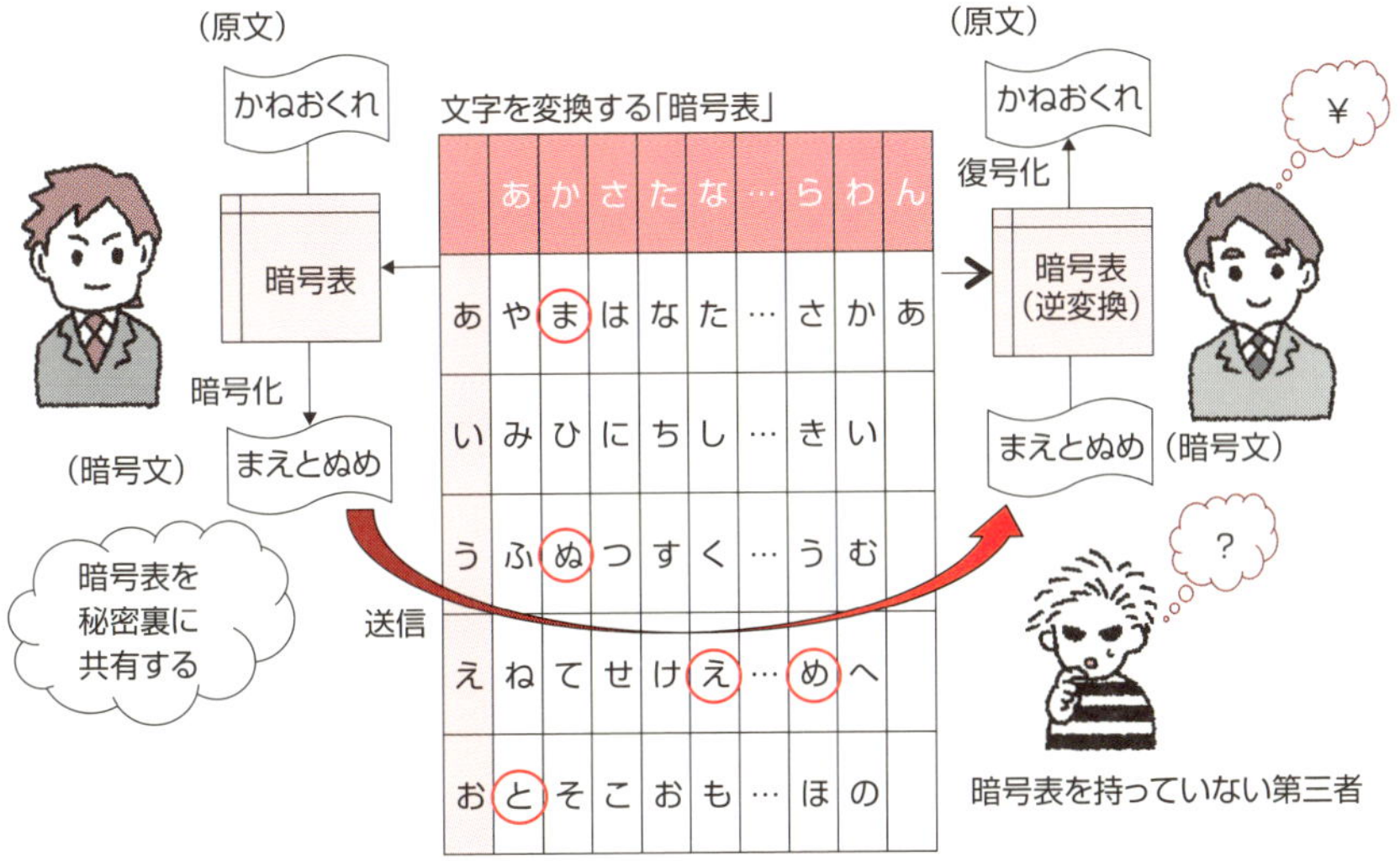

	あ	か	さ	た	な	…	ら	わ	ん
あ	や	ま	は	な	た	…	さ	か	あ
い	み	ひ	に	ち	し	…	き	い	
う	ふ	ぬ	つ	す	く	…	う	む	
え	ね	て	せ	け	え	…	め	へ	
お	と	そ	こ	お	も	…	ほ	の	

コンピュータのデータを暗号化するとき(共通鍵暗号)

・コンピュータ内のデータは、文字も数字も、すべて数字で表現されている
→数式で計算することにより暗号化/復号化を実行

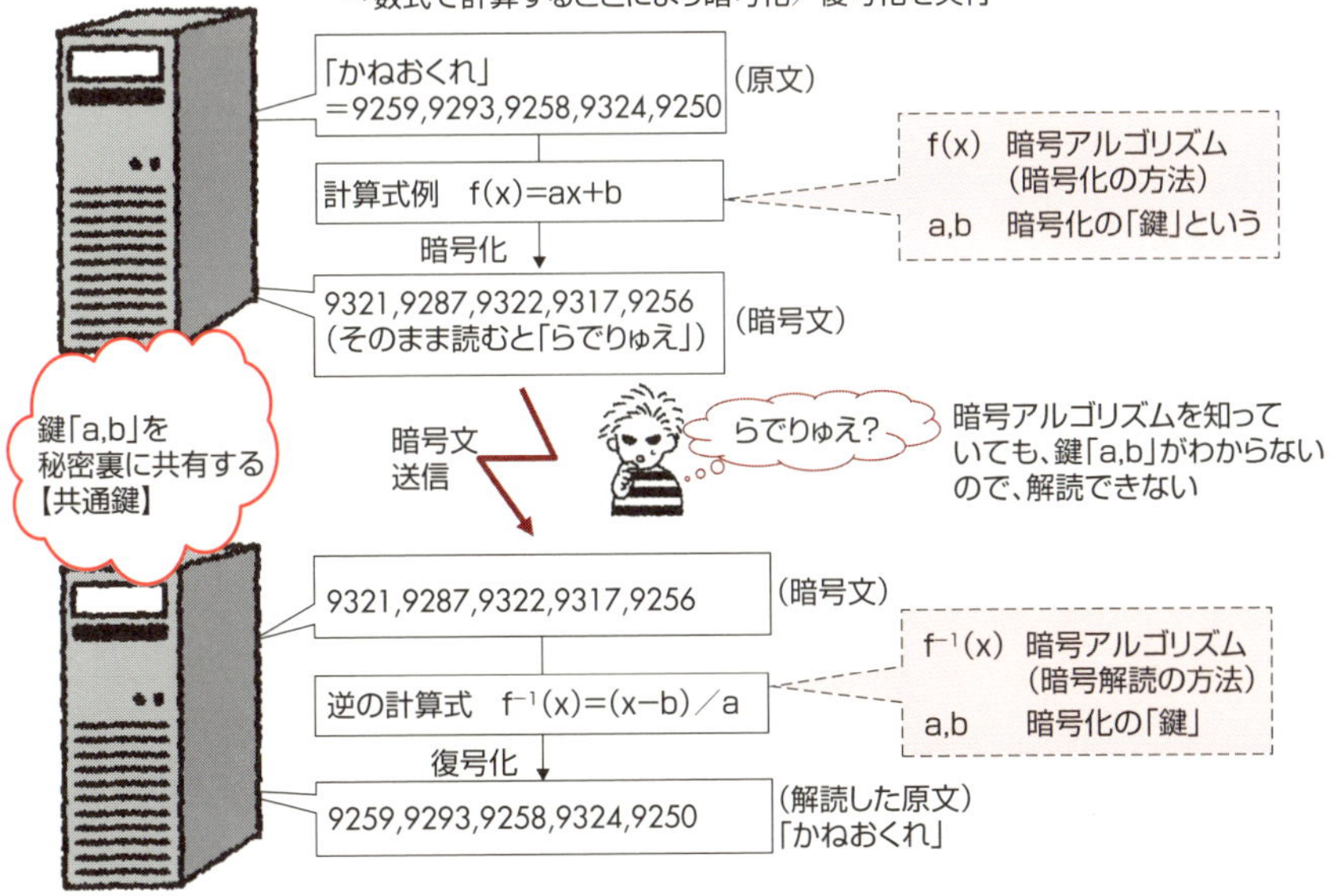

22 暗号化の鍵を公開しても大丈夫

公開鍵暗号方式

コンピュータのデータ暗号化の基本は共通鍵暗号ですが、ひとつ困った点があります。最初に共通鍵を相手方に送るときに共通鍵を盗まれてしまうと、データが第三者に読めてしまうのです。

そこで開発された暗号が公開鍵暗号方式です。暗号化の鍵「a、b」を公開して原文を暗号化するのですが、計算方法が公開されており鍵もあるのに、逆から元へ計算する方法がないので暗号文を復号できないのです（左上図）。

どうしてこんなことができるのか、左下図を用いて説明しましょう。計算式は、たいてい逆向きの計算方法がわかります。ところが、逆向きの計算ができないのに繰返し計算すると元の数値に戻る「ある計算式」が見つかったのです。この計算式は剰余計算（整数で割った余りの計算）を基本とした式で、一度計算をして結果が出ると、逆向きの計算をしても元の数値はひとつに決まらず、決定できないという性質があります。さらに、割る数「b」を2個の素数「p」「q」を掛けた値とすると一定の回数同じ計算を繰り返すだけで元の数値に戻るという性質があるのです。つまり、逆関数はないが、同じ計算をどんどん繰り返し計算することにより元に戻るという、一方向関数ができるのです。

そこでこの計算式を公開し、暗号化するための「公開鍵」として割る数「b」と繰り返し回数「a」を公開します。元に戻すための全体回数Nは非公開であり、aとbだけではNを計算できないので復号化の計算ができないのです。復号化のための回数は$b=p\times q$となるpとqを用い、全体回数Nをある式で計算すればわかります。したがって、「p」「q」を「秘密鍵」として使用することにより暗号を復号化できるのです。つまり、非常に大きな数Nを二つの数の掛算で表すこと（素因数分解）が難しいという原理を用いた暗号なのです。

要点BOX

- ●計算方法を公開して鍵もあるのに復元する方法はわからない
- ●公開鍵と秘密鍵を使う

復号用の「鍵」は秘密だから安心、公開鍵暗号

- ●共通鍵暗号は、共通鍵が盗まれるとハッカーに読まれてしまう
- ●鍵を盗まれても秘密が保てる暗号方式が欲しい！⇒ 公開鍵暗号方式
- ●暗号化するためには公開鍵を使い、復号化するためには自分だけが持っている秘密鍵を使用

暗号化用の鍵「a,b」を公開する暗号方式

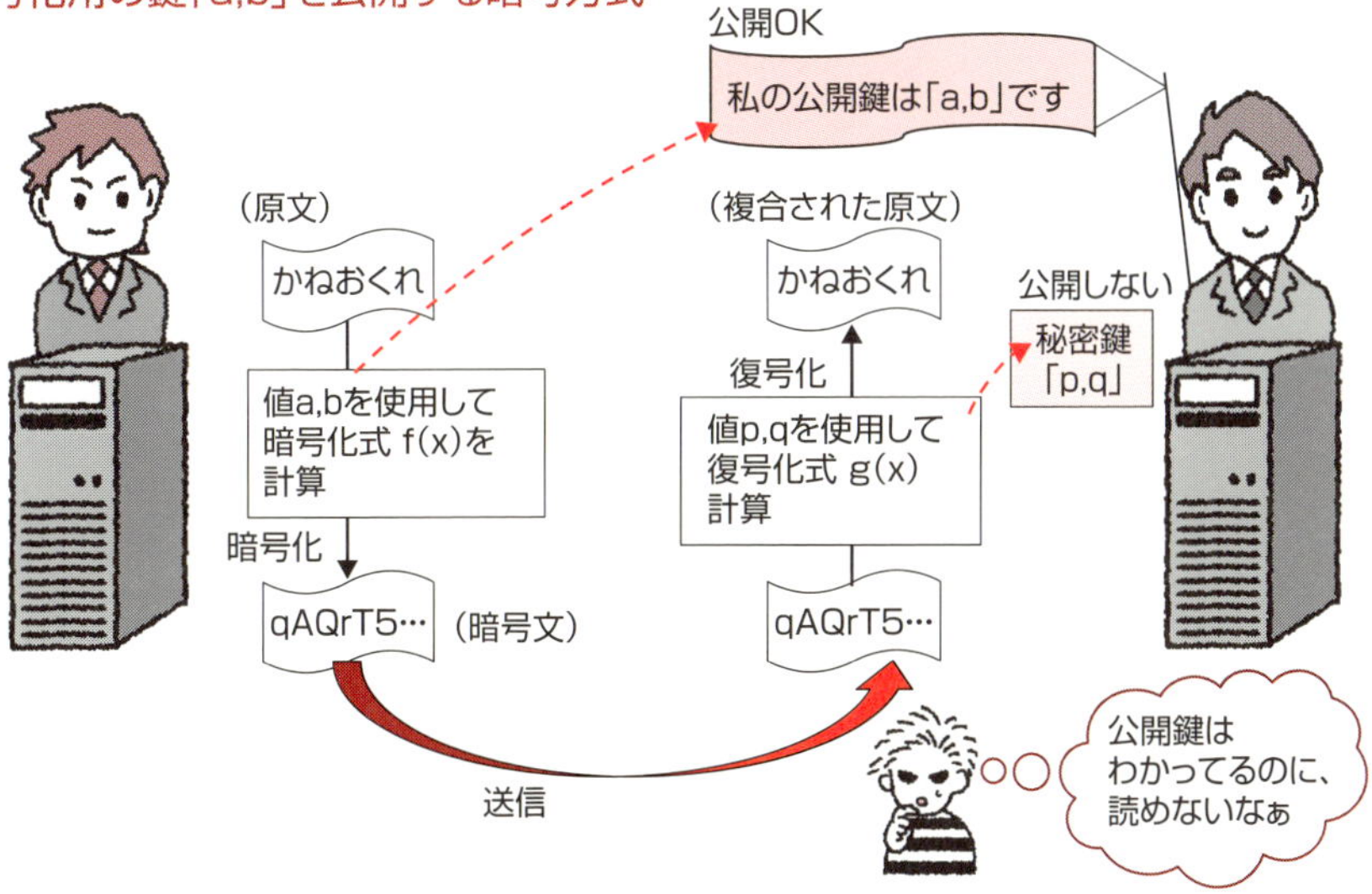

なぜそんなことができるんですか？

こんな便利な計算方法（「ある計算」）が見つかりました！

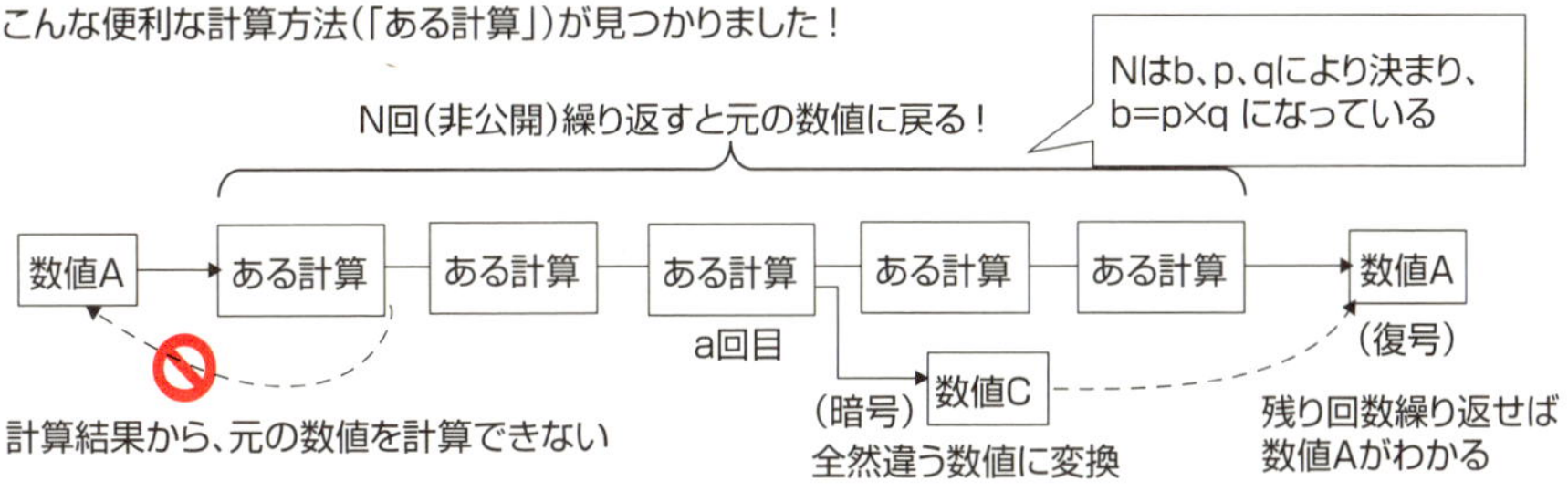

ある計算 は、剰余を基本にした計算なので、割る数「b」を公開する
「a回」繰り返した結果を暗号として使いなさい、という数「a」も公開する

公開鍵
a、b

元の数値Aに戻るまで、「数値C」から残り何回 ある計算 をすれば良いかは「b」で決まる

しかし、b=p×q という値にしてあり、pとqの値がわからないと全体回数Nがわからない
→「p,q」を秘密鍵として復号化用に持っておく
（bがとても大きな数字の場合、p、qは実用的な時間で計算できない）

秘密鍵
p、q

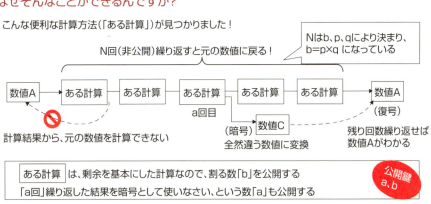

23 「ある計算を繰り返す回数」暗号化のしくみ

公開鍵暗号を利用した「デジタル署名」

ブロックチェーンのトランザクションの改ざん防止のためには「デジタル署名」が用いられています。お金を送りたい人の秘密鍵でトランザクション全体のハッシュ値を計算し、ハッシュ値を暗号化するのです。改ざんの確認をするときには、その人の公開鍵で復号化することにより正しいハッシュ値を得ることができます（左上図）。

さて、何か変ではないでしょうか。公開鍵は暗号化用の鍵でした。秘密鍵は復号化用の鍵のはずです。逆の用途に使ってよいのでしょうか。なんと、逆に使ってよいのです。なぜなら、公開鍵のところで説明したように、何回繰返しの計算をするかがわからないことが暗号の原理だったからです。左下図を使って考えてみましょう。

暗号化する方の「秘密鍵」は「ある計算」をあと何回実行すれば復号できるかを計算するための数値です。「公開鍵」の方は「ある計算」をa回実行してください、と規定する数値です。したがって、始めに秘密鍵で計算した回数だけ「ある計算」を実行して、その計算結果を暗号文として公開しておけば、公開鍵を使って残りa回だけ「ある計算」を実行することにより、原文に復号化できるというわけです。

秘密鍵を持っていないハッカーが偽造しようと考えても、全体で何回計算すると元に戻るのかがわからず、暗号化ができないのです。

もし、トランザクションのハッシュ値を公開鍵で暗号化してしまうと秘密鍵を持っている自分にしか復号化できません。それでは受信者がそのトランザクションの正当性を確認できません。公開鍵と秘密鍵の用途を逆にしても復号化できるという公開鍵暗号方式の特長を活かした利用方法がデジタル署名であると言えるでしょう。

要点BOX

●公開鍵と秘密鍵の用途を逆にしても復号化できる公開鍵暗号方式を利用したのが「デジタル署名」

デジタルデータに署名ができるデジタル署名

- 公開鍵暗号方式の秘密鍵を使って暗号化すると、公開鍵を使わないと復号化できない
- 秘密鍵を持っている人だけがそのデータを暗号化できるので、そのデータは本人が署名したことと同等になる

デジタルデータに署名するとは?

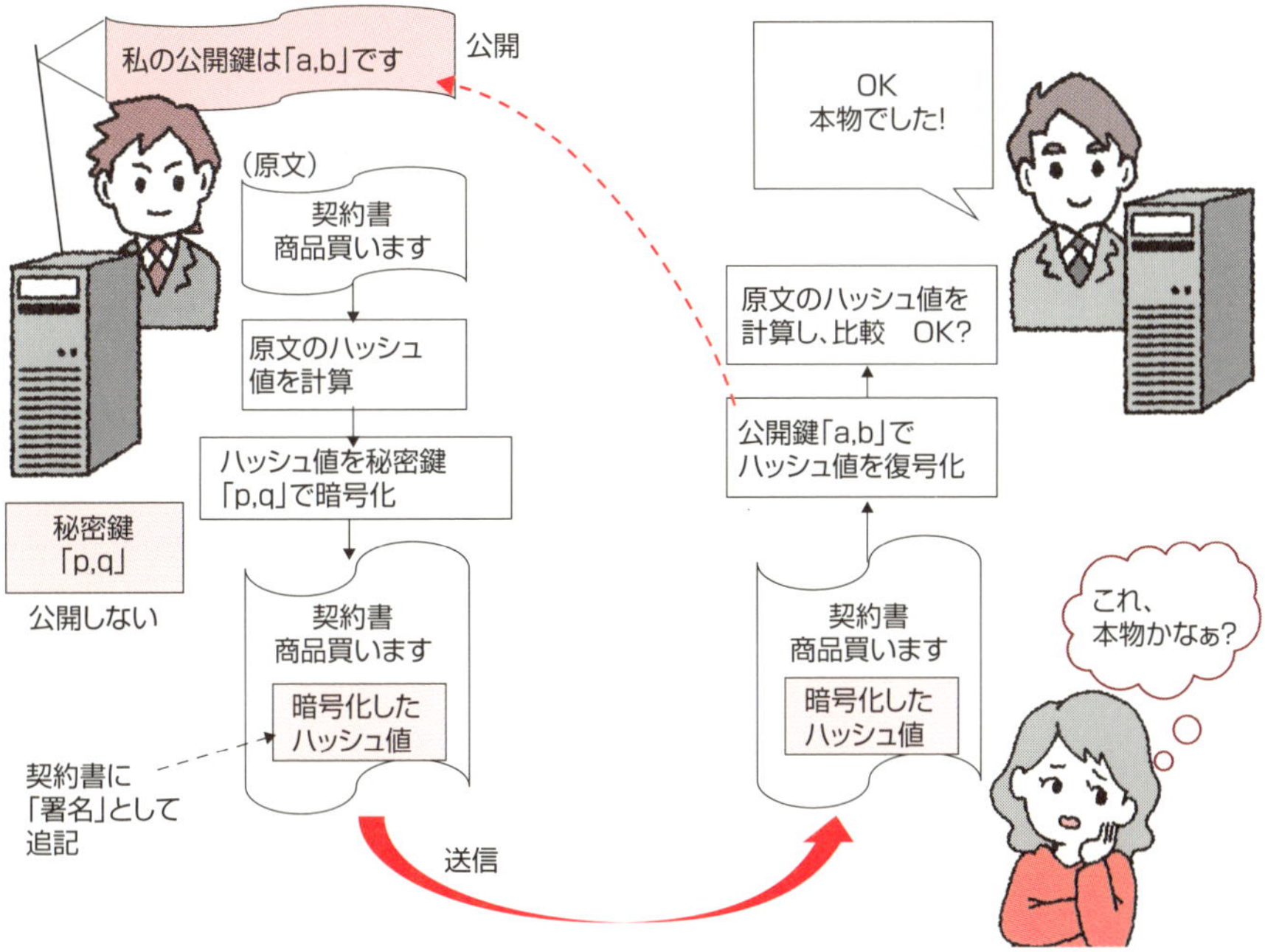

どうして復号化用の「秘密鍵」で暗号化できるんですか?

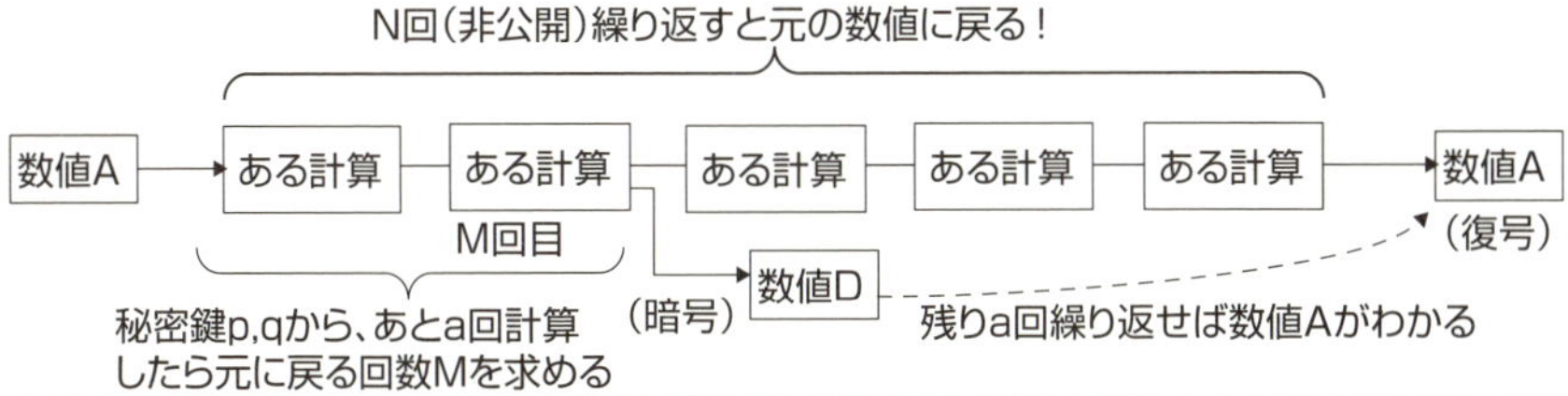

秘密鍵「p,q」から全体回数Nを求め、あとa回計算すると元に戻る回数「M回」を求め、暗号化する
暗号化された「数値D」に残り「a回」 ある計算 を繰り返せばよい ⇒ 公開鍵で復号ができる

24 公開鍵暗号を用いて作成される「電子証明書」

電子署名の活用

電子署名を利用すると電子的な証明書を発行できるようになります。

まず、証明書はどのように発行されるか、実世界のやりとりを考えてみましょう。ある人が自分の住民票や戸籍謄本などを発行してもらいたいとき、その人は市役所に出向き、自分が本人であることの証明書を提示します。市役所の係は本人であることを確認した後、必要な証明書を記入し、市役所の証明として市長の印を押します。つまり、証明事項を記入した紙が確かに市役所の発行したものであることを証明して偽造できなくしているわけです。記入内容が書き換えられるとすぐにわかるように、特殊な用紙を使って内容の改ざんも防止しています。では、コンピュータの世界で証明書を発行する場合にはどう考えればよいでしょうか。

コンピュータの世界でやり取りされるデータはすべて電子的に作成されたものですから、単純にハンコの画像を証明印として使用すると仮定すると、印影が簡単にコピーできるので、類似証明書の偽造の材料にされてしまいます。また、物理的な紙を用いないので、紙の表面の状態で改ざんの有無を判定するなどということができません。そこで、証明したい事項を電子的に作成した上でそのデータのハッシュ値を計算し、ハッシュ値に対して電子署名をするという方法で電子的な証明書が作成可能になります。電子署名の正当性は証明機関が公開している公開鍵を用いて確認できますし、記入された内容は、電子署名に入っていたハッシュ値と記載内容のハッシュ値を比較することにより確認できるのです。

現在では「公開鍵暗号を利用した電子署名」（デジタル署名）が、企業のサーバが本物であることを示すサーバ証明書、企業や会員のメンバーであることを証明するクライアント証明書、マイナンバーカードの電子証明書など、種々の場面で利用されています。

要点BOX

●電子証明書の内容の改ざん防止には公開鍵暗号を使った電子署名（デジタル署名）を使う

電子証明書

●証明書データに公的な機関がデジタル署名を追記…電子証明書
●サーバ証明書、クライアント証明書、その他の証明書

普通の証明書

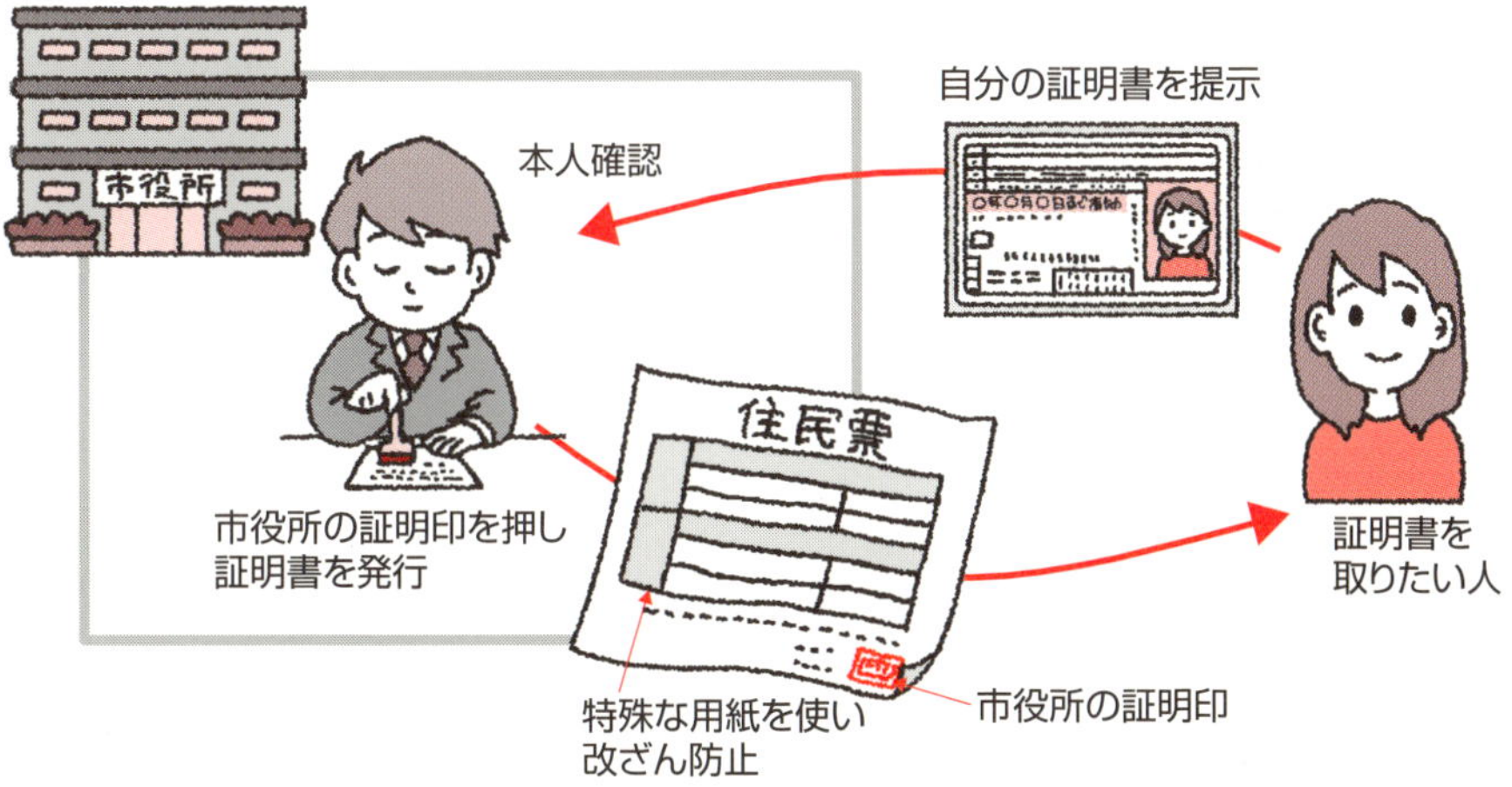

電子証明書

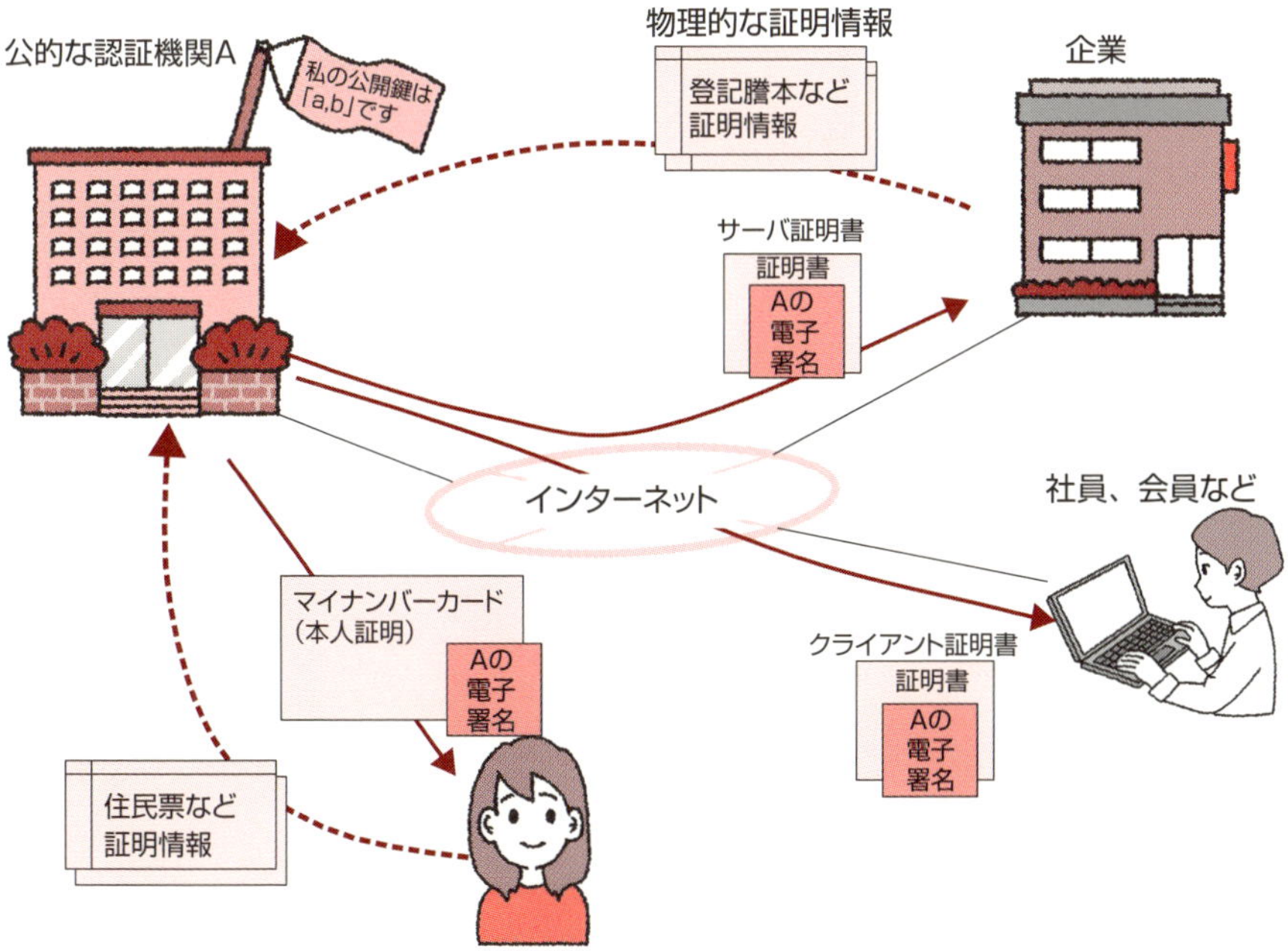

Column

公開鍵式暗号と量子コンピュータ

現代の情報システムではPKI（公開鍵基盤）と呼ばれる公開鍵式暗号を基礎として様々な仕組みが作られています。ブロックチェーンやインターネットの暗号通信はもちろんのこと、クレジットカードやマイナンバーカードにも使われています。

PKIの原理は「計算が大変すぎて限られた時間内には終わらないので暗号が解けない」ということですから、もし誰も予想しなかったほど猛烈に早い計算機があれば暗号が解けてしまいます。

例えばひとつの可能性として、高性能な量子コンピュータの実現が挙げられます。現在のコンピュータは2進数1桁（1ビット）を回路の基本としているので、表現できる数値は1か0の2種類しかありません。量子コンピュータでは回路の基本が量子ビットとよばれる量子力学的な重ね合わせ状態で表現され、2のn乗の状態を同時に並行して表現し演算が可能になります。

量子コンピュータなら巨大な並列性を活かして公開鍵式暗号が解けると考える人がいます。次数nの大きな量子ビットを実現する量子コンピュータの開発にはまだ時間を要するので、すぐには問題になりません。しかし将来に向けて、現在とは全く異なる暗号体系が必要になりそうです。

第3章

仮想通貨のしくみ

25 仮想通貨の入手とその使い方

　仮想通貨を使ってみたいと思ったら、まずそれを入手しなければなりません。左上図を見てください。入手方法の第一は「誰かにもらう」という方法です。さすがにタダではもらえませんし、タダより高いものはないという言葉もあるので、「円」と仮想通貨を交換してもらうということになります。

　仮想通貨には、第二の方法として「自分で稼ぐ」という手段があります。仮想通貨のコミュニティに対してマイニング（ブロックチェーンのブロックの生成）作業を通じて貢献すると、その報酬として仮想通貨がもらえるという制度になっているのです。日本銀行に貢献して「円」をもらう、なんていうことはできません。仮想通貨ならではと言えるでしょう。

　仮想通貨を使おうとすると、少々問題があることに気がつきます。仮想通貨の口座番号は自分だけが持っている「秘密鍵」であることは前の項で説明しました。ところが、ひとつの口座番号（公開鍵）に対していくらの送金があったか、という記録はブロックチェーン上で世界中の人が見られるのです。あるお店に対して仮想通貨を送金すると、そのお店の人はあなたの口座番号の公開鍵を知ってしまいます。あなたがその口座番号を使って別の店で買い物をすると、「また何か買ったな」と、わかってしまうのです。これを防ぐために、仮想通貨で買い物をする際には毎回別の口座番号（秘密鍵）を使うことが一般的です。そうすると、公開される口座番号（公開鍵）も毎回別の番号になり、誰が誰にいくら送金したか、という情報を秘密にできるのです。

　口座番号と表現しましたが、正確にはトランザクションの署名に用いる秘密鍵と公開鍵のペアのことです。ブロックチェーンで公開されるのは公開鍵だけですが、公開鍵を変更するためにはペアとなる秘密鍵も変更する必要があります。したがって、毎回、口座番号（秘密鍵）を変える必要があるのです。

要点BOX

- ●仮想通貨利用では毎回別の秘密鍵を使う
- ●公開鍵の変更時はペアとなる秘密鍵も変更する

仮想通貨を入手する、仮想通貨でモノを買う

まず仮想通貨を入手しなければ始まらない

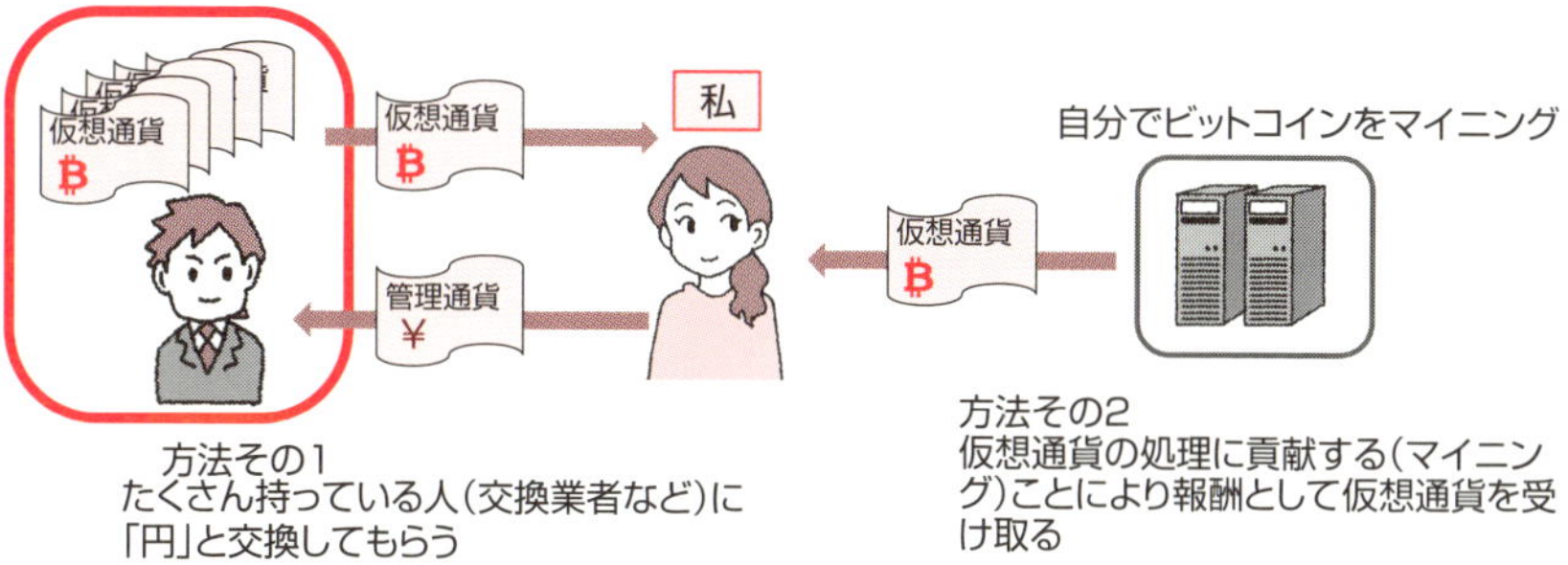

仮想通貨を使ってモノを買うときには、毎回異なる口座番号を使うこと！

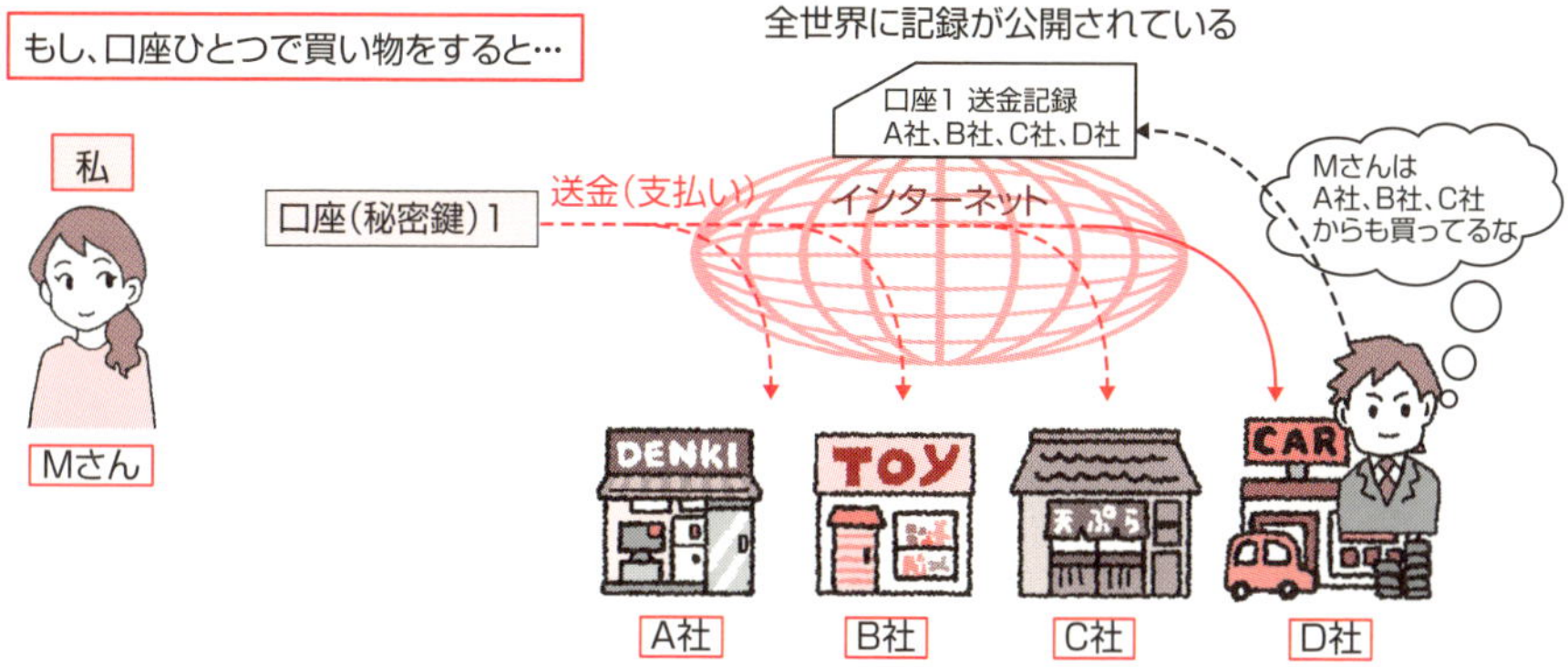

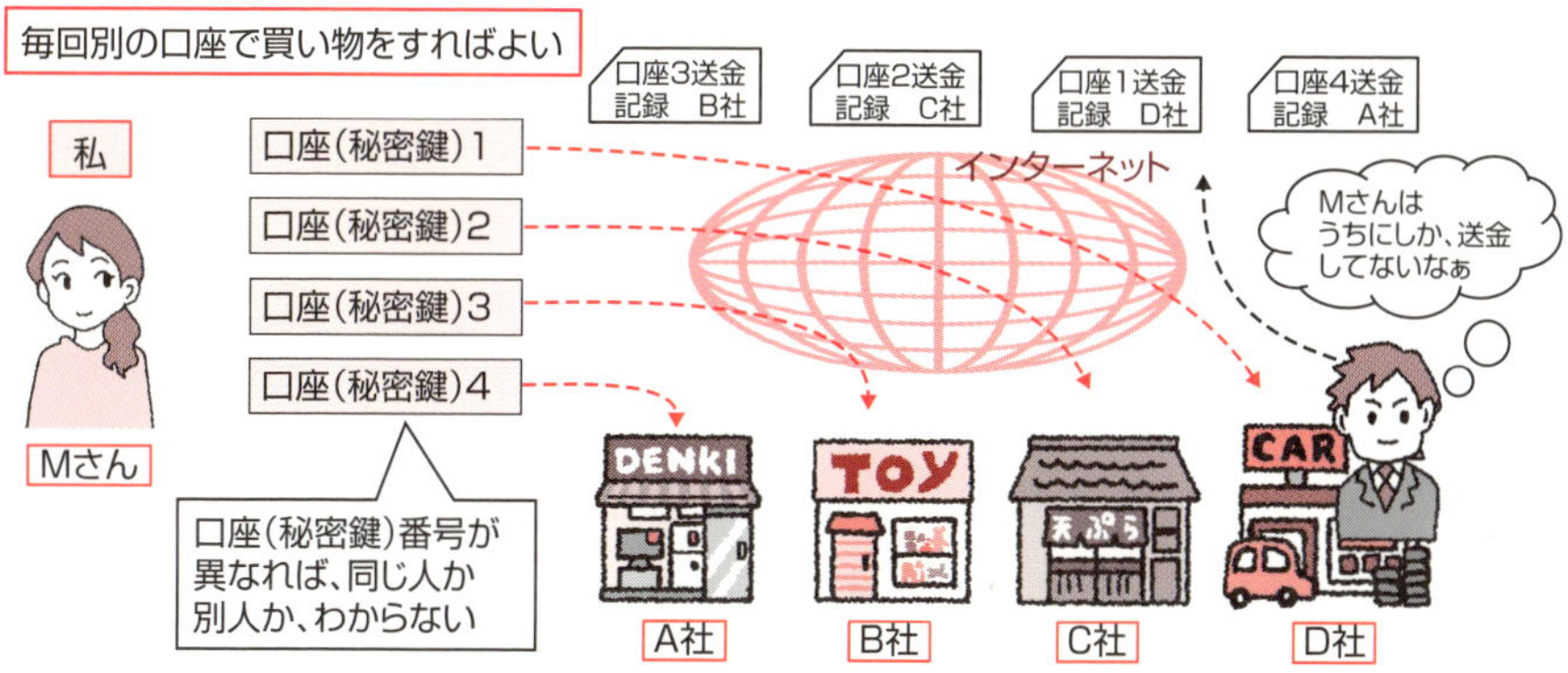

26 仮想通貨のウォレットにお金は入っていますか

ウォレットと普通の財布の違い

仮想通貨の取引でウォレット（財布）という言葉がでてきます。しかし、仮想通貨のウォレットは普通の財布とはちょっと違います。その違いを見てみましょう。

まず、銀行口座と比べてみます。銀行の場合には、自分がいくらのお金を持っているかが銀行の情報システムの中に記憶されています。現金を引き出したいときには、銀行ＡＴＭにキャッシュカードを入れ、パスワードを入力すれば、銀行のシステムが必要な現金を出してくれます。つまり、自分が持っているお金は、銀行の情報システムの中に記憶されており、銀行の情報システムが財布代わりになっていると考えることができます。（左上左図）

つぎに、現金を財布に入れて持ち歩くことを考えましょう。財布の中にはお金の現物が入っており、財布をなくしたらお金もなくなります。情報システムに財布の中の金額を記憶したとしても、それを信用して誰かがお金を返してくれるようなことはありません。（左上右図）

仮想通貨のウォレットには、両方の良い性質が兼ね備わっています。自分の口座の仮想通貨の残高情報はインターネット上に公開されています。それも、何台ものサーバが記憶してくれており、ちょっとやそっとでは消えてなくなることがありません。自分が秘密裏に持っているのは口座の秘密鍵を表す電子情報だけです。ウォレットには秘密鍵だけが入っているので、バックアップを取っておけば、万一、ひとつのウォレットをなくしたとしても仮想通貨そのものがなくなるわけではないのです。

つまり、現金の財布のように自分のプライバシーを確保して持っておけるのに、バックアップさえ取っておけば、銀行口座のようにウォレットをなくしても仮想通貨がなくなることはないのです。

要点BOX

- ●ウォレットに入っているのは秘密鍵だけ
- ●ウォレットをなくしても仮想通貨はなくならない

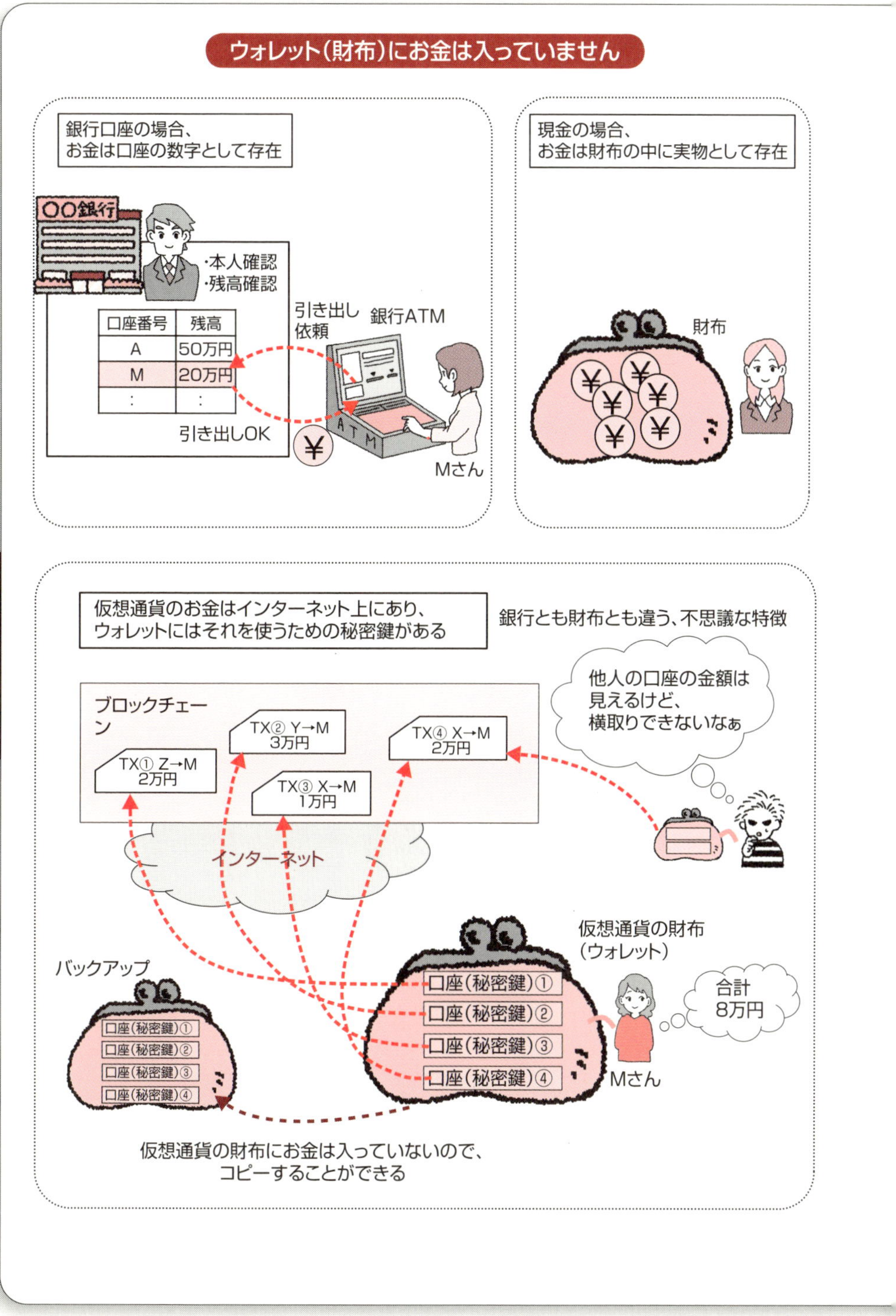

ウォレット(財布)にお金は入っていません
銀行口座の場合、
お金は口座の数字として存在
○○銀行
・本人確認
・残高確認
口座番号 残高
A 50万円
M 20万円
: :
引き出しOK
引き出し
依頼
銀行ATM
ATM
¥
Mさん
現金の場合、
お金は財布の中に実物として存在
財布
¥
仮想通貨のお金はインターネット上にあり、
ウォレットにはそれを使うための秘密鍵がある
銀行とも財布とも違う、不思議な特徴
他人の口座の金額は
見えるけど、
横取りできないなぁ
ブロックチェーン
TX① Z→M
2万円
TX② Y→M
3万円
TX③ X→M
1万円
TX④ X→M
2万円
インターネット
仮想通貨の財布
(ウォレット)
バックアップ
口座(秘密鍵)①
口座(秘密鍵)②
口座(秘密鍵)③
口座(秘密鍵)④
合計
8万円
Mさん
仮想通貨の財布にお金は入っていないので、
コピーすることができる

27 仮想通貨の不便を解消する

「取引所」の役割

仮想通貨の利用には自分のウォレットが必要であると説明してきました。しかし、自分でウォレットを持つことには三つの不便さがあります（左上図）。まず、ウォレットの入手が面倒です。例えばビットコインならビットコインのウォレットソフトウェアを自分のPCにインストールしなければなりません。

次に、ビットコインの入手が面倒です。ビットコインをたくさん持っている人から購入するための交渉をしなければなりません。いくらで買えば妥当かも自分で考えなければなりません。

三つめは送金が面倒であることです。ビットコインの送金には数十分の時間要します。トランザクションをブロックに格納するために最低10分必要であり、それがブロックチェーンの中で確定するまでに数ブロック分の生成時間を必要とするからです。

仮想通貨を使うには意外に面倒な手順が多いのですが、「取引所」がこの面倒を解決してくれます。

取引所ではビットコイン購入希望者ごとに個人口座を作ります。口座はブロックチェーンと無関係に取引所のデータベース内に作られて、円、ビットコインの残高や入出金を管理します。そして、口座所有者からビットコインの売買注文を受け付け、取引所に集まった注文を突き合わせて価格の合った注文を決済します。このように、取引所の中だけでビットコインの取引が完了するので、ブロックチェーンにトランザクションを送る必要がなく、取引は即時に完了します。取引所の口座所有者が取引所外の人にビットコインを送金するときや送金してもらうときには、ブロックチェーンを使用する必要があるので取引に時間がかかります。また、口座所有者は個人のウォレットを持つ必要がなく、取引所全体でまとめて一つのウォレットがあれば、送金・入金ができます。取引所を利用することにより、このようなしくみで個人取引の面倒が解消できるのです。

要点BOX
- ●仮想通貨にはインストール、入金、送金の面倒がある
- ●面倒な手順は「取引所」が解決してくれる

仮想通貨の不便を解消する「取引所」

個人が直接仮想通貨を使うのは意外に面倒

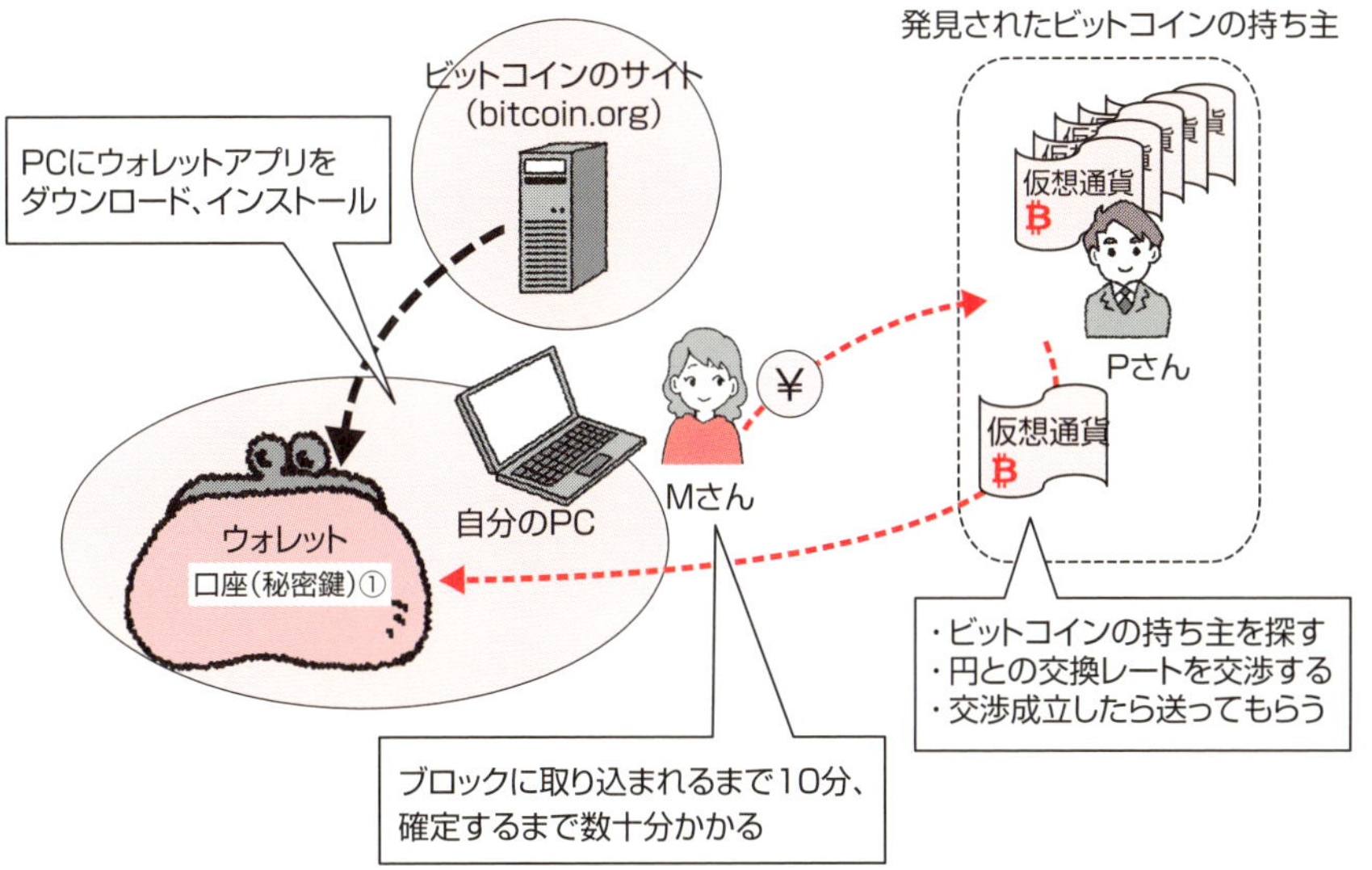

取引所は不便を解消してくれるが、ブロックチェーンには載らない

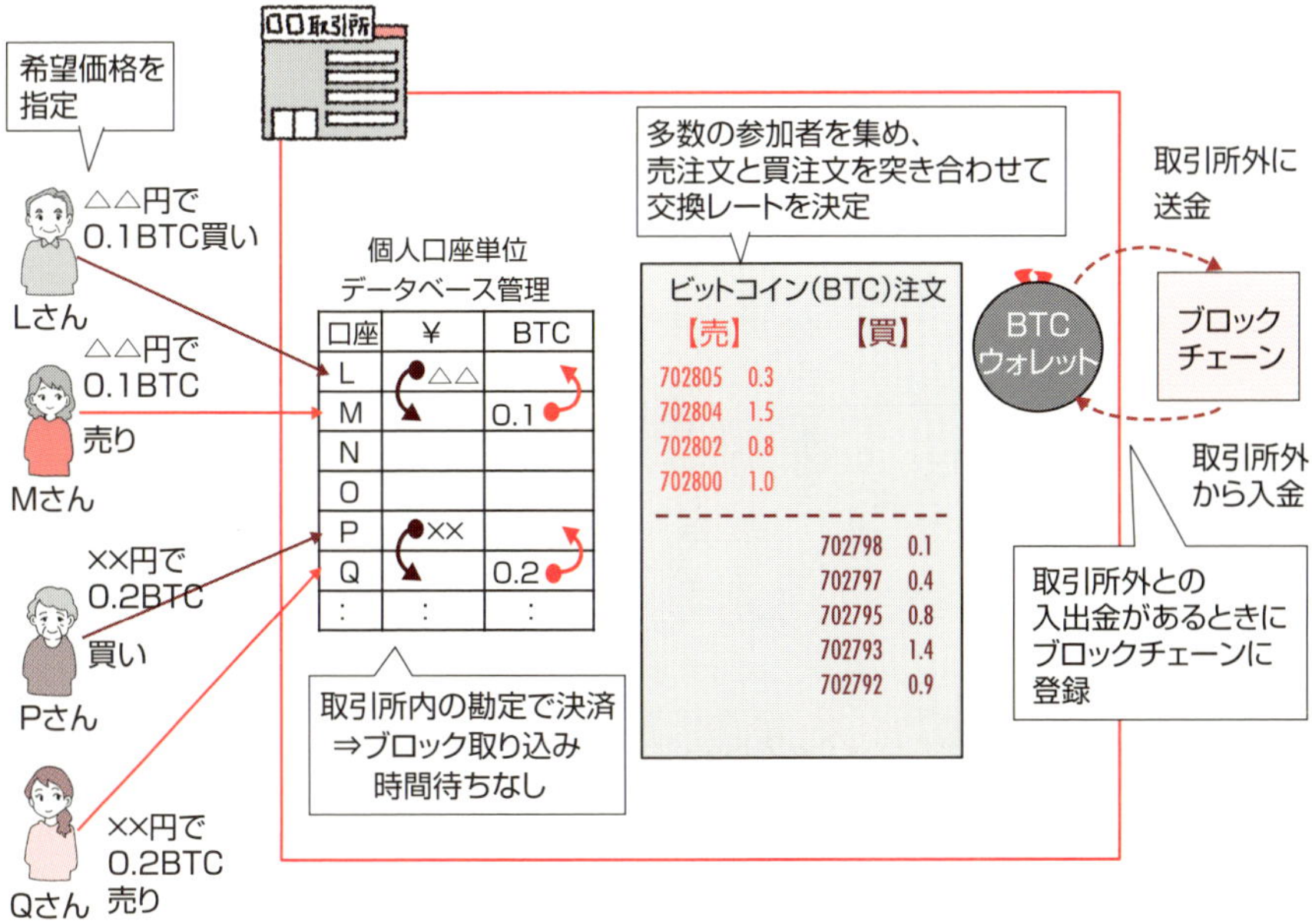

28 仮想通貨取引所は証券取引所と似ているか

「取引所」の機能

前節で仮想通貨の取引所には売買注文を集めて価格を決める機能があることを説明しました。これは株式の売買注文を集めて価格を決める証券取引所と同じ役割のように思えます。株の取引と仮想通貨の取引は似ているのでしょうか。

　株取引では証券取引所が多数の証券会社から売買注文を受け付け、価格を突き合わせて約定価格を決定します。証券取引所は価格決定機能だけがあって、個人の売買注文を受け付ける機能は持っていません。これに対して、仮想通貨取引所は個人の注文を受け付ける機能と価格決定機能の両方を持っています。株取引の場合、日本では東京証券取引所が取引量の大半を占めており、株数の多い大企業の株価は東京証券取引所で決まると言ってよいでしょう。これに対して、仮想通貨では取引量に大きな差がない複数の取引所が併存しているので、取引所間で価格の差が発生します。それを利用した裁定取引（アービトラージ）をする人がいるので、価格差は縮まる方向に動きますが、価格形成に偏りが生じる可能性が残ります。

　また、証券取引所は自己売買をすることがなく、価格決定に対する中立性を保っています。しかし、仮想通貨の取引所は顧客の注文を受けて価格を決定するだけでなく儲けるための自己売買もできるので、本質的には中立性が保証できないという課題があります。別の観点では良い点もあります。売買注文に大口の誤り（例えば「70万円で1BTC売り」のつもりが「1円で70万BTC売り」と注文）が生じた場合、取引所が国内唯一だと全国で大問題に発展しますが、複数の取引所があれば、取引所間の価格差を見て誤りであることがわかります。

　今後、仮想通貨に対する制度変更があれば取引所の形態も変わるかもしれませんが、現在は証券取引所と仮想通貨取引所には相違があるのです。

要点BOX

●仮想通貨の取引所は個人の注文を受け付ける機能と価格決定機能の両方を持っている

株取引と仮想通貨取引の似て非なる関係

株取引…証券会社（取次）と取引所は分離

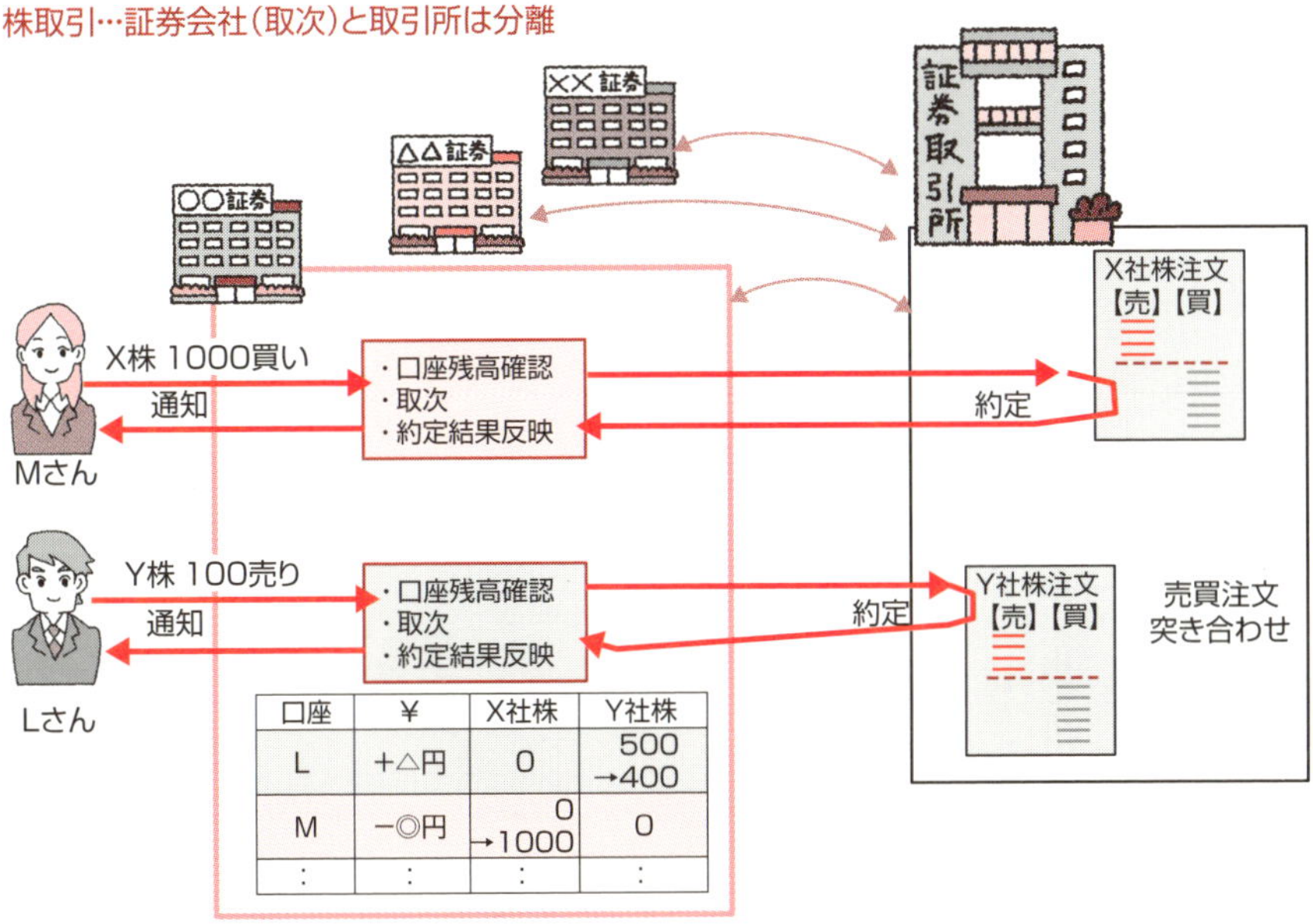

口座	¥	X社株	Y社株
L	+△円	0	500→400
M	−◎円	0→1000	0
：	：	：	：

仮想通貨取引所…取引所内の売買注文だけで突き合わせ
株取引で例えれば、「証券会社＋証券取引所」の機能

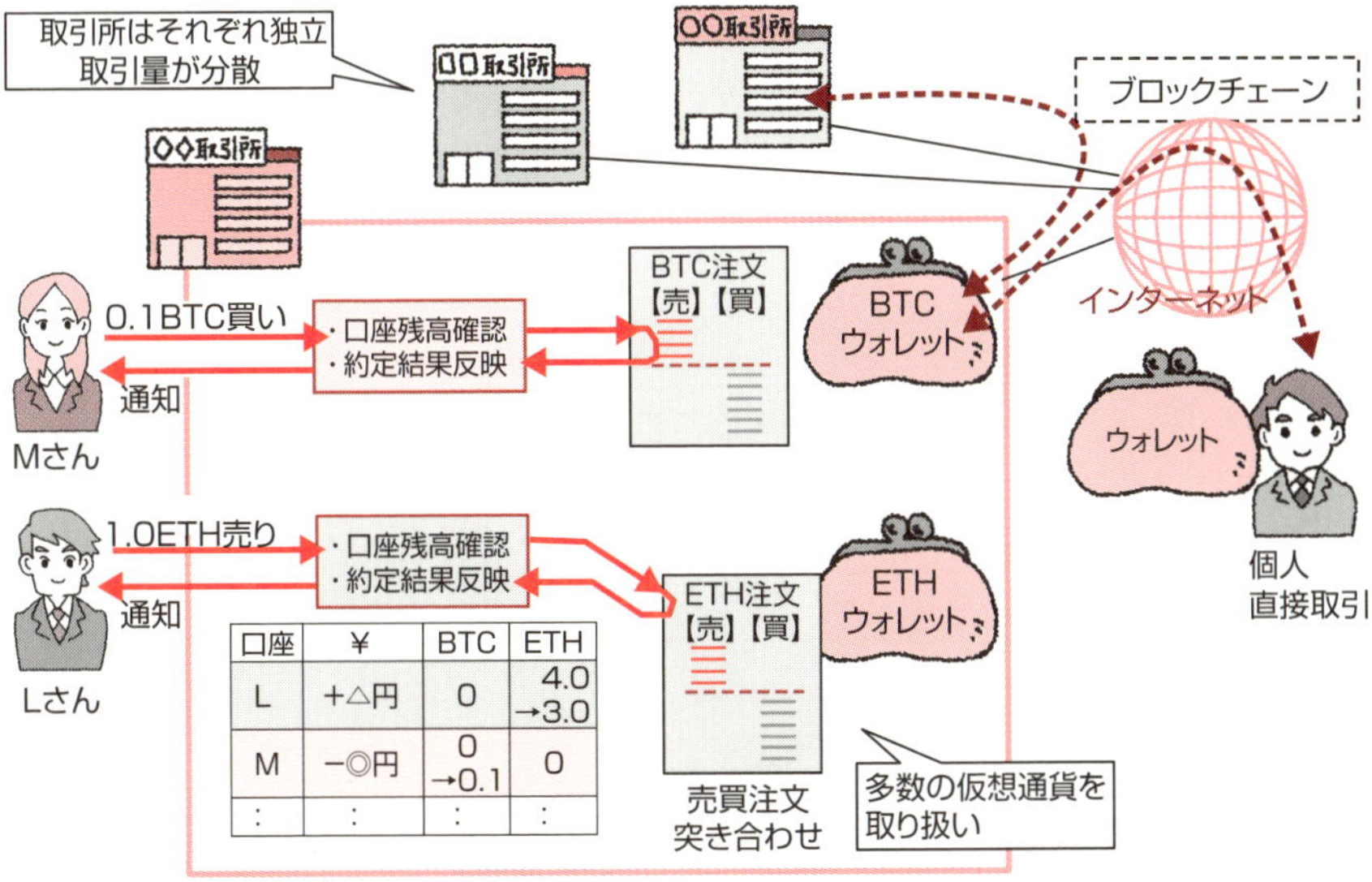

口座	¥	BTC	ETH
L	+△円	0	4.0→3.0
M	−◎円	0→0.1	0
：	：	：	：

29 仮想通貨販売所は外貨両替所に似た機能

簡単に仮想通貨を入手できる場所には交換所の他にも仮想通貨販売所があります。「販売所」とは、予め提示する価格で仮想通貨を販売・購入する業者のことを指します。日本円と外貨を決まった値段で売買できる外貨両替所に似た業務です。

前節に説明した「取引所」では発注者間で注文を成立させるための突き合わせが必要で、適当な相手先が見つからない場合、売買が成立するまでに時間を要します。発注者が妥当な価格を指定するためには相場観のような専門知識も必要となります。

一方、「販売所」では、予め販売所が指定した価格で売買するので、待ち時間がなく、すぐに仮想通貨を売買できます。信用できる販売所が提示する価格なら、素人でも簡単に売買できることが特長です。

この仕組みは外貨両替所と同様な考え方です。外貨両替所では、直近の為替相場を監視しながら、一定期間（例えば1日）の固定価格を決定します。両替所がドルを売るときの交換レートを円安にし、ドルを買うレートを円高に設定します。これにより期間内の価格変動で損失が発生することを防止し、手数料相当の利ザヤを得ることができます。売り買いで異なる交換レートを用いるために仲値（基準価格）に対して加減算する値のことをスプレッドと呼びます。

仮想通貨販売所でも同様の交換レートを適用します。例えばビットコインのある時刻における価格を基準にスプレッドを決め、販売所がビットコインを売るときには交換レートを円安にし、買うときには円高にすることにより、同様に価格変動リスクを吸収し、利ザヤを稼ぐこともできるのです。

販売所で仮想通貨を売買することは、交換所で売買するよりも手数料の観点では割高になりますが、簡便さの観点からは有利です。

要点BOX

- ●予め提示する価格で仮想通貨を販売・購入する「販売所」
- ●交換所よりも簡便

仮想通貨販売所の機能

取引所	・自分で仮想通貨の売買価格を指定する。 ・約定するまで待つ。	➡ 仮想通貨の専門知識が必要で取引に時間がかかる
販売所	・販売所が固定的な売買価格を決める。 ・すぐに手に入る。	➡ 仮想通貨に詳しくない人でも簡単に売買できる

販売所 → 仮想通貨販売所は外貨両替所に似た機能

外貨両替所の仕組み

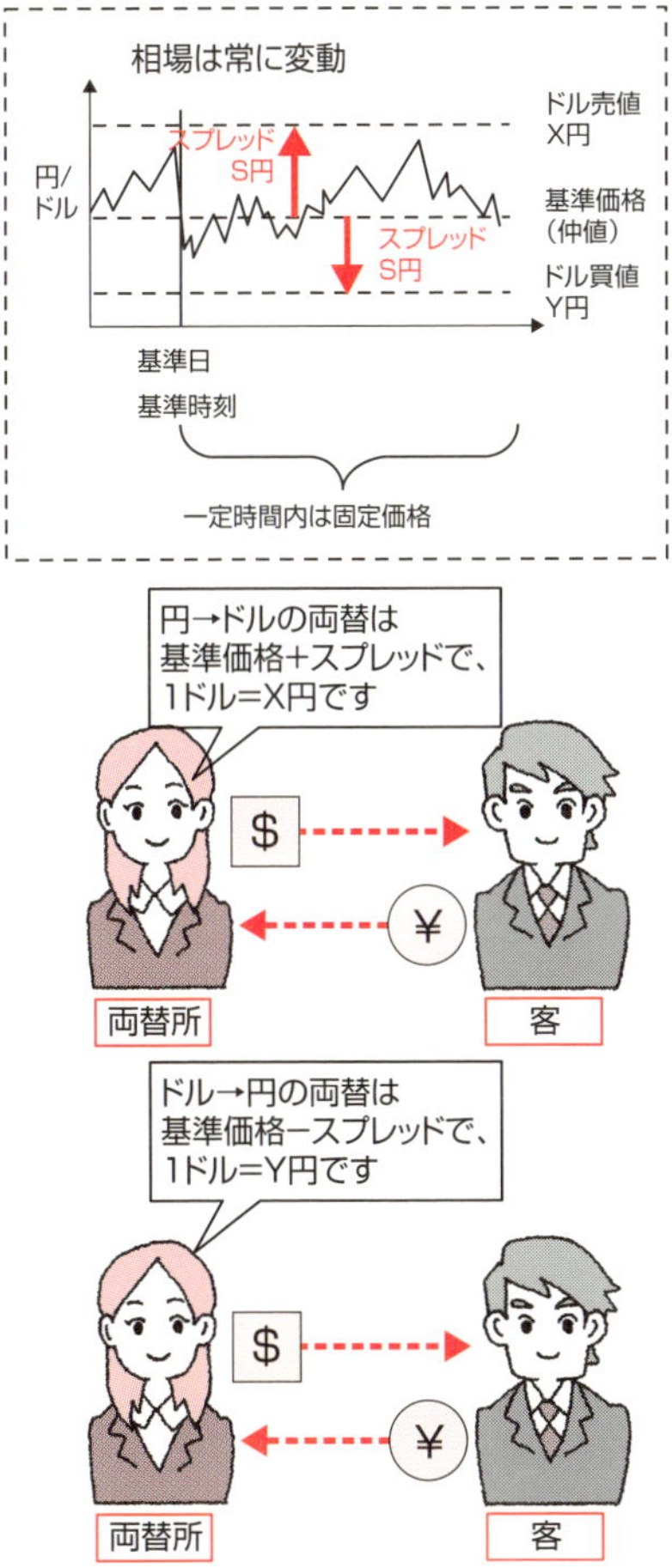

仮想通貨販売所の仕組み

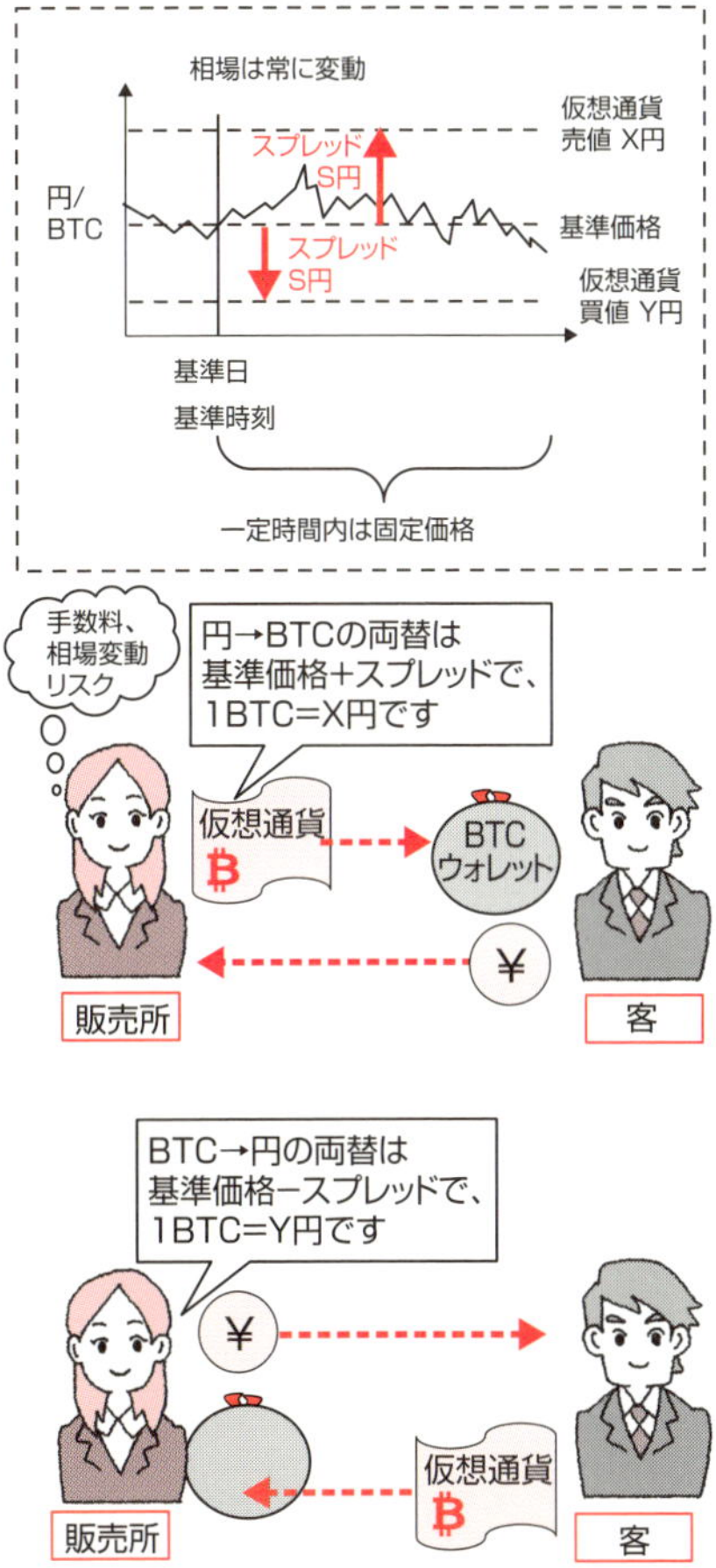

30 仮想通貨で支払いができるお店の仕組み

仮想通貨の受け取り

仮想通貨を入手すると、今度はお店で使いたくなります。ところが個々のお店にとってみると仮想通貨でもらった代金を「円」に交換しなければなりません。従業員の給料や品物の仕入れなど、必要経費を「円」で払わなければならないからです。

店で仮想通貨を受け取る方法は技術的には2種類が考えられます。一つは仮想通貨を直接受け取る方法。もう一つは販売所を介して受け取る方法です。まず、仮想通貨を直接受け取る方法について考えてみましょう。（左上図）

お客さんがおもちゃ屋さんでビットコインを使う場面を想定します。お客さんは店頭で自分のウォレットからおもちゃ屋さんに送金します。この場合、送金トランザクションがブロックチェーン上で確定するまでに数十分かかりますが、お客さんを待たせるわけにはいきません。そこで、お店は品物を先に渡して入金を待ちます。万一、お客さんの送金トランザクションが二重払いになっていてブロックに取り込まれなかった場合、ビットコインを受け取れないリスクがあります。また、受け取ったビットコインを円に交換しなければなりませんが、交換レートは送金時間中に変動しているかもしれません。ビットコインの価格変動リスクも負わなければならないのです。

次に、仮想通貨販売所を経由して仮想通貨を受け取る方法について考えてみましょう。（左下図）

この場合、両方とも販売所に口座が必要です。お客さんは販売所にあるビットコインをおもちゃ屋さんの口座に送り、おもちゃ屋さんは販売所の交換レートにしたがってすぐ円に交換します。これなら、お客さんに提示したビットコイン価格で確実に円建ての売上金が入金され価格変動のリスクがなく、販売所の口座を使うので、未払いのリスクもありません。仮想通貨の支払いができるという店を見つけたら、どんな支払い方法かを確認しておきましょう。

要点BOX

- ●仮想通貨は直接受け取る方法と「販売所」を経由する方法がある
- ●仮想通貨でお店に支払うときはどちらか要注意

仮想通貨で直接支払いできるお店の仕組み

仮想通貨の直接受け取り　仮想通貨の送金確定リスク、円との交換差損リスク

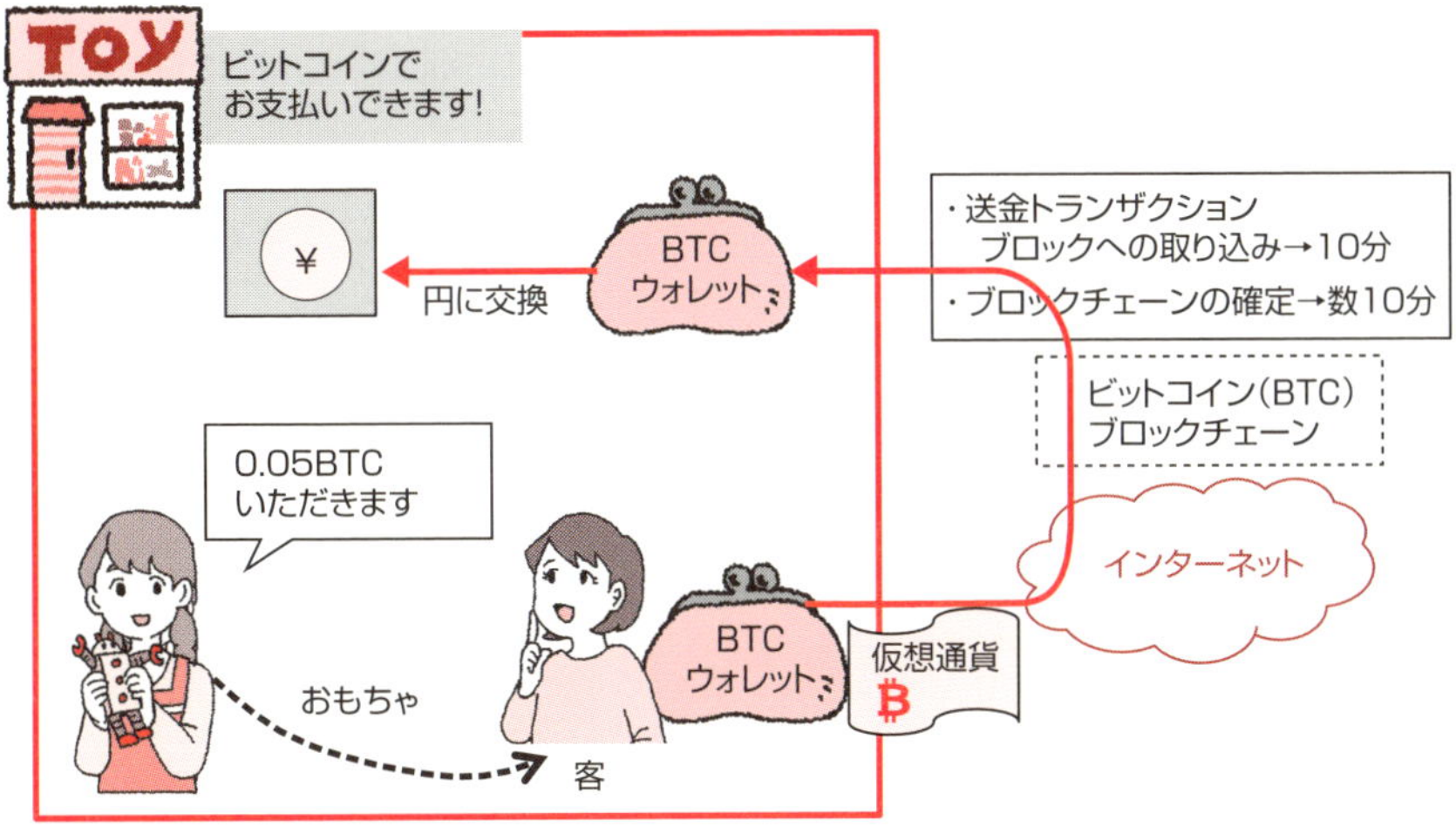

販売所経由の受け取り　仮想通貨送金リスクなし。交換手数料が高い

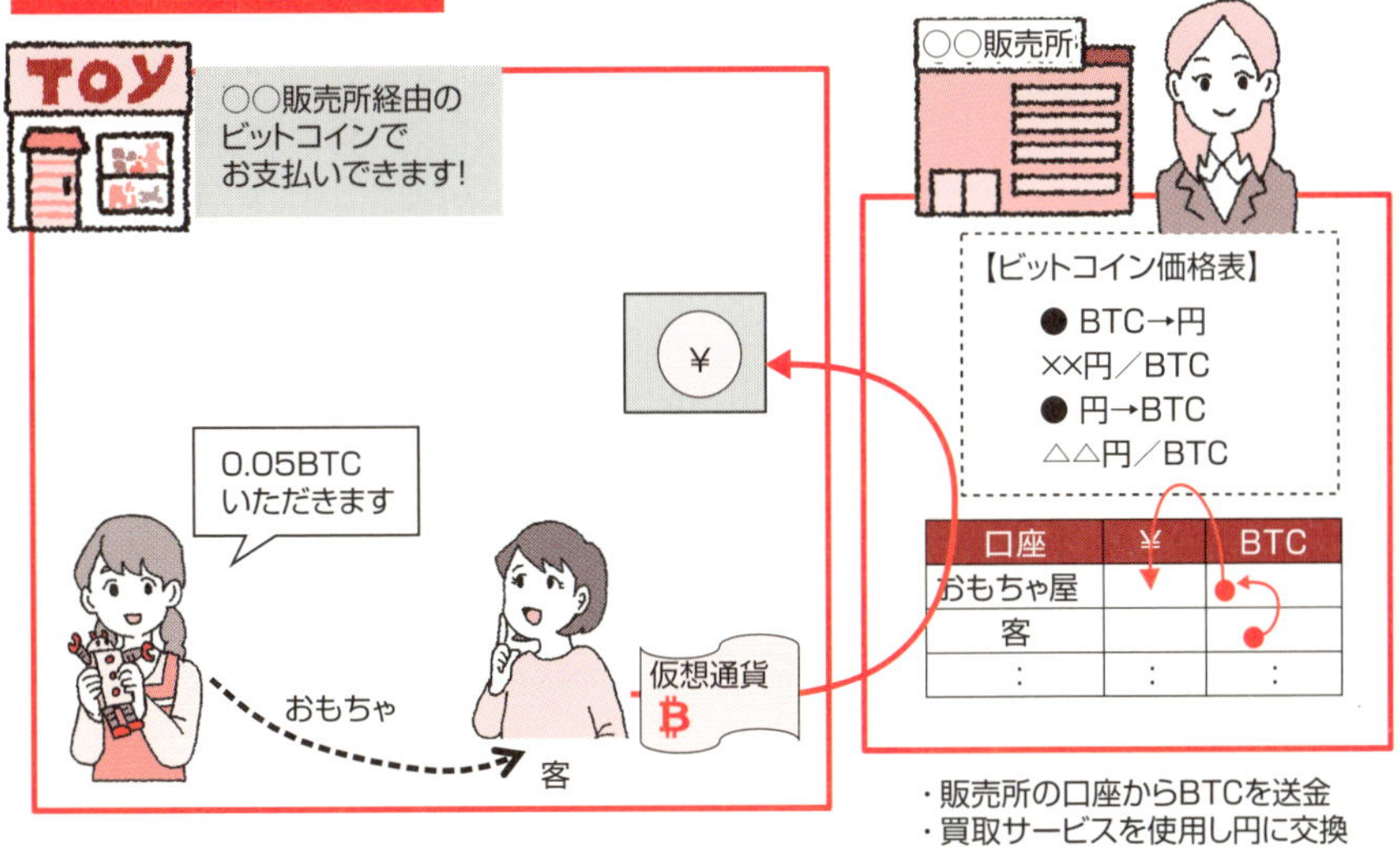

口座	¥	BTC
おもちゃ屋		
客		
:	:	:

31 仮想通貨のウォレットは単なる入れ物じゃない！

ウォレットのしくみ

自分が所有している仮想通貨を保存しておく場所を、財布を意味する英語で「ウォレット」と呼んでいます。私たちは財布というと、お金を入れておく入れ物のことを指すのが普通ですね。しかし、財布からお金を取り出して相手に渡す動作も含めて財布の役割だと考えると、ウォレットの役割がよく理解できます。

人が財布を使ってお金を支払うときは、まず財布からお金を取り出し、支払先の人に手渡しするという動作をします（左上図）。仮想通貨のウォレットはこれと同じ考え方で、相手に渡すところまでの動作を担当します。つまり、ウォレットとは、単に仮想通貨を記憶する（蓄える）場所というだけでなく、蓄えた場所から取り出したり、相手に渡したりという動作をするソフトウェアなのです。

左下図を用いて、ある人（Aさん）が相手先（Bさん）に仮想通貨を送りたいとき、ウォレットでは何が起きているかを見てみましょう。

まず、Aさんはパソコンの画面からウォレットソフトウェアを操作して、Bさんへの送金を指示します。ウォレットソフトウェアは送金用のトランザクションを作成しますが、そこには、送付先であるBさんを表す公開鍵、送金元のAさんを表す公開鍵などのほかに、このトランザクションを間違いなくAさんが作成したことを証明する電子署名を書き込みます。

電子署名を作成するためにはAさんの公開鍵に対応する秘密鍵を用いなければなりません。そこでウォレットソフトウェアは記憶領域に保存されている秘密鍵を読み出し、トランザクションに電子署名を書き込みます。トランザクションの作成が完了すると、ウォレットソフトウェアはそのトランザクションを、ブロックチェーンのサーバに送信します。

このようにウォレットは「蓄える」だけでなく「取り出す」ことや「渡す」処理も実行するのです。

要点BOX

- ●ウォレットは入出金動作をするソフトウェア
- ●「蓄える」「取り出す」「渡す」処理を実行する

仮想通貨の財布（ウォレット）の仕組み

●普通の財布の働き

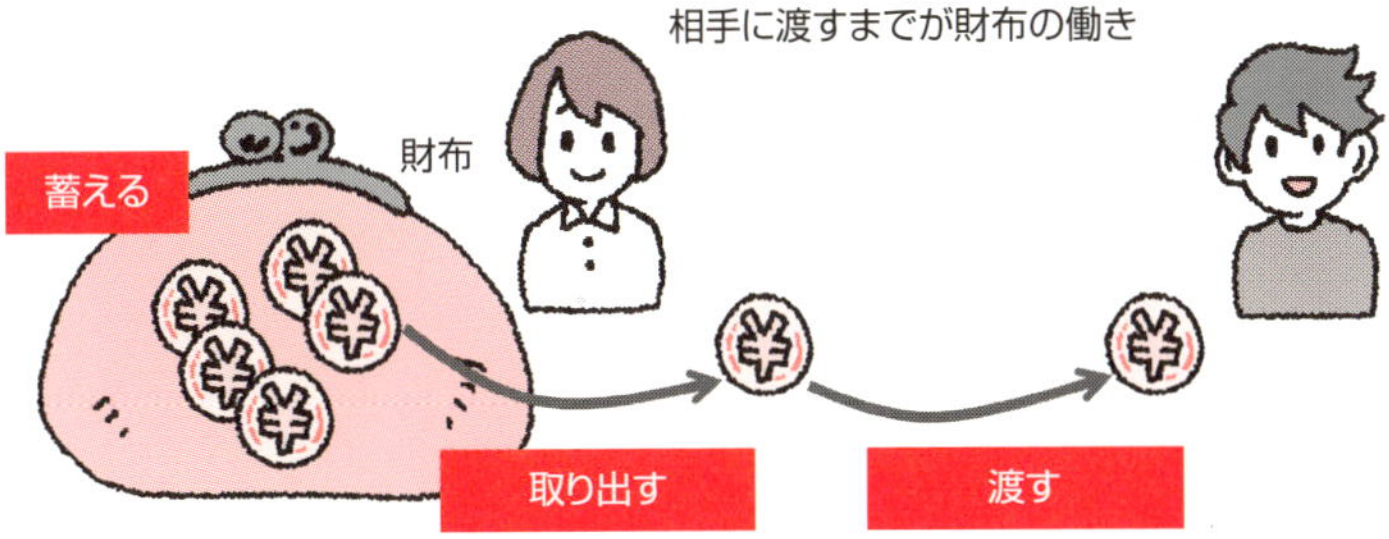

●仮想通貨の財布（ウォレット）の働き

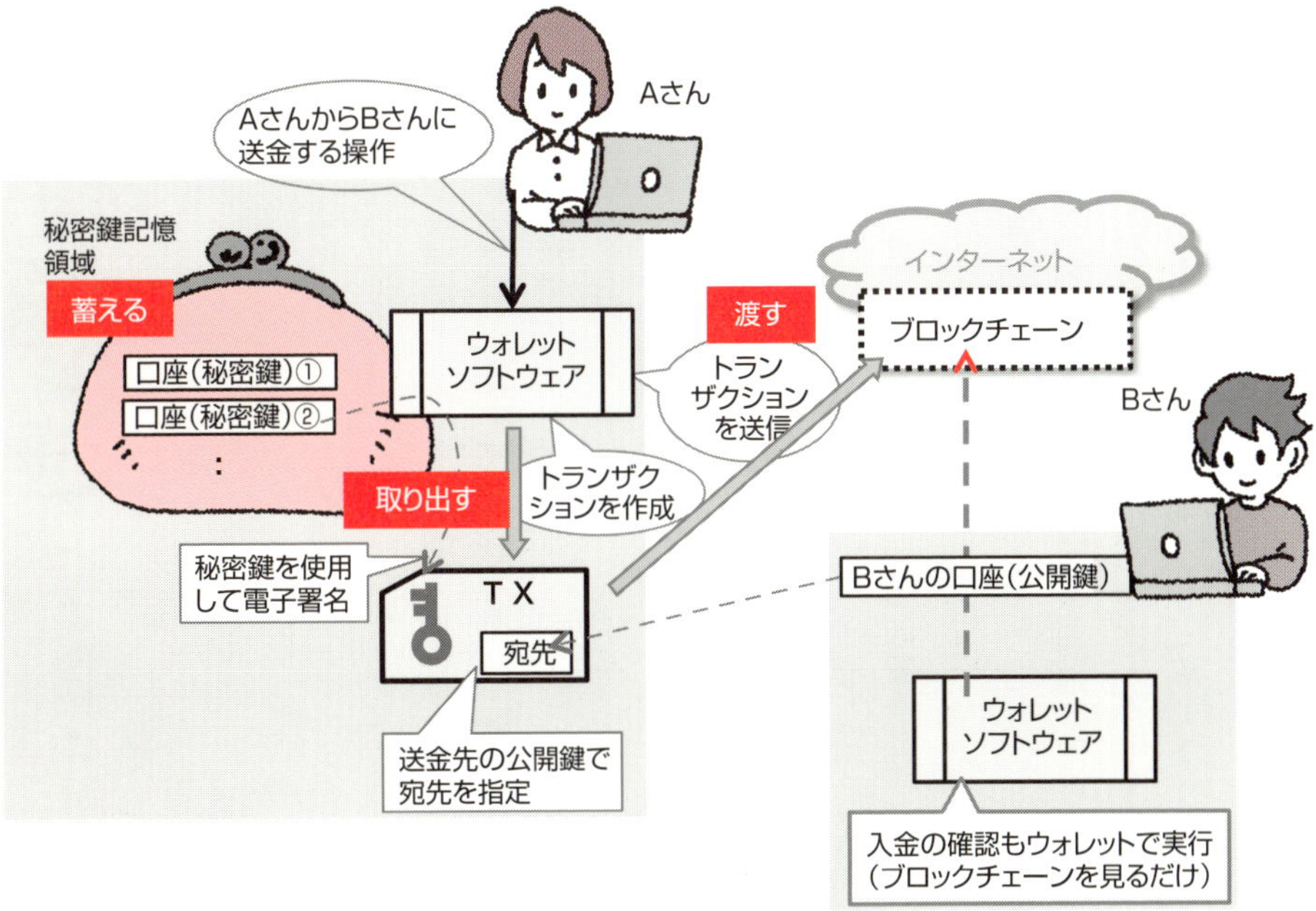

32 ウォレットの種類と特徴

4種類のウォレット

お金を取りだしたり、渡したりする機能があるウォレットですが、大きく分けて4種類の方式があります。それぞれの特徴について考えてみましょう。

●ソフトウェアウォレット

自分のパソコンの中にウォレットのソフトウェアをインストールして、自分の口座の秘密鍵をその中に記憶する方式です。インターネットに接続しているパソコン内に常時秘密鍵が入っているので、ホットウォレット方式とも言われます。安価で送金も素早いので便利ですが、パソコンにウイルスが侵入すると秘密鍵を盗まれて仮想通貨を失う恐れがあります。

●ハードウェアウォレット

外付けのＵＳＢデバイスに自分の口座の秘密鍵を記憶し、送金が必要になったときだけ、パソコンに接続する方式です。送金の際には、パソコンで動作するウォレットソフトウェアがハードウェアウォレットに対してトランザクションの電子署名依頼をします。ハードウェアウォレットは署名済みのトランザクションを返し秘密鍵はパソコン側にはわかりません。必要な時にだけ接続するのでコールドウォレット方式とも呼ばれます。セキュリティは高いですが、外付けデバイスに費用がかかります。

●ペーパーウォレット

自分の口座の秘密鍵と公開鍵のペアを紙に印刷し、送金の際にはそれをカメラで読み込む方式です。秘密鍵そのものをパソコン内に読み込むので、ハードウェアウォレットよりはセキュリティが低いのですが、コールドウォレット方式であり比較的安全です。紙を保存しておく必要があることが若干の難点です。

●Ｗｅｂウォレット

取引所の個人口座に仮想通貨を記憶しておく方式です。仮想通貨固有の秘密鍵管理が不要で便利ですが、取引所内部の管理であり、取引所外との入出金時のみ自分の口座の秘密鍵が用意されます。

要点BOX

●ウォレットには「ソフトウェア」「ハードウェア」「ペーパー」「Web」の4種類がある

ウォレットの種類と特徴

●ウォレットの種類

・ソフトウェアウォレット
・ハードウェアウォレット
・ペーパーウォレット
・webウォレット

種類	方式	利点	欠点
ソフトウェアウォレット	・自分のPC内に秘密鍵を保存 ・ホットウォレット 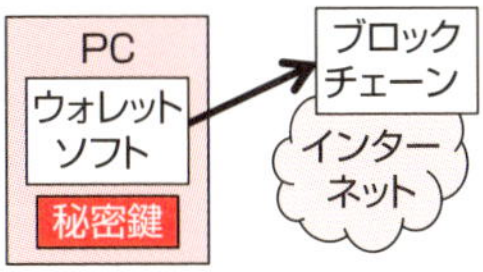	【安価】 ・自分のPCにウォレットソフトをインストールすればよい	【セキュリティが弱い】 ・ウイルスに侵入され秘密鍵が盗まれて仮想通貨が盗まれる恐れがある
ハードウェアウォレット	・外付けのUSBデバイスに秘密鍵を保存 ・送金時のみ接続 ・コールドウォレット 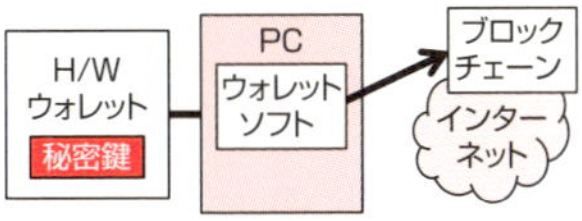	【セキュリティが強い】 ・PCにウイルスが侵入しても、秘密鍵が盗まれる恐れがない	【高価】 ・ハードウェアウォレットの「物」を購入する必要があり、やや高価
ペーパーウォレット	・秘密鍵を紙に印刷して保存 ・コールドウォレット 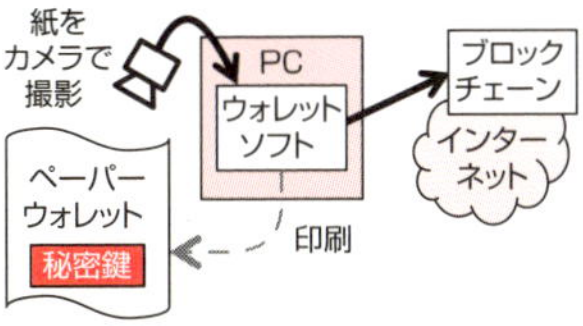	【セキュリティが強い】 ・PCにウイルスが侵入しても、秘密鍵が盗まれる恐れがない	【紙媒体の扱いが難しい】 ・経年変化に対する対応 ・物理的に盗まれたりなくしたりする危険性がある
Webウォレット	・取引所の口座で仮想通貨を管理 ・取引所の方式によるが、コールドウォレットを原則とする 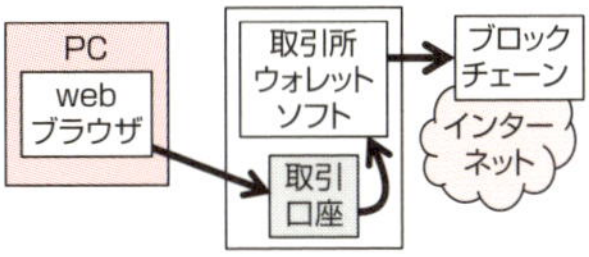	【簡単・便利】 ・通常のユーザーIDとパスワード感覚で利用できる ・交換が簡単で便利	【取引所の責任が大】 ・一般ユーザーは個別の秘密鍵を持たず、ブロックチェーンへの登録は取引所の秘密鍵が用いられる。

33 ハードウェアウォレットの使い方

最も安全なウォレット

いろいろな種類があるウォレットですが、最も安全なのはハードウェアウォレットだと言われています。しかし、よく仕組みを理解していないと意外に使い方が難しいので、よく見てみましょう。

●ハードウェアウォレットはどんな箱？

一般的なハードウェアウォレットは手のひらより小さく、ＵＳＢケーブルでパソコンに接続する小型の箱です（左上図）。表示画面と操作ボタンがあって、それ自身が1台の小さなコンピュータとなっています。接続先のパソコンはインターネットに接続し、使用するハードウェアウォレットに対応するウォレットソフトウェアをインストールしておく必要があります。

●ハードウェアウォレットを初めて使うとき

始めて使うときには、そのウォレットを他人に使われないようにパスワードを決めます。このパスワードは仮想通貨の秘密鍵とは関係ありません。

次に、仮想通貨の秘密鍵をバックアップするために、ハードウェアウォレットに表示される12～24個の英単語を書き写します（左下図）。これを保存しておけば、万が一、ハードウェアウォレットが壊れたりなくしたりした場合でも、ウォレットを復活することができます。

●送金するとき

ＰＣのウォレットソフトウェアを使って、送金トランザクションを作ります。トランザクションを完成させるためには仮想通貨の持ち主の秘密鍵を用いて電子署名をする必要があるのですが、ＰＣ側には秘密鍵がないのでできません。そこでウォレットソフトウェアはハードウェアウォレットにトランザクションのデータを送り、ハードウェアウォレットが電子署名を作って、トランザクションを完成してＰＣ側に戻します。このような手順にすることで、秘密鍵をＰＣ側で持たなくてもトランザクションが作成できる方式を実現しています。

要点BOX

- ●USBケーブルで接続する小型の箱
- ●12～24個の英単語を書き写して秘密鍵をバックアップする

ハードウェアウォレットの使い方

●もっとも安全と言われるハードウェアウォレット…使い方が意外に複雑

- ✓ 秘密鍵はハードウェアウォレットだけが持っており、PCには送らない
- ✓ PCはトランザクションをハードウェアウォレットに送り、署名を付けて返してもらう

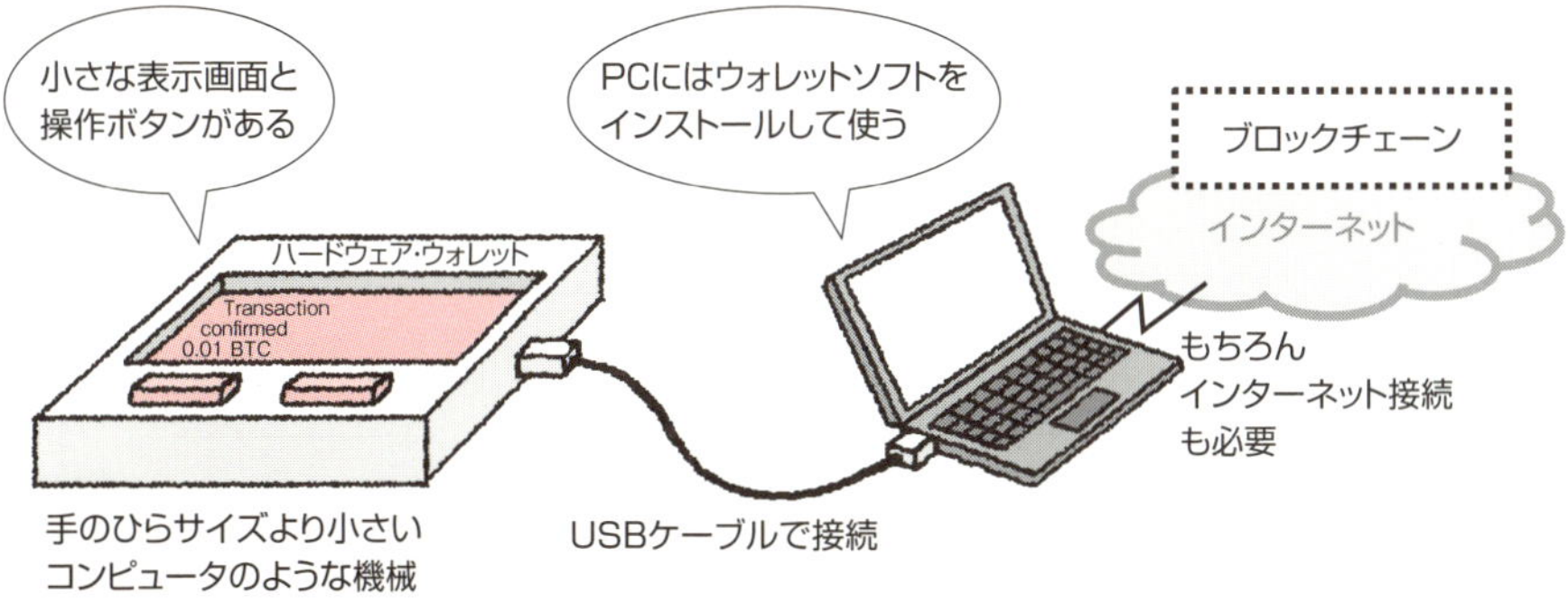

ハードウェアウォレットの操作	ウォレットソフトの操作
1. ハードウェアウォレットの初期設定をする（最初だけ） ・ハードウェアウォレットのパスワードを決める ・自分の秘密鍵のバックアップ用に12〜24単語を書きとる 2. ウォレットソフトで送金トランザクションを作る →	
	2. ウォレットソフトで送金トランザクションを作る ・送り先口座（公開鍵）を指定 ・金額を指定 3. ウォレットソフトからハードウェアウォレットに、作成中のトランザクションを送る
← 4. トランザクションの承認操作をする ・送金先口座（公開鍵）や金額が合っているか、確認する ・承認すると、ハードウォレットは秘密鍵を用いて、トランザクションに署名する →	
	5. ハードウェアウォレットから返ってきた署名済みトランザクションを再度確認する 6. インターネットにトランザクションを送る

34 ハードウェアウォレットに関する4つの疑問

バックアップと回復

ハードウェアウォレットを理解する上で素朴に疑問に思うところを、どうなっているのか考えてみましょう。

●USBメモリに秘密鍵を覚えるのと同じじゃないのですか？

いいえ、異なります。

秘密鍵の格納場所としてUSBメモリを使うことは可能ですが、それではPCのハードディスクに記憶することと同じレベルのセキュリティになってしまいます。PC上のソフトウェアから秘密鍵が直接見えてしまうので、コンピュータウイルスに盗まれてしまう可能性がないとは言えないのです。

●バックアップを取っておけるのですか？

はい、取っておけます。

ただし、文書ファイルなど通常のファイルをバックアップする方法とは全く異なります。USBメモリなど、他の記憶デバイスにバックアップをとるのではなく、12個～24個の英単語を回復用パスフレーズとして紙に書きとることによりバックアップします。

●秘密鍵は送金ごと別の物を作るので、送金する度にバックアップをしなければなりませんか？

いいえ、初回だけでかまいません。

秘密鍵のシード（種）をひとつだけ決めると、いくつもの公開鍵／秘密鍵のペアを順次生成していくことができる「Deterministic Wallet」という方式で作られているので、最初の1回だけバックアップをとればよいのです。

●英単語を並べるだけで秘密鍵を回復できるとは、サーバに秘密鍵を記憶しているのではありませんか？

いいえ、サーバに覚えているわけではありません。

ある仕様に従って英単語毎に数値を割当てており、これらを組み合わせて秘密鍵と同じ情報量を持たせています。英単語にしているのは、人間が書き取り間違いをしないように配慮した結果です。

要点BOX

●USBメモリとは違う
●初回だけ回復用パスフレーズを紙に書いてバックアップ

ハードウェアウォレットの不思議となぜ?

普通のUSBメモリに秘密鍵を入れておけばハードウェアウォレットになるのではないですか?

いいえ
PCがUSBメモリから秘密鍵を読むので、ウイルスがいると盗まれてしまう恐れがあります。

ハードウェアウォレットはバックアップを保存しておくことができますか?

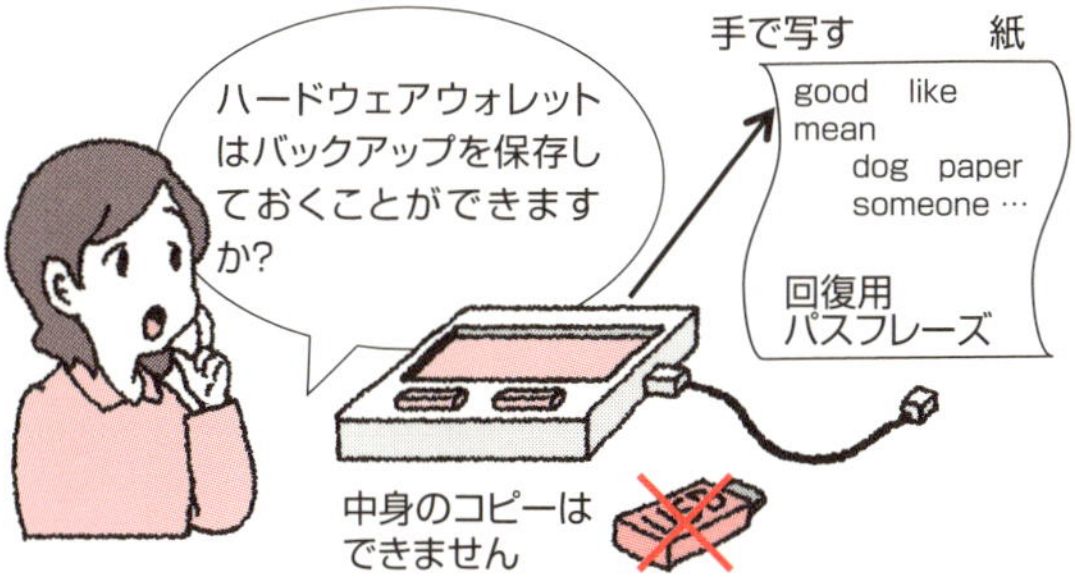

はい
手で写しやすいように、英単語を12個〜24個並べた「回復用パスフレーズ」があります。これを紙に書いておけば、回復できます。

取引ごとに異なる口座(公開鍵)を使うので、鍵が増えていきます。毎回、バックアップが必要ですか?

【秘密鍵の種】
→秘密鍵①/公開鍵①
→秘密鍵②/公開鍵②
………

Deterministic Wallet 方式

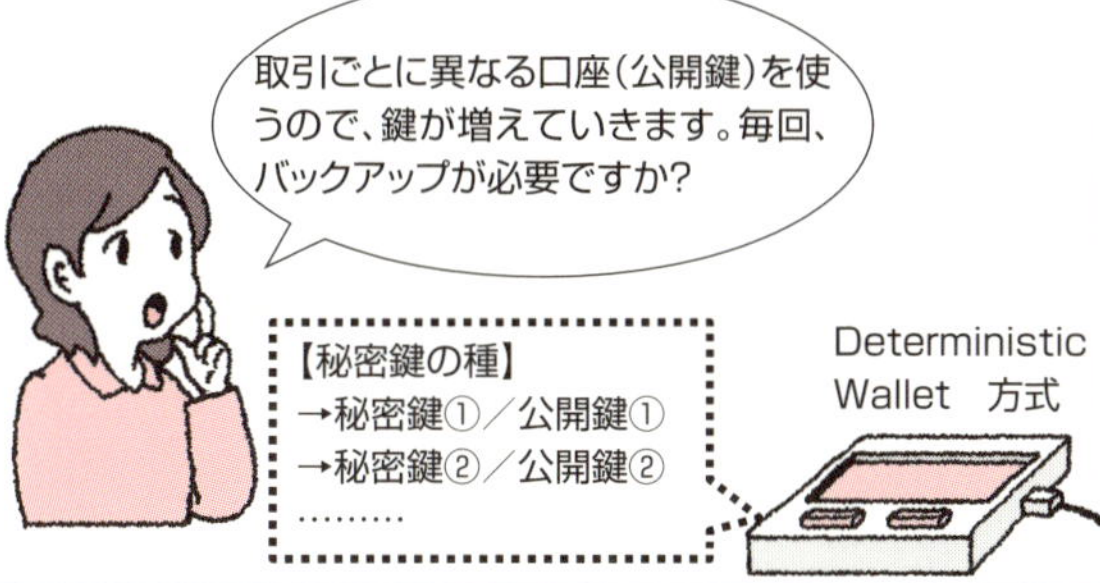

いいえ
回復用パスフレーズは最初に1度だけ記録します。
秘密鍵の種から複数の秘密鍵/公開鍵ペアを生成できる「Deterministic Wallet」方式なので毎回バックアップをとる必要はありません。

どうして単語を並べるだけの回復用パスフレーズから秘密鍵を回復できるのですか?サーバに覚えているのですか?

good like
mean
　　dog paper
　　someone …

BIP39
仕様

→ 【秘密鍵の種】

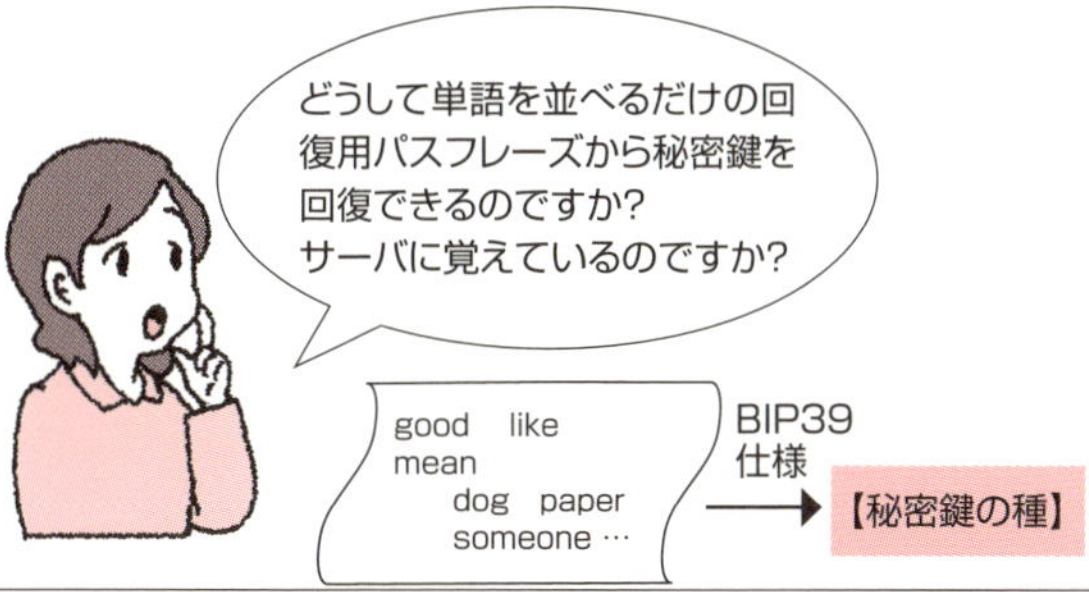

いいえ
サーバに覚えているわけではありません。
単語により数値が決まる(BIP39)ので、組み合わせると秘密鍵に対応する情報量があります。したがって秘密鍵の種を回復できるのです。

お金はどうやって街中に出回るのか

　日本のお金（紙幣）は日本銀行が印刷して発行しています。日銀には一般銀行の当座預金口座が設けてあり、銀行は当座預金から引き出す形で紙幣を手にします。このとき日銀は銀行が持っている国債や手形などを担保にとります。そして銀行は融資先に紙幣を渡します。つまり、誰かがお金を借りてくれれば、借りた人のところに紙幣が配られることになります。

　高度成長の時代、企業には旺盛な投資意欲があり銀行から資金を借りたので、印刷した紙幣はすぐに市中に出回り、それがインフレを引き起こしました。しかし近年では、大企業の内部留保が厚くなり、リスクを取って投資する姿勢が弱いためあまりお金を借りてくれなくなってしまいました。高齢者の割合が増えて将来に備えて貯金をする割合が増加したため個人もお金を借りなくなってきました。お金を借りてくれる人がいないから、いくら日銀が紙幣を印刷しても日銀の当座預金口座に溜まるだけで物価があまり上昇しないのでしょう。

　仮想通貨はどうでしょうか。マイニングにより新たに生み出された仮想通貨は報酬としてマイナーに配られます。マイナーがそれを使わないと街中に出回らず仮想通貨経済圏の景気が悪くなってしまいます。したがって、使ってもらうための施策を考えなければなりません。

　中央の管理者がいない仮想通貨ではどのようにしてこういった経済政策を決め、実行できるのでしょうか。何かよいしくみを考えなければならないでしょう。

第4章

ビットコインのしくみ

35 ビットコインプロトコルの概要

マイナー（フルノード）とウォレット（SPVノード）の役割

仮想通貨の具体的なしくみについて、ビットコインを例にして整理してみましょう。

ビットコインを扱うネットワークに参加するコンピュータ（ノード）は、トランザクションを受け付け、ブロックを生成し、ブロックチェーンを作成するソフトウェアを動作させなければなりません。このソフトウエアはオープンソースプログラムのコミュニティで開発されており、bitcoin.orgからダウンロードできます。

また、ネットワークの中でどのような役割を持つかによってノードの種類を大きく二つに分けることができます。ひとつは「フルノード」であり、ブロックチェーンのデータをすべて記憶します。もうひとつは「軽量ノード」（ＳＰＶノード）であり、ブロックチェーンのデータを部分的にしか持ちません。

ブロックチェーンを自ら生成してビットコインの報酬を得るノードは、マイニングを実行するノードなので「マイナー」と呼ばれ、フルノードで構成します。

取引所や販売所のサーバや全トランザクションを監視したい個人のＰＣは、マイナーでない場合でもフルノードとして構成し、ウォレットとして動作します。

個人のＰＣやスマートホンを送金や残高確認用のウォレットとして使う場合には、ＳＰＶノードにします。

マイナーの役割は、ネットワークから送られてくるトランザクションを組込んでブロックを生成することです。他のマイナーより先にＰｏＷが終わりブロックを生成できた場合、そのブロックをネットワーク全体に通知します。通知したブロックの後に6個以上のブロックがチェーンされた時点でそのブロックは承認されたものと見なされ、「コインベース」と呼ぶマイナーへの報酬を得ます。

ウォレットの役割は指定されたビットコインアドレスのコイン残高を計算したり、送金トランザクションを作成したりすることです。

要点BOX

●ビットコインに参加するコンピュータ（ノード）にはマイナーや取引所が使う「フルノード」と個人が「ウォレット」として使う「SPVノード」がある

ビットコインプロトコルの概要

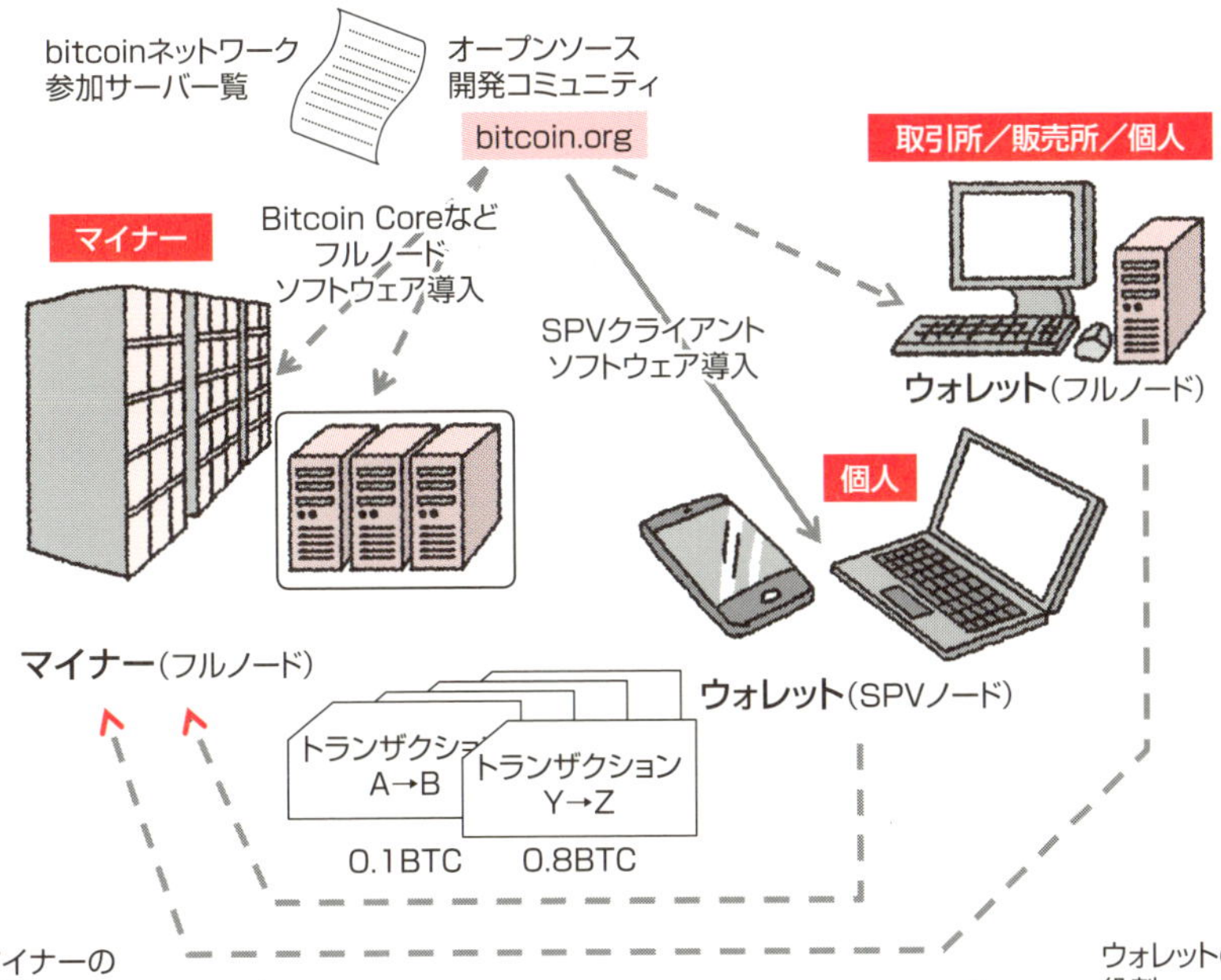

マイナーの
役割

- **プルーフオブワーク(PoW)**
  - ・トランザクションを集めて1ブロック作成
  - ・手数料の高いトランザクションを優先取込
  - ・PoWの規定に合致するナンスを計算(約10分)
  - ・他のマイナーより先に計算が完了?
    →ブロックの生成は成功
- **生成されたブロックに対する合意形成**
  - ・自分のブロックの後に6個以上のブロックがチェーン→合意成立
- **マイナーが得る報酬**
  - ・コインベース(マイニング報酬)
    1ブロック生成成功毎に一定額のビットコイン
  - ・トランザクションから得る手数料
    個々のトランザクション手数料を得る

ウォレットの
役割

- **残高表示**
  - ・ブロックチェーンから、自分の公開鍵アドレス宛のトランザクションのUTXO(未使用ビットコイン)を集計
- **送金トランザクション作成**
  - ・送金元金額: 自分のUTXOトランザクション
  - ・送金①: 相手の公開鍵アドレス
    相手に送付する金額
  - ・送金②: 自分の公開鍵アドレス
    自分に戻すおつりの金額
  - ・マイナーへの手数料: UTXO−(①+②)
- **フルノード**
  - ・ブロックチェーン全部をダウンロード
- **SPVノード**
  - ・マークルツリー部分をダウンロード
  - ・フルノードに接続して過去の取引を確認

36 セキュリティを支えるマイニングとその報酬

ビットコインには中央の管理者がいないので、ブロックチェーンの正当性をどうやって維持するかが課題です。偽ブロックを作ったり、作成済みチェーンを改ざんしたりするような悪巧みを許してはいけません。

そこでビットコインでは、多くのネットワークの参加者が協力することにより、正しいチェーンが伸び続ける仕組みを作りました。ただし、正しさを維持するためには改ざんを試みる悪いマイナーの計算能力が、全マイナーの計算能力の半分を超えないように防御する必要があります。もし超えてしまうと悪いマイナーが改ざんしたブロックチェーンが正当なチェーンとして扱われてしまう危険性があるからです。

つまり、ブロックチェーンのセキュリティを維持するためには、多くの正しいマイナーが常にブロックチェーンを監視している必要があるということなのです。そこで、ビットコインでは、マイニング成功に対する報酬制度を設けることにしました。

マイニング作業とは、新たに生成するブロックのヘッダ部分のハッシュ値を一定の数値以下にする「ナンス」の値を発見する計算作業です。たくさんのナンスを試して条件に合致したらマイニング成功です。計算を高速に実行することに加えて運が必要で、報酬は誰かから分けてもらうものではなく新たに生成されるコインなので、金を掘り当てる採掘の作業になぞらえてマイニング（採掘）と呼んでいます。

報酬額は１ブロック生成する毎にいくらと決まっており、その金額は21万ブロック毎に半減することになっています。２００９年にビットコインが始まった当初は１ブロックあたり50ビットコインでしたが、２０１６年に42万ブロックに到達した後、現時点では12・５ビットコインになっています。２１４０年ころには６９３万ブロックに到達する見込みで、それが最後のマイニング報酬という取り決めになっています。

要点BOX

- ●セキュリティの維持には多くのマイナーによる監視が必要
- ●マイニング成功に対する報酬制度がある

ブロック生成においてはPoWがセキュリティの要

- ●ブロックを生成するためプルーフオブワーク（PoW）の計算が必要【約10分に1回】
- ●先に計算を完了したブロックチェーン計算ノード（マイナー）に報酬が与えられる
- ●どの計算ノードが勝つかわからない

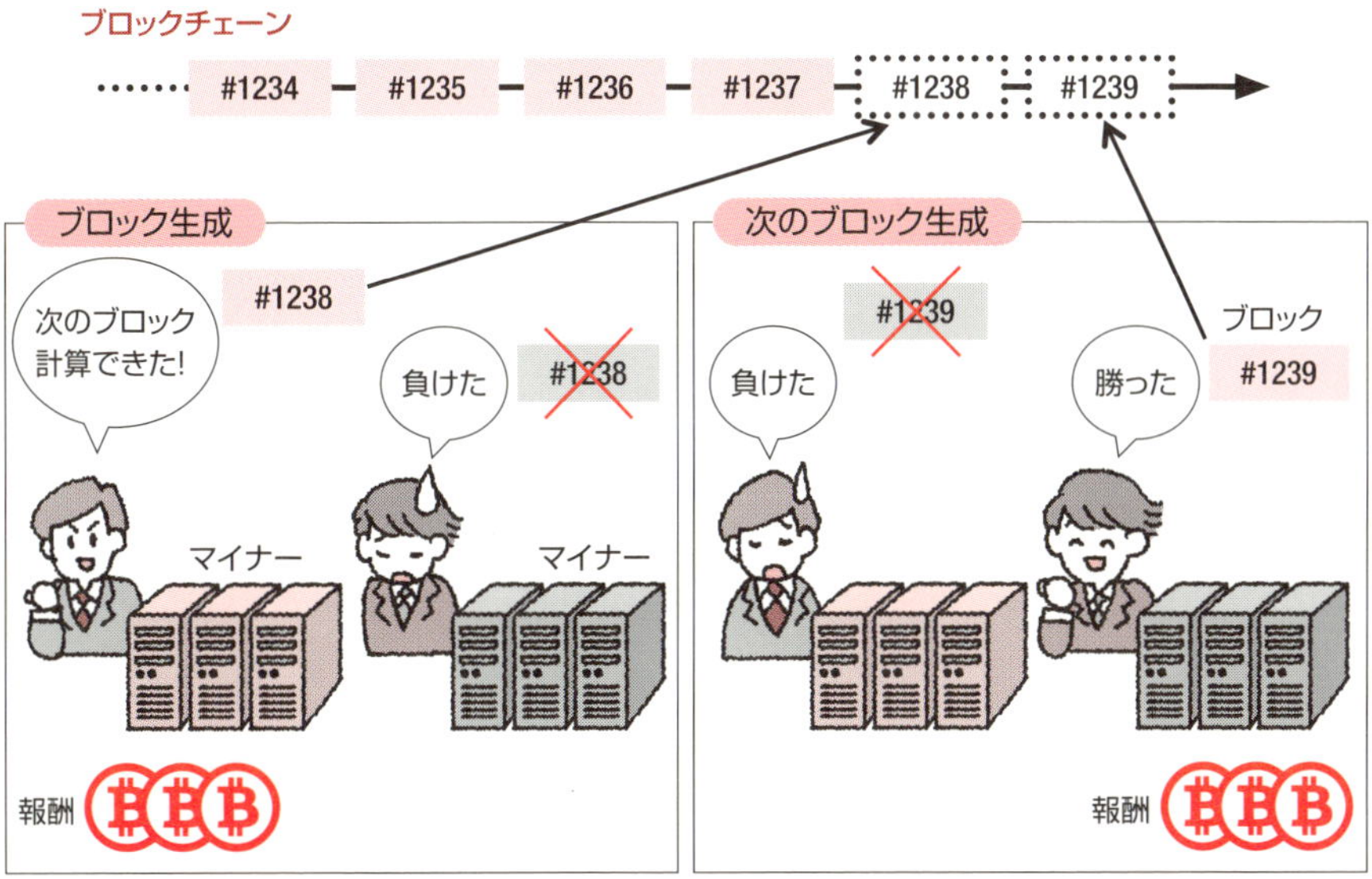

ブロック生成の計算はマイニング（mining）と呼ばれる

・一生懸命働くと、ビットコインがもらえる「かも」しれない…運が必要
・報酬のビットコインは、新たに生成されたコイン…コインベースと呼ぶ

鉱山を掘って「金」を見つける作業に似ている

→ ビットコインを掘り当てる作業…マイニング（採掘）と呼ぶ

マイニング報酬

・最初の21万ブロックのマイニング報酬は50ビットコイン
・次のブロックからは21万ブロックごとに半分の報酬になる
・ビットコイン発行上限2100万枚に達した時点で新規ビットコインの発行を終了→報酬もなし

～21万ブロック	～42万ブロック	～63万ブロック	～84万ブロック	～105万ブロック	…	～672万ブロック	～693万ブロック
50 BTC	25 BTC	12.5 BTC	6.25 BTC	3.125 BTC	…	0.000000023 BTC	0.000000012 BTC

↑2009年　↑2016年　↑2020年　↑2140年ころ

37 送金の早さは金次第!?

マイナーはブロックの生成に成功するとマイニング報酬を得ることができますが、得られる報酬はそれだけではありません。個々の送金トランザクションが送金手数料を払ってくれるので、それらも収入として入ってきます。

マイナーは自分のサーバに到着している多数のトランザクションの中から、どれを選んで次に生成するブロックに組み込むかを決めなければなりません。負荷が集中する時間帯は、全部のトランザクションをひとつのブロックに格納できないことがあるからです。そんなとき、マイナーは手数料をたくさんくれるトランザクションを先に処理するように動きます。ビットコインでは新しいブロックが10分に1回生成されるので、一度ブロックに入り損ねると、そのトランザクションは10分待たされて後ろのブロックで格納されるのを待つことになります。

マイナーの方針にもよりますが、通常、手数料はトランザクションの大きさ（バイト）あたりの単価が高いほどブロックへの取り込みが早くなります。また、単価が同じなら大きい方が優先して取り込まれます。なんと、送金金額には関係ないということなのです。ウォレットソフトを使って送金するときには、ソフトが妥当な手数料を選んでくれますが、より早く送金したい場合には自分で手数料を設定することもできます。手数料を高額に設定すれば早く処理してもらえる可能性が高いということです。

左下図の例で考えてみましょう。大きさが５００バイトで手数料が0.0005 BTCと0.0008 BTCに設定したトランザクションがある場合、後者の方がバイトあたり単価が高いので優先的にブロックに格納されます。大きさが５００バイトで手数料が0.0005 BTCのトランザクションと６００バイトで0.0006 BTCのものとがある場合には、バイト量が大きい後者が優先されます。

要点BOX

- ●マイニング報酬に加えて手数料収入がある
- ●マイナーは手数料が多いトランザクションを優先処理する

マイナーは送金手数料で順番を決める

- マイナーの収入源はマイニング報酬だけでなく、各トランザクションからの手数料収入がある
- 取引所から送金するときには取引所の手数料がかかることもある

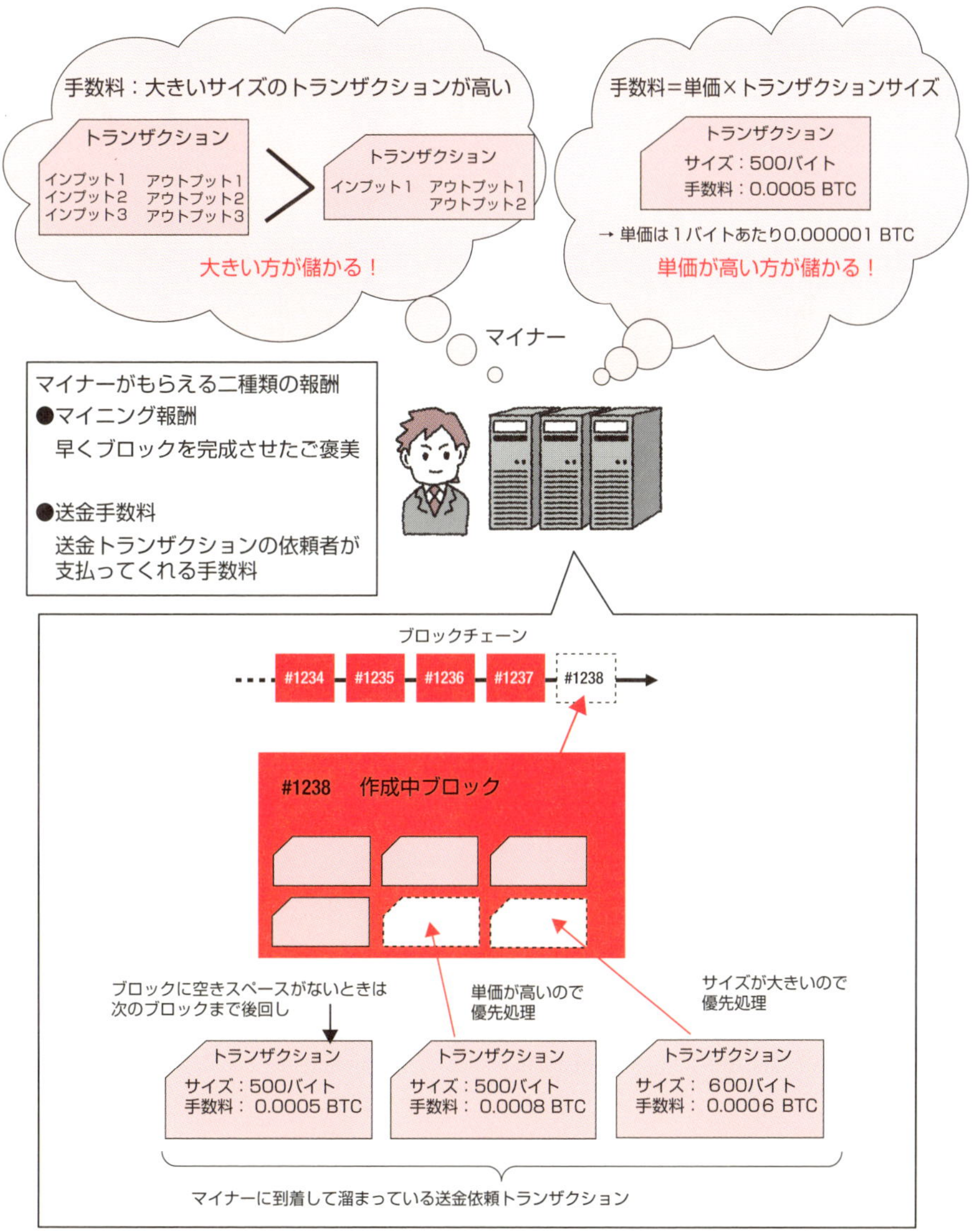

38 ビットコイン・フルノードの作り方

マイニングもできるコンピュータ

ビットコインのトランザクション作成やマイニングなど、すべての機能を備えたコンピュータのことを「フルノード」と呼びます。誰でも自由に参加できることがビットコインの特徴ですから、フルノードを作ることも比較的簡単にできるようになっています。

●Bitcoin　Coreプログラム

ビットコインのフルノードを実行するためBitcoin Coreという標準的なプログラムがオープンソースプログラムとして開発されています。

まず、このオープンソースコミュニティのサイトである「bitcoin.org」からプログラムをダウンロードしてインストールすることが最初の一歩です。

●ノードの初期化

最初にBitcoin Coreプログラムを起動すると、既存のビットコインネットワークのノードから８台の接続先を自動的に選んで接続し、初期ブロックダウンロードという初期化動作を始めます。フルノードはマイニングを実行可能とするため、ブロックチェーン全体を自分で持っていなければならないのです。ブロックチェーン全体では２００ギガバイト近くの大きさになり、ダウンロードには相当な時間を必要とします。

●フルノードとしての動作開始

通常動作では新規トランザクションの受付や転送を実行するため、ウォレットソフトや他のフルノードからの要求を受け付けます。これを受け付けるため自分のコンピュータやネットワークの設定を調べて、ＴＣＰポート８３３３番という種類の通信が許可されているかを確認しておかなければなりません。

通常の動作に入ったフルノードは、マイニングを実行してブロックを生成し、他のノードより早くブロックを生成できたときには、そのブロックを自分の親ノードに送信しブロックの完成を通知します。また、自分が受け付けたトランザクションを他のフルノードに転送します。

要点BOX

●フルノードはビットコインネットワークに参加する他のフルノードに接続する

ビットコイン・フルノードの作り方

- ●ピアツーピアネットワークはどうやって構成されるか
- ●ビットコインコア（Bitcoin Core）という名前のプログラムをインストール

①Bitcoin Coreプログラムを
インストールする

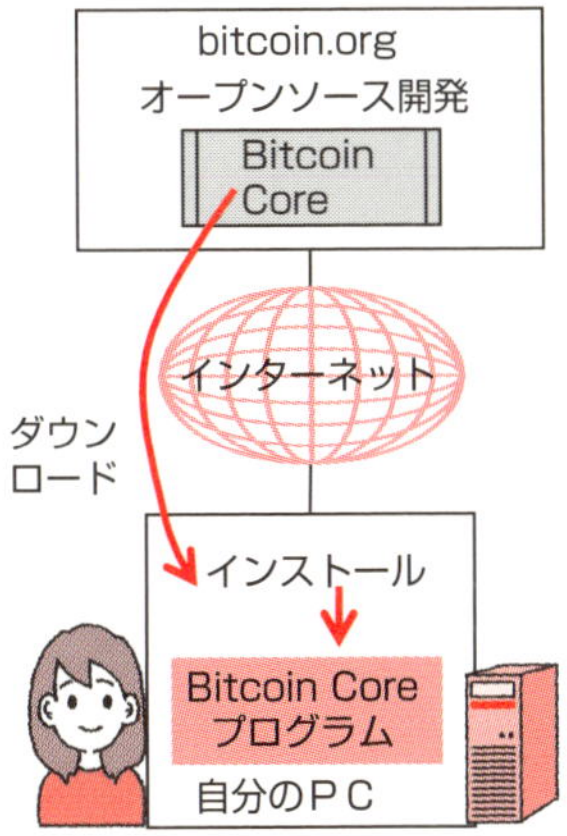

② ビットコインネットワークに接続する

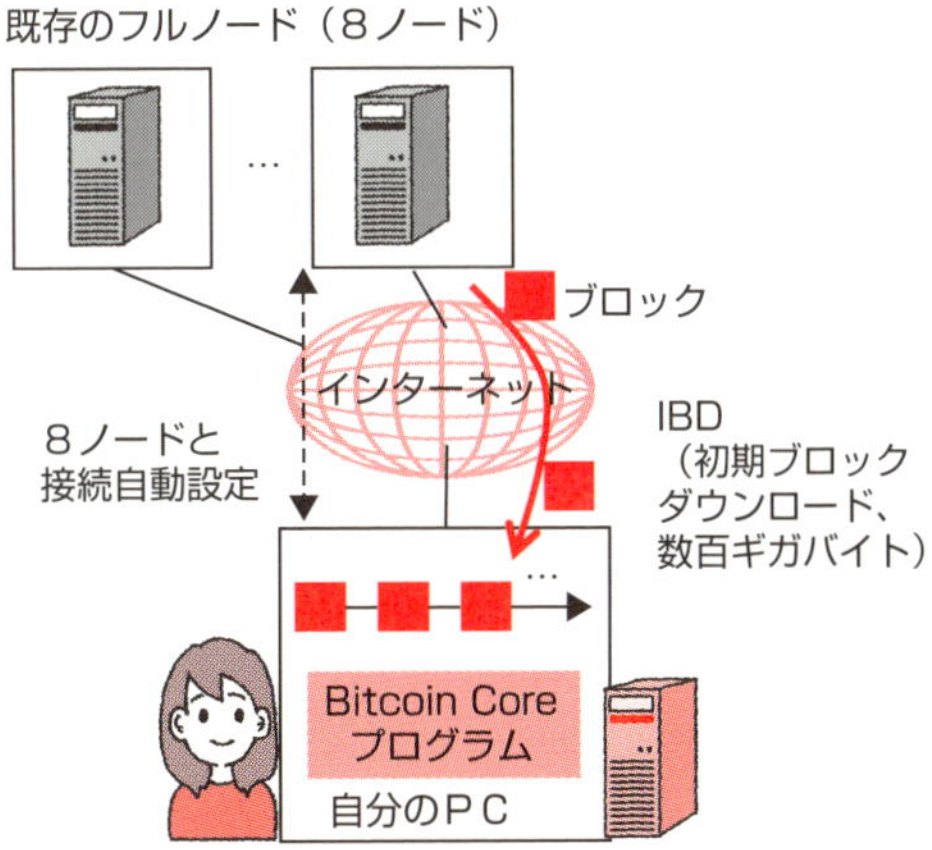

③ 他ノードからのトランザクションを受け付ける

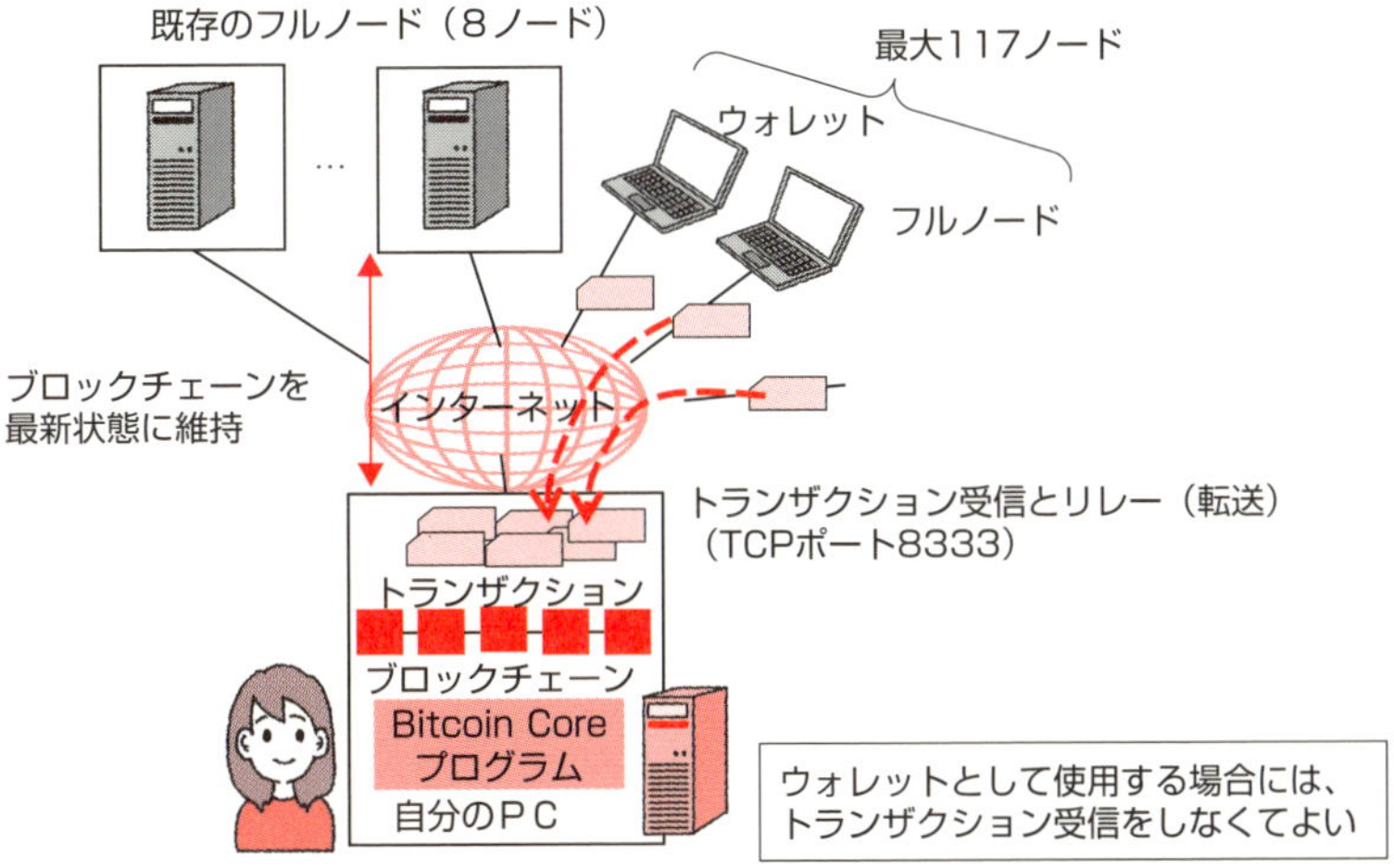

39 軽量クライアントノードの作り方

ウォレット用コンピュータ

自分のビットコインを送金したり、誰かに自分宛てのコインを送ってもらったりするだけなら、ウォレットとして軽量クライアントノードを作るだけで十分。マイニングやブロックの検証が不要ならフルノードにする必要はないのです。オープンソースで開発されているElectrumを例に使い方を解説しましょう。

●プログラムのインストールと実行

「electrum.org」というElectrumのコミュニティサイトを訪問すると、プログラムをダウンロードできるのでインストールします。実行をすると接続先のフルノードを自動的に選び、そこからブロックチェーン全体のブロックヘッダだけをダウンロードします。ブロック全体をダウンロードする場合に比べて容量が小さいので、短時間でダウンロードが完了します。

●軽量クライアントノードの送金動作

軽量クライアントノードはウォレットとして利用されるので、ユーザが送金をするときに指定されたＵＴＸＯ（未使用トランザクション）が本当に未使用であることを確認し、送金用のトランザクションを作成、送信するという動作をします。軽量クライアントノードはブロックヘッダだけを保持しているので、送金元のＵＴＸＯがどのブロックに存在するかわかりません。そこで、接続しているフルノードに対し、そのＵＴＸＯを含むブロックのマークルツリー情報を自分に転送するように要求します。そして、マークルツリーに記録されているハッシュ値からＵＴＸＯのハッシュ値が正しいことを確認することによりＵＴＸＯが存在していることを検証するのです。

ただし、特定のトランザクションＩＤを指定して検索を要求すると、依頼元ノードがそのＵＴＸＯの持ち主であることがばれてしまいます。そこで、検索要求ではBloom filterと呼ばれる手法を使用します。これを用いると余分な情報まで抽出されますが、本当の検索目的を隠すことができるからです。

要点BOX

●マイニングやブロックの検証が不要ならフルノードにする必要はない

●送金時はマークルツリー情報で確認

軽量クライアントノード（ウォレット）の作り方

- マイニングはやらないで受取と送金だけできれば良いなら、フルノードになる必要はない
  →軽量クライアントノード（SPV Client Node）
- オープンソースのビットコインウォレット（例：Electrum）をインストール

① Electrumプログラムをインストールする

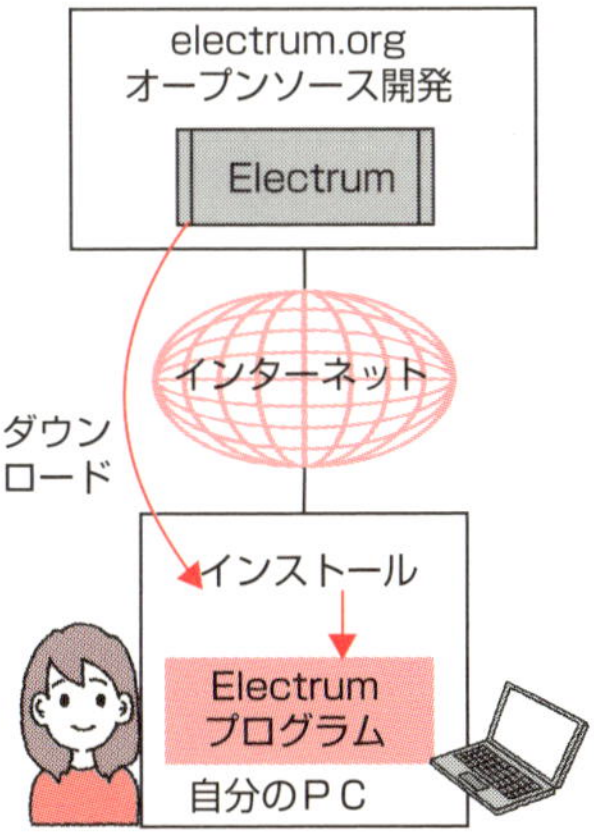

② ビットコインネットワークに接続する

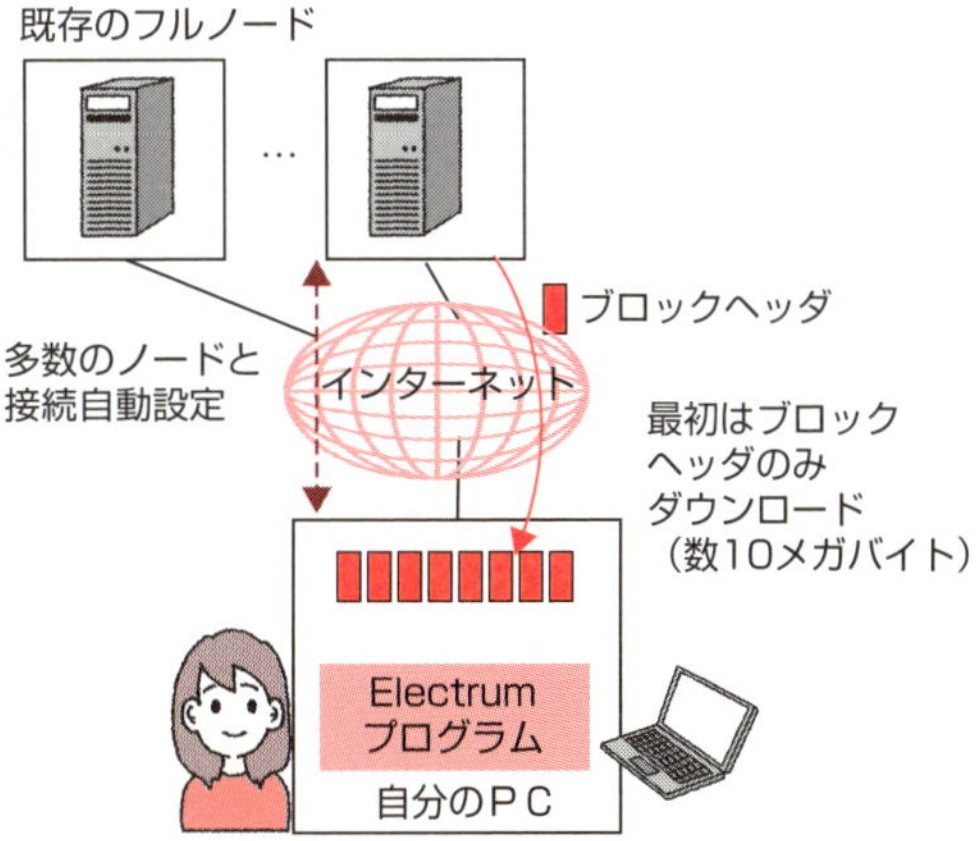

● 自分の口座（ビットコインアドレス）のビットコインを他者に送金するときの動作

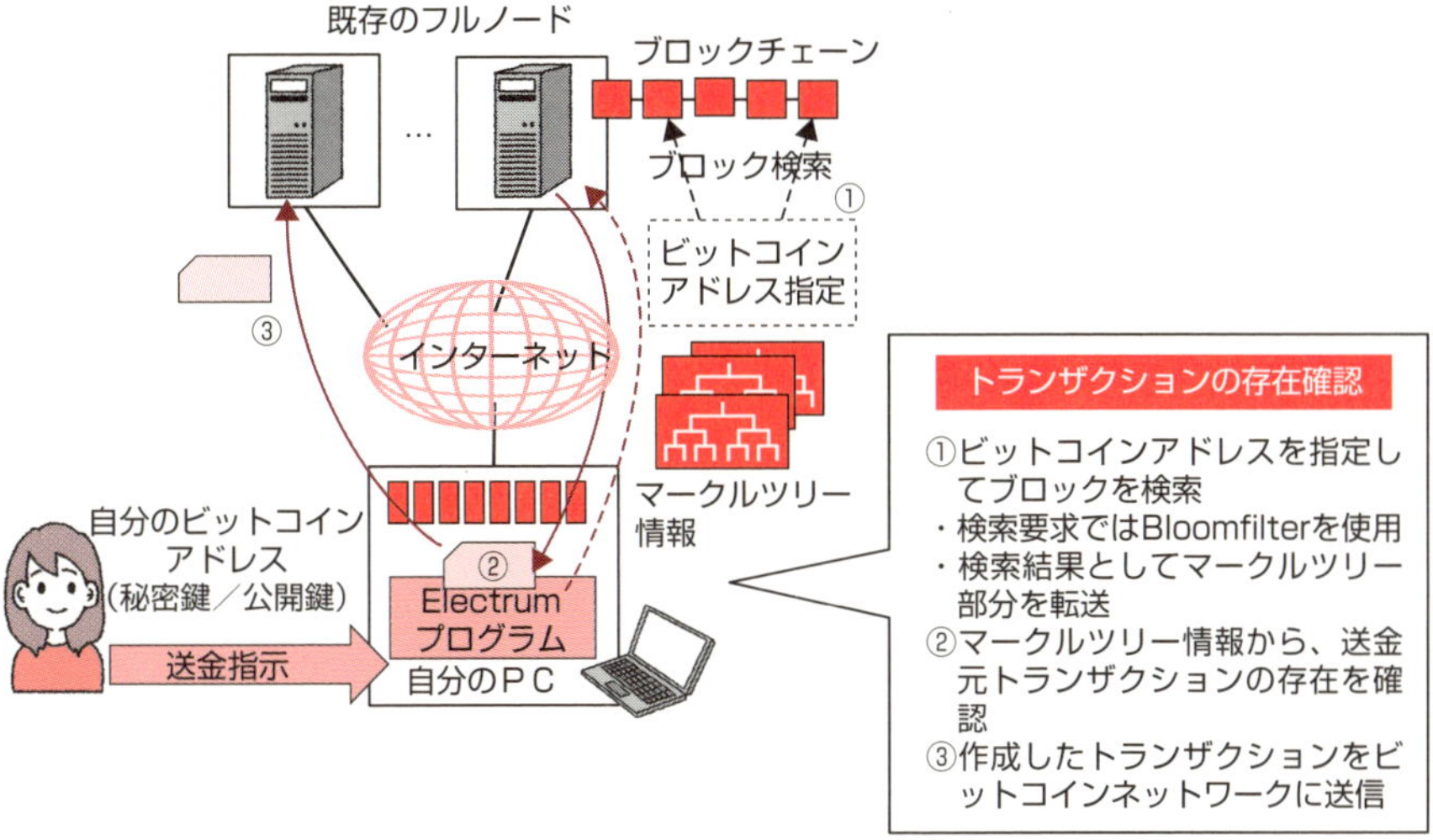

40 モバイルウォレットの作り方

スマホ用ウォレットを作る

スマートホンにウォレットソフトウェアをインストールして、ウォレットを財布として持ち歩くことができれば便利、というアイデアが実現されました。

スマートホンはメモリやファイルの記憶容量に制限があるので、プログラム開発には工夫が必要であり、軽量クライアントノード方式のウォレットソフトウェアが多数開発されています。

●プログラムのインストールと実行

スマートホンのＯＳがAndroidの場合にはGoogle Playサイトから、iOSの場合にはApp Storeから、気に入ったウォレットソフトを選んでダウンロードし、インストールします。起動してウォレット作成を指示すると、リカバリフレーズを書きとるように指示されるので書き写します。ハードウェアウォレットの項で説明したように、これがあれば、万一、ウォレットをなくしたり壊したりしたときにも、別のスマートホンに同じウォレットソフトをインストールすれば、回復できるのです。

●ウォレット動作

ソフトのインストールが終われば、ウォレットとしての動作はコンピュータ用の軽量クライアントノードと同様で、ユーザーが送金指示をするとウォレットソフトウェアがインターネット上のフルノードから必要なデータを検索し、トランザクションを検証・作成して送信します。

その他に、ペーパーウォレットをスキャンしてトランザクションを作成したり、他の人からコインを受け取るために自分のビットコインアドレスのＱＲコード（二次元バーコード）を表示したりする機能があります。どこにでも持ち運べるスマートホンだから、特に役に立つ機能と言えるでしょう。

要点BOX

●スマホ用専用ソフトが多数ある
●持ち歩くときに役立つ機能を備えている

モバイルウォレットの作り方

- モバイルウォレットはソフトウェアウォレットの一種
- 軽量クライアントノードとして構成

①モバイルウォレットをインストール

いろいろなWalletアプリがあるので、一つ選択

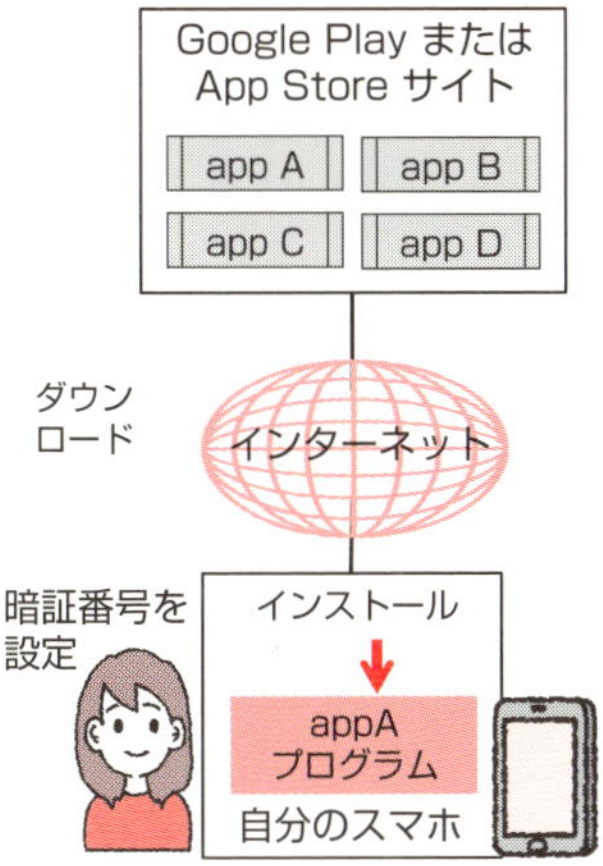

②リカバリフレーズを記録

ウォレットアプリが表示するリカバリフレーズを紙に書きとる

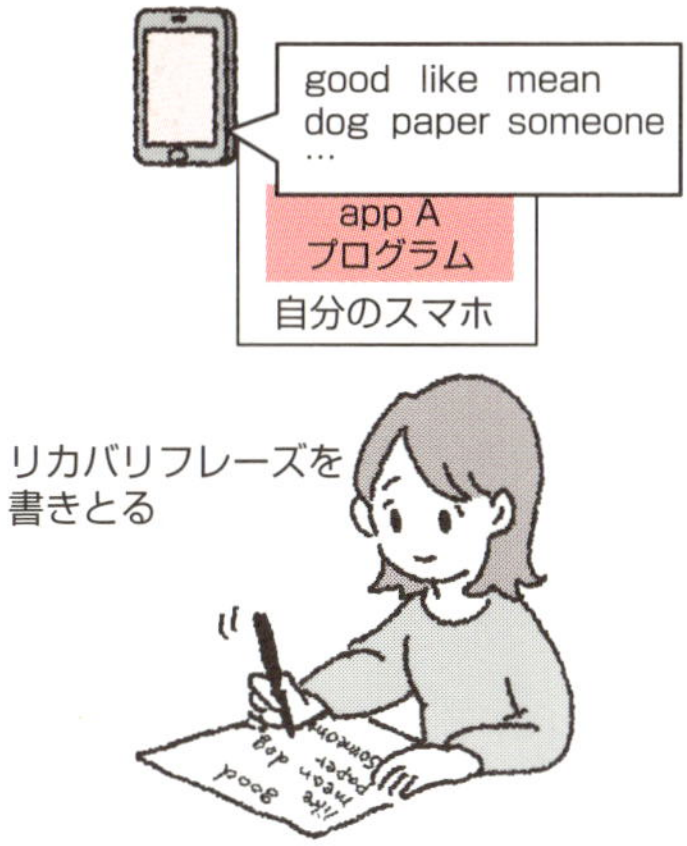

③軽量クライアントノードとして利用開始

フルノードのひとつに接続し、軽量クライアントとして動作

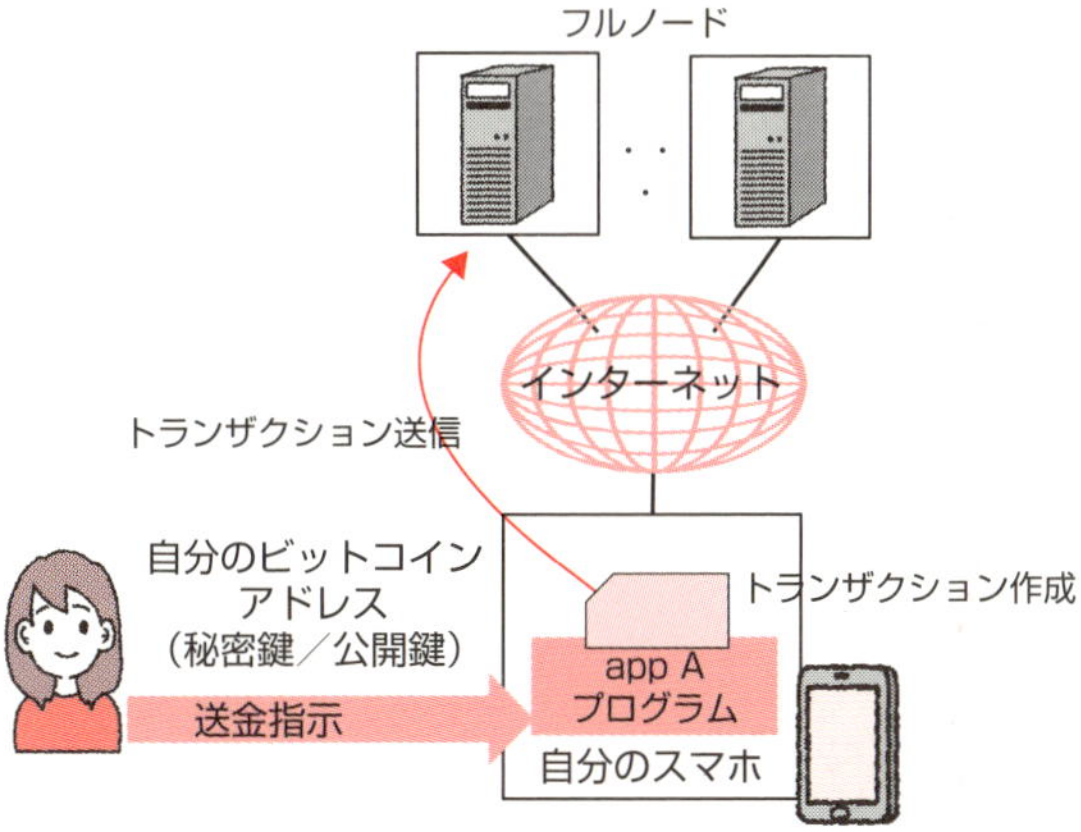

41 ビットコインの数え方

BTCとSatoshi

ビットコインの金額を示す単位は「BTC」（ビットコイン）ですが、金額を書きやすくするために小さな単位も用意されています。1BTCの千分の一を「mBTC」（ミリビットコイン）、その千分の一を「μBTC」（マイクロビットコイン）という単位で呼んでいます。ミリは千分の一を表し、マイクロは百万分の一を表す単位だからです。さらに小さい単位として「Satoshi」があります。これは1BTCの一億分の一、1μBTCの百分の一の金額を表し、ビットコインで扱うことができる最小の金額となっています。

日本円を考えると、そんなに小さな単位は用意されておらず、せいぜい利息などの計算のために「銭」と呼ぶ単位が出てくる程度です。どうしてビットコインではこんなに小さな単位が必要なのでしょうか。

ビットコインが生まれてしばらくはビットコインを使う人はほとんどいなかったので、2010年10月ころの交換レートは1BTCあたり15円程度でした。つまり1000円の物をビットコインで買うときには67BTCを支払うという状況でした。ところが、ビットコイン利用者が増えるにつれ交換レートが高騰します。2018年4月ころの交換レートでは1000円は0.0013 BTC相当ということになり、お金の感覚としては扱いにくくなりました。そこで感覚的に分かりやすい整数表現に近づけるようになり、例えば0.0013 BTCは1.3 mBTCまたは1300 μBTCと表現するようになったのです。

ビットコインの交換レートは過去数年、大きく上昇してきました。左図に縦軸を対数表示にしたグラフを示します。通常の軸でグラフを描くと過去の交換レートの上昇率がほとんど表現できないからです。

今後もこのような上昇が続くかどうかわかりませんが、続くのであればμBTCやSatoshiといった単位が常時使用されることになるでしょう。

要点BOX

- 単位はBTCとその1億分の1のSatoshiがある
- ビットコインの交換レートは過去数年大きく上昇している

ビットコインの数え方（単位）

●ビットコインは価値の上昇とともに、通常の購買場面においては少数点以下の桁数の増加が課題・・・0の数が多すぎる

●小数点以下を適度に表現可能な単位を設ける

・1BTC	…	1ビットコイン
・1mBTC	=	0.001 BTC　（1ミリビットコイン）
・1μBTC	=	0.000001 BTC　（1マイクロビットコイン）
・1Satoshi	=	1/100,000,000 BTC　（1サトシ）

●１０００円のモノを購入するとき、何ビットコイン支払えばよいか？

・2010年10月ころ	…	66.667 BTC
・2014年10月ころ	…	0.026432 BTC = 26.432 mBTC
・2018年4月ころ	…	0.0013270 BTC = 1.3270 mBTC

0の数が減って見やすい

ビットコイン交換価格の推移

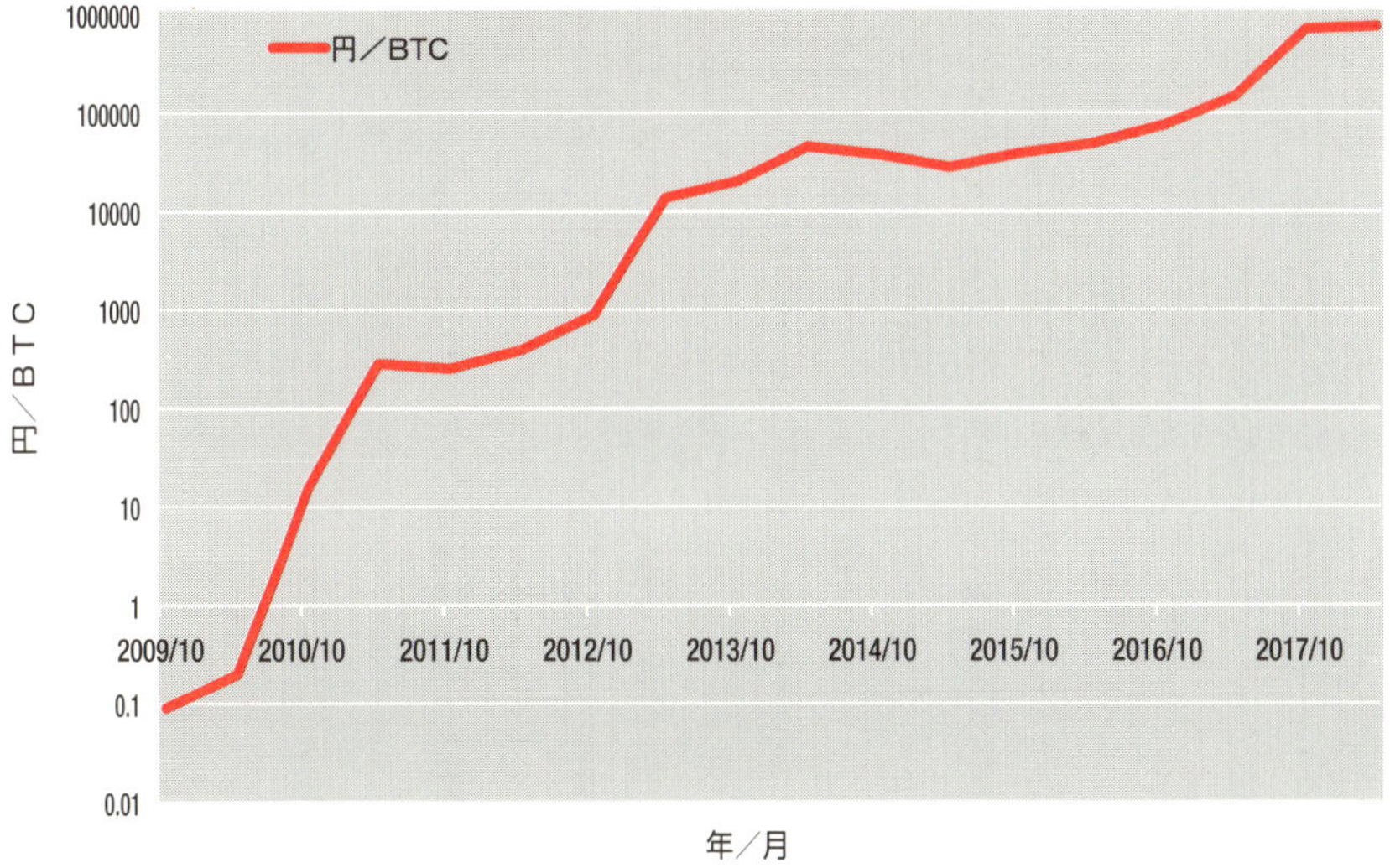

https://jpbitcoin.com/about/history_price　このデータを参考にして独自にグラフ化

42 合議して送金するアドレスの使用

ビットコインにはマルチシグネチャアドレスと呼ぶ合議制の送金方法があります。技術的にはM人の関係者の中のN人が承認することにより、そのトランザクションの送金を可能とするしくみです。

この仕組みは、例えば企業の経理システムのように、送金する際には担当者だけでなく上司の判断が必要といった場合に利用できます。また、通常は自分の判断で送金するのだけれど、ウォレットが壊れてリカバリフレーズもわからないといった場合に備え、家族からも送金可能にしておくといった使い方もできます。左図で使い方を解説しましょう。

普通のトランザクションで送金するときには、ウォレットの持ち主であるAさんの秘密鍵を用いてトランザクションに署名をしてマイナーに送信します。

マルチシグネチャトランザクションの場合には、まず何人でそのアドレスを使用するか、前述のMとNを決めておきます。図はM=3、N=2を表しており、三人のうちの二人が承認することにより送金が可能になります。最初に送金したいと考えたBさんは、自分のウォレットでマルチシグネチャアドレス宛に受け取っているUTXOを元に送金トランザクションを作成します。そしてBさんの秘密鍵で署名をしてそのトランザクションを次の署名者に渡します。USBメモリに入れて渡したり、スマートホンのウォレットでQRコードを表示することにより渡したりする方法があります。Bさんの署名済みトランザクションを受け取ったCさんは自分のウォレットを使い自分の秘密鍵で署名をします。これで三人のうち二人の承認が確認できたことになるのでマイナーへの送金が可能になります。

通常のビットコインアドレスは「1」から始まる文字列ですが、マルチシグネチャアドレスの場合には「3」から始まる決まりで、マルチシグネチャアドレスか否かはすぐにわかるようになっています。

マルチシグネチャアドレス

要点BOX

- ●合議制承認がマルチシグネチャ
- ●マルチシグネチャかどうかはアドレスですぐにわかる

支払は合議制！マルチシグネチャアドレス

●例えば、３人のうち２人が承認したら送金しよう！という考え方

会社：一人の判断で勝手に出金されるのは困るので合議制にしよう
個人：万一、自分がウォレットをなくしたり、パスワードを忘れたりしたら、家族の承認で出金しよう

↓

マルチシグネチャ

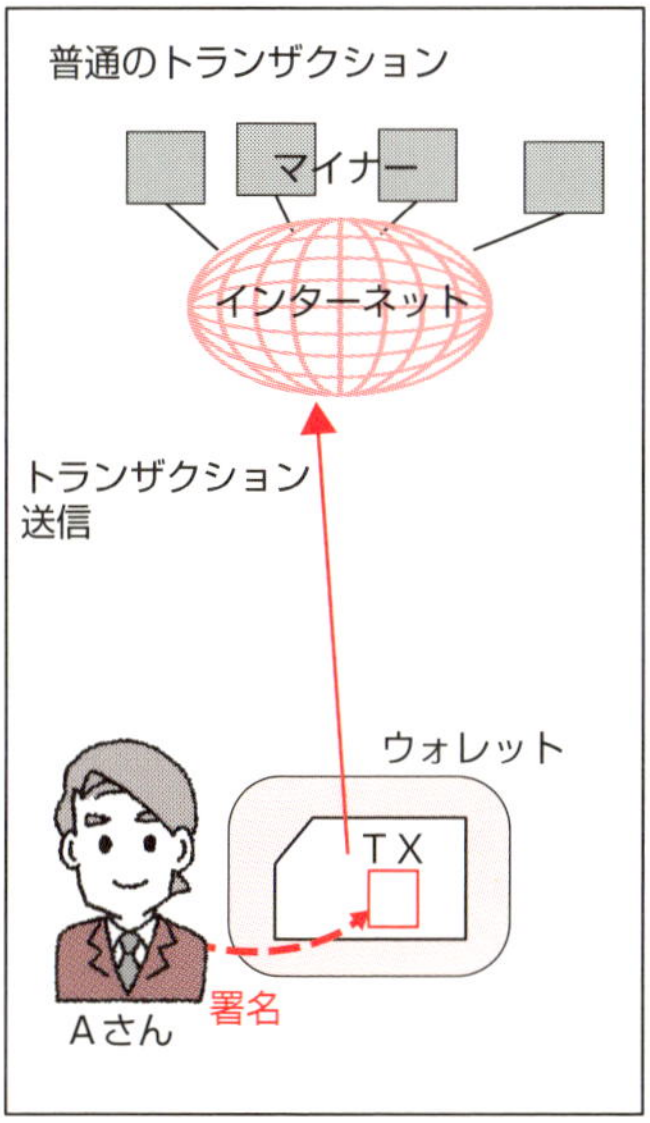

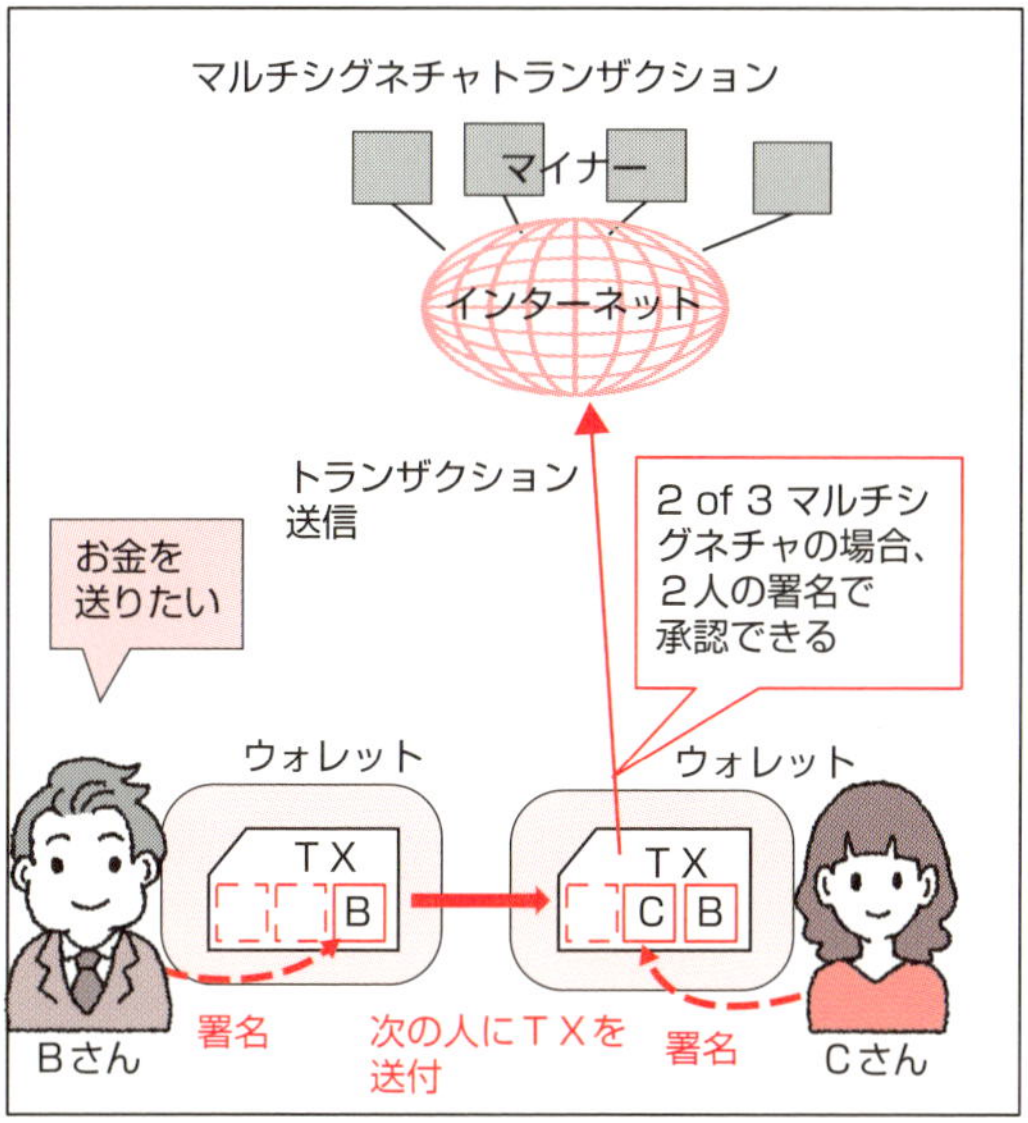

送信者のビットコインアドレス

1A1TEi6fJxyNSGAFKKRM6B7aRNZFTvLSnq

普通のトランザクションは「1」から始まる

33FDJs9FMgJA4YceLPaeV4rWtknoyybBgN

マルチシグネチャ・トランザクションは「3」から始まる

43 なかなか送金できないので送り直したい

RBFトランザクション

ビットコインを送金するトランザクションの中には、マイナーに支払う送金手数料も指定しておきます。送金手数料をゼロにしておいてもいずれはブロックに取り込まれますが、早くブロックに取り込まれる、すなわち早く送金するためには、高い手数料を指定することが早道です。

さて、適切な手数料を指定したつもりなのになかなかブロックに取り込まれない（したがって送金できない）とき（左上図）、手数料を上げて送金し直す機能があります。ＲＢＦ（Replace-by-Fee）トランザクションと呼ばれるしくみです。まだブロックに入っていないトランザクションに対して、それを置き換える別のトランザクションを送るのです。前より高い手数料を指定することにより、ブロックに入りやすくなり、送金を早く実行できます（左中図）。

この機能を使うときは予めそのトランザクションに「手数料が変更される可能性があります」という印をつけておかなければなりません。これに対して、同じトランザクションＩＤでＲＢＦの印をつけたトランザクションを送ることにより前のトランザクションを無効にできるのです。

ところで、この機能には悪用による二重払い発生の危険があると言われています。例えば、お店でビットコインの支払いをする際、ブロックチェーンに登録される前に支払いを完了する場合があります。登録されるまで待つと最短でも10分待たなければならないからです。安い手数料のトランザクションでこの支払をすると長時間ブロックチェーンに登録されません。その間に別の店に行ってＲＢＦトランザクションを使って同じビットコインを使えるのです。この場合、最初の店で支払ったビットコインは無効になるので、お店に損害が発生します（左下図）。ビットコインで支払いを可能にする場合、店舗側はこのような問題も考慮しておかなければなりません。

要点BOX

- 前より高い手数料を指定することで早く送金できる
- 送金し直すしくみがRBFトランザクション

RBFトランザクション

- 自分のトランザクションがなかなか承認されないとき
- ゼロ・コンファーメーションのときが問題

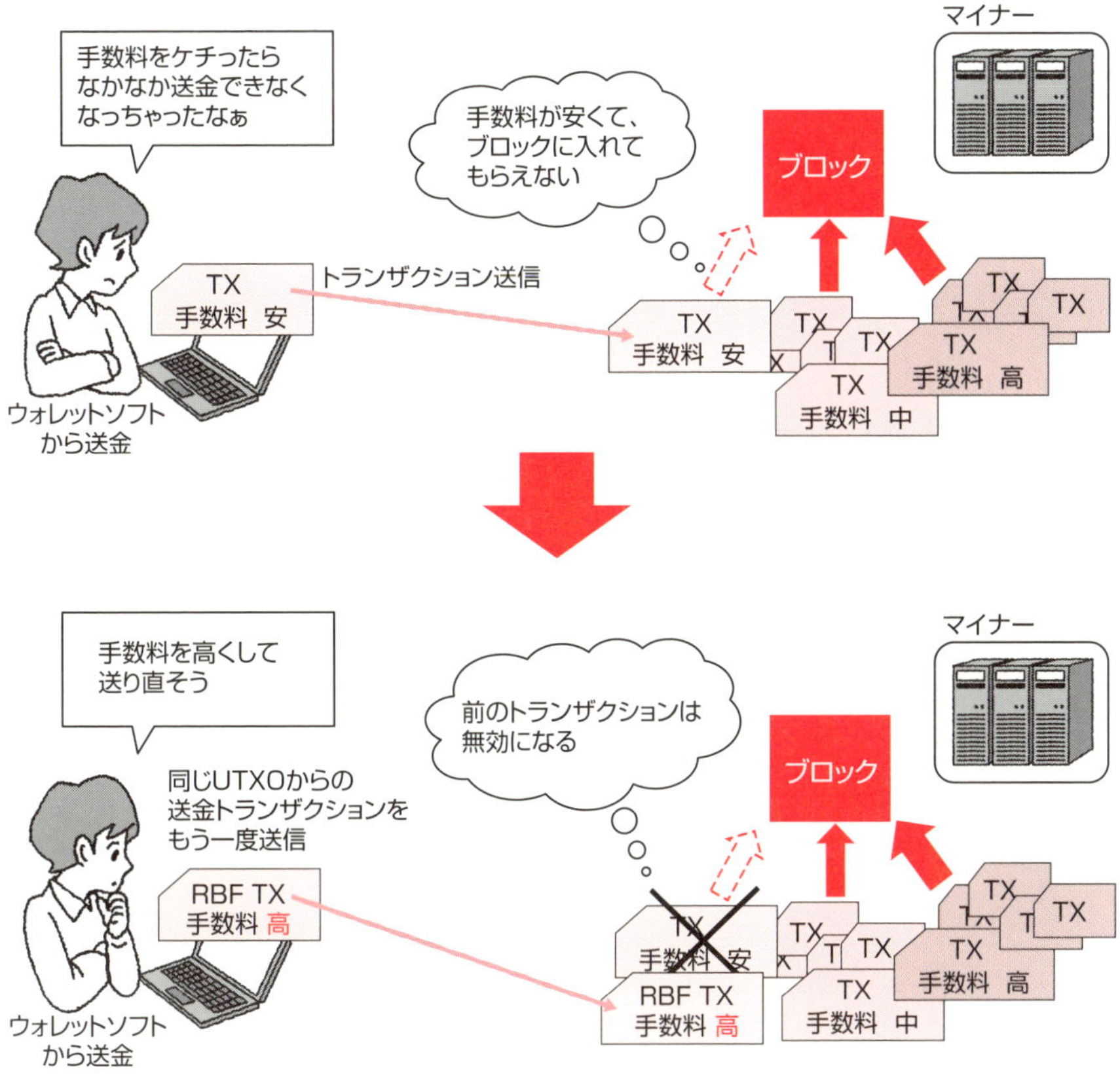

RBFトランザクションの課題

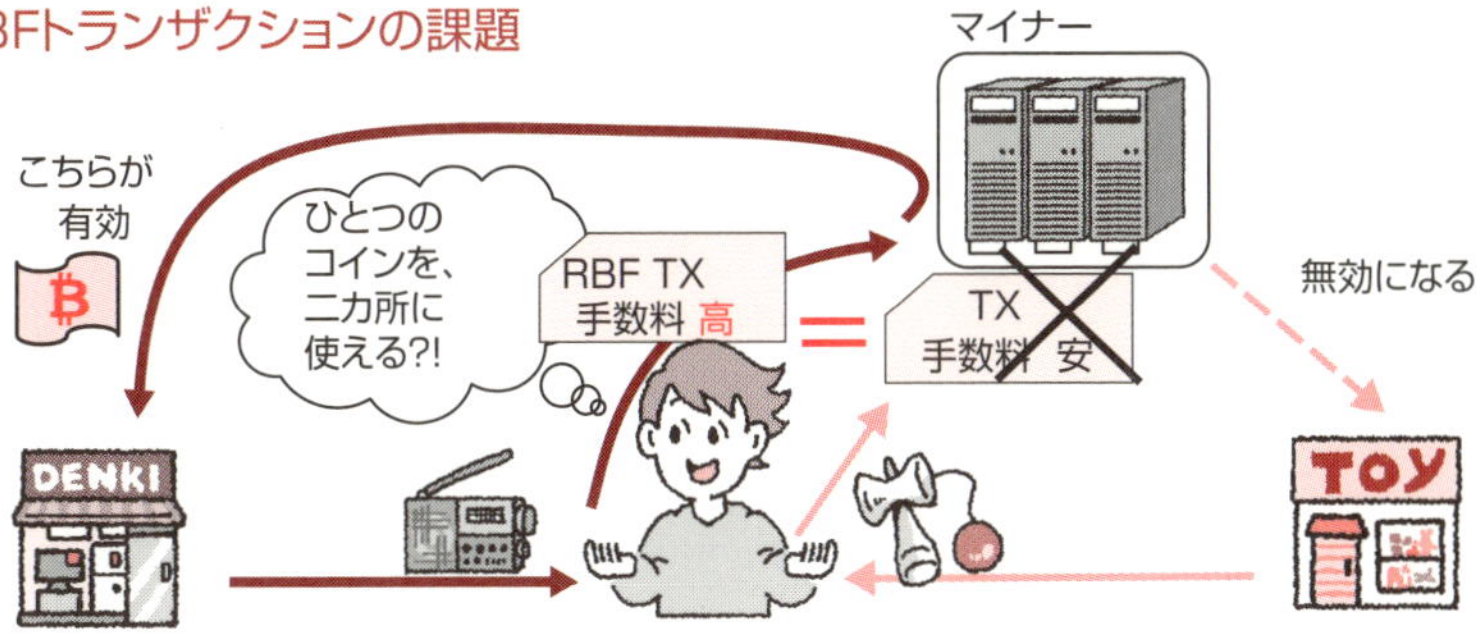

44 ビットコイン処理のスケーラビリティ

処理スループットとレスポンスタイム

　ブロックチェーン技術はトランザクション処理の一種です。トランザクション処理の重要な性能指標として処理スループット（時間あたりの処理量）とレスポンスタイム（1件あたりの処理時間）が挙げられます。また、総合的に見た処理性能をスケーラビリティと呼ぶことがあります。処理量が増加したときにどのくらいまで対応できるかを意味する言葉です。ビットコイン処理のスケーラビリティはどれくらいあるのかを考えてみましょう。

　ビットコイン処理では、1ブロック作成するのに約10分かかります。1ブロックの大きさは最大1メガバイトと決められており、ヘッダ部分が88バイト、残りがトランザクションを格納するブロック本体領域です。トランザクション1件の大きさは入力・出力の数によって２５０バイト～1キロバイト以上になるものもあるので、その中には最大でもおよそ三千個のトランザクションしか格納できません（左図）。したがって、最大処理スループットは毎分３００件となります。1日あたり43万2千件に相当します。

　一方、1件のトランザクションは最短10分で最初のブロックに格納されますが、最終的に確定するためにはそれ以後計6ブロックがチェーンにつながるまで待たなければなりません。したがって、1件のトランザクションのレスポンスタイムは最短でも60分ということになります。

　このスループットとレスポンスタイムは一般に企業で使用されるトランザクション処理システムに比較するとかなり低い性能です。他の仮想通貨では性能改善を図る方式も取り入れられています。何らかの業務にブロックチェーン技術を採用する場合には、性能を十分考慮する必要があるでしょう。

要点BOX

●1ブロック作成するのに約10分かかる
●ビットコインの処理スループットとレスポンスタイムはかなり低い性能

トランザクション処理のスケーラビリティ

- ビットコインの1ブロックは1メガバイト
- トランザクションはだいたい500バイト程度の大きさがある

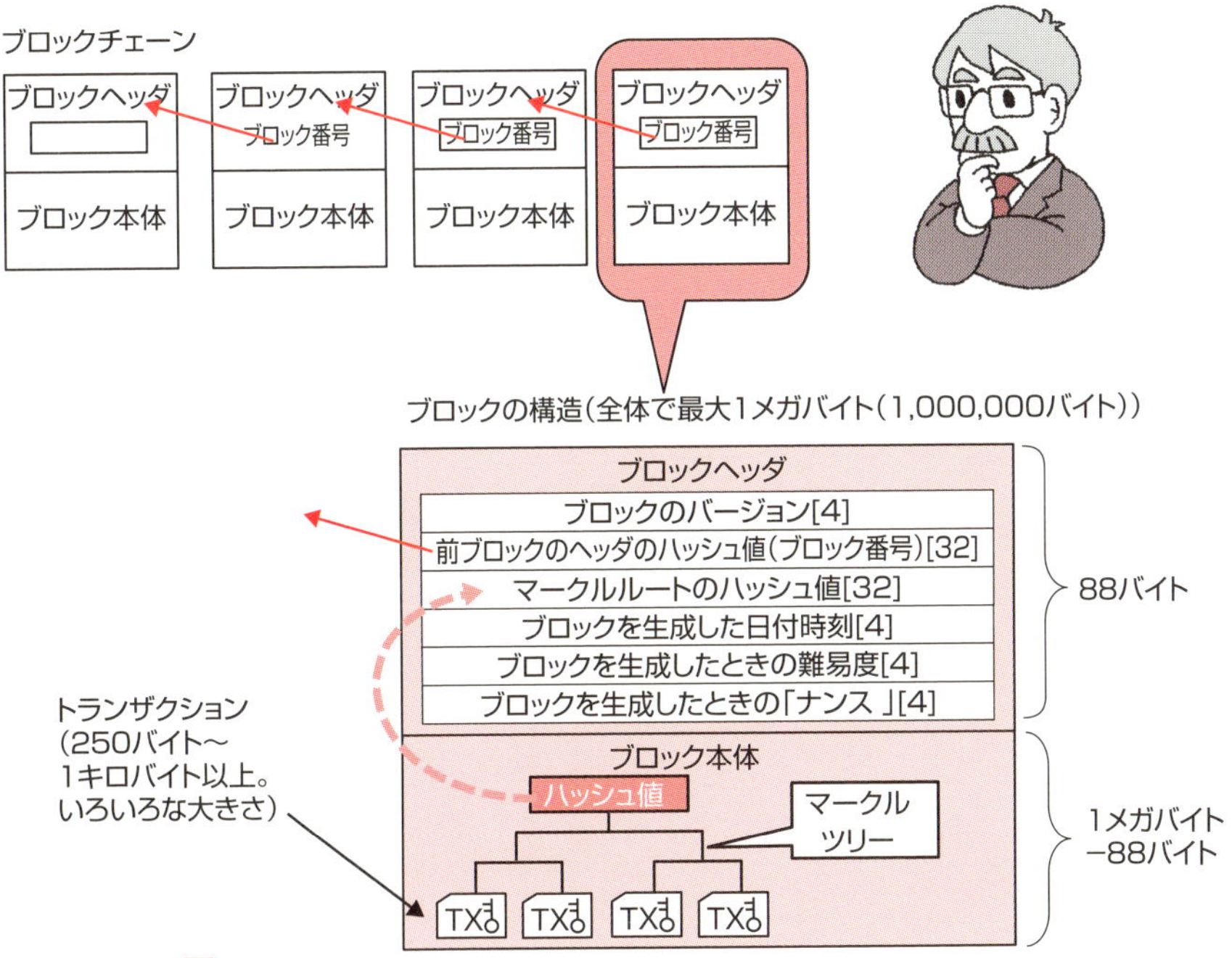

↓

最大約3000
トランザクション／ブロック 程度

ブロック生成　1 回／10分

最終確定まで6ブロック生成待ち

→

スループット　300 トランザクション／分
432,000 トランザクション／日

レスポンスタイム　60 分／トランザクション

過去のトランザクション数の実績　：　200,000〜400,000トランザクション／日

↓

時間帯によっては最速（10分以内）でブロックに入らないトランザクションが存在

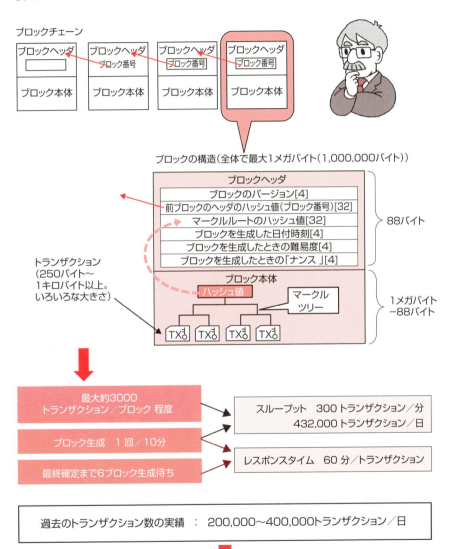

45 SegWitによるスケーラビリティ拡大

トランザクション増加への対応

過去数年のビットコインのトランザクション処理量は1日あたり20万件から40万件ほどあります。1日単位では処理可能な範囲ですが、10分毎に区切って見ると1ブロックにトランザクションが入り切らない時間帯が相当あるものと考えられます。手数料を安めに設定すると、なかなか送金できないという現象は実際に発生しているのです。

そこでビットコインではSegWit（Segregated Witness）と呼ぶ方式を採用し、スケーラビリティを改善しました。（「トランザクション展性」という問題を解決する目的もありました。）

この方式は1ブロックに格納可能なトランザクション数を増加することにより、スループットを改善します。1ブロックの大きさは全体で最大1メガバイトに決まっているので、トランザクションを小さくすることによりたくさんのトランザクションを詰め込もうという考え方です。トランザクションの中で大きな容量を占めるのが、入力トランザクションを示す送金元ユーザの公開鍵と電子署名のフィールドです。これをWitness領域という別の場所に移動します。そして、トランザクションをブロックに登録するときにはWitness領域をブロック本体の範囲外として別途数える容量計算方法に変更したのです（左図）。

これにより1メガバイトのブロックに従来の約4倍、4メガバイト相当のトランザクションが格納可能になりました。レスポンスタイムは変わりませんが、スループットが4倍に増加したので、スケーラビリティが向上したと言えるでしょう。

SegWit仕様の導入の際、反対派との折り合いがつかなかったので、２０１７年8月、ハードフォークを実行し新たにビットコインキャッシュ（ＢＣＨ）として運用が開始されました。ＢＣＨではブロックサイズを単純に8メガバイトに拡張することにより、スケーラビリティを向上しました。

要点BOX

- 1ブロックに格納可能なトランザクション数を増加
- トランザクションを小さくすることでたくさんのトランザクションを詰め込む

SegWit仕様によるスケーラビリティ拡張

- ブロックにトランザクションを詰め込む仕組み
- トランザクション展性と呼ばれる脆弱性に対する対策

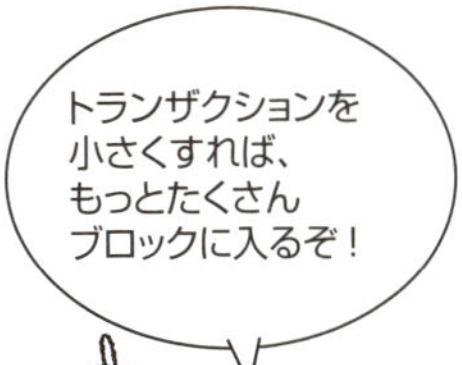

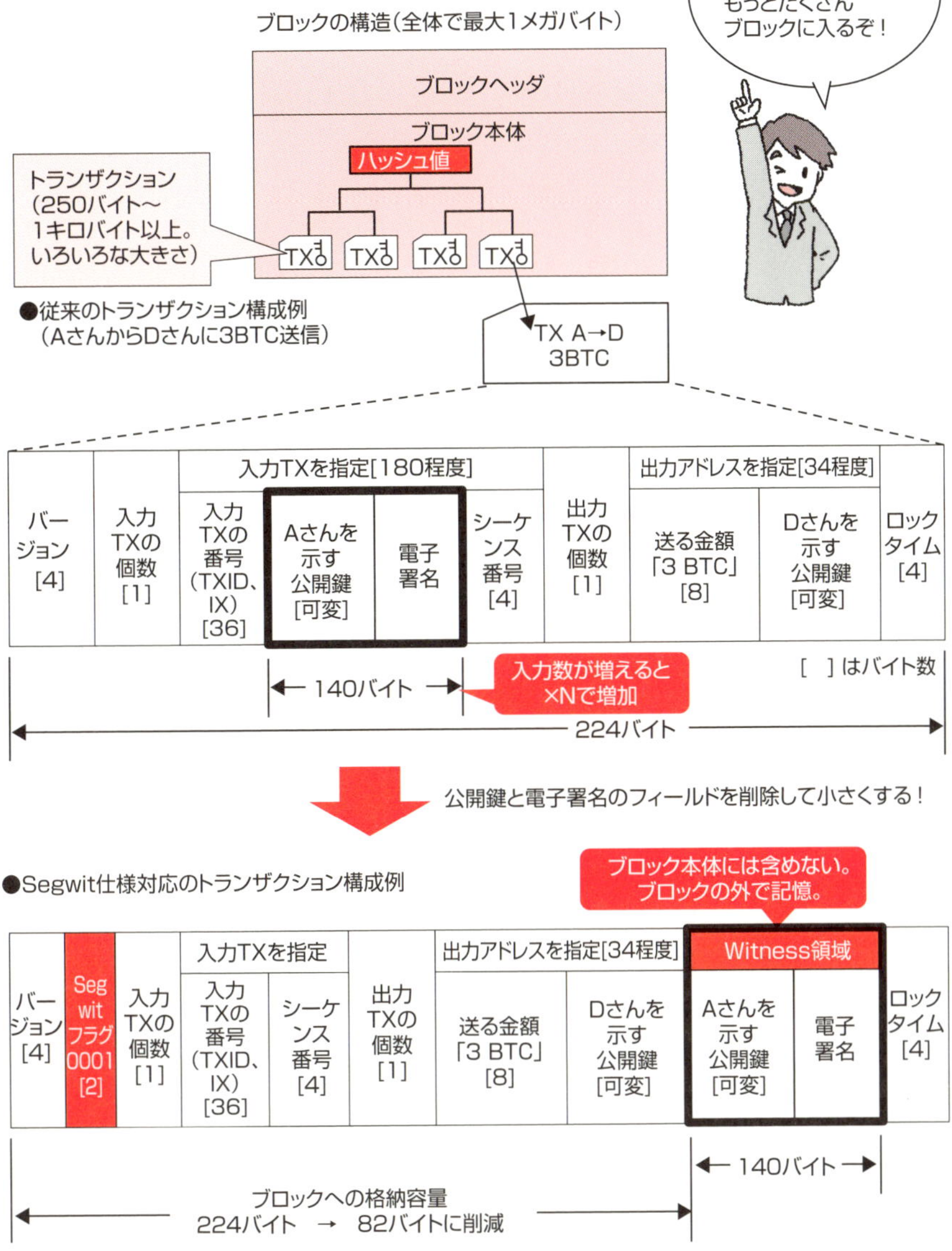

46 仮想通貨の市場規模

仮想通貨の中でビットコインはどれくらいの地位を占めているのでしょうか。各仮想通貨の時価総額を比べてみましょう（左図）。

平成30年４月の時点の仮想通貨全体の時価総額は約２２５０億ドル（24兆７５００億円）で、そのうち53％をビットコインが占めています。２位がイーサリアム、３位がリップル、４位にビットコインキャッシュが入っています。

仮想通貨全体の時価総額はどのくらいの規模なのでしょうか。例えば日本企業の株式の時価総額と比較してみると、トヨタ自動車は21兆円、日立製作所は３・４兆円くらいです（２０１８年９月）。つまり、仮想通貨はトヨタの株と同程度、日立株の7倍の価値を持っていることになります。もちろん企業の実体と資産の裏付けがある株と、まったく価値の裏付けがない仮想通貨とを比較することに意味はありませんが、規模感はイメージできるでしょう。

ビットコインの時価総額を通貨として比較すると、インド（ルピー）やロシア（ルーブル）、イギリス（ポンド）などに匹敵すると言われています。ビットコインはまだ物やサービスへの支払いに使用されているケースが少ないので単純に比較はできませんが、今後の可能性は大きいと考えられます。

ビットコインの時価総額（ドル）の変化を左図下のグラフに示します。縦軸が対数表示になっている点に注意して見てください。ビットコインはマイニングによって単純に増加するだけですが、ドルベースの価格が上下するため大きく変化しています。対数軸で表示すると傾向がわかりやすいということは、過去５年間が指数関数的な変化であったことを意味します。

今後も同様に変動するのか、注目していきたいところです。

要点BOX

- ●仮想通貨全体の時価総額は約2千億ドル以上
- ●その半分程度をビットコインが占めている

仮想通貨時価総額のシェア

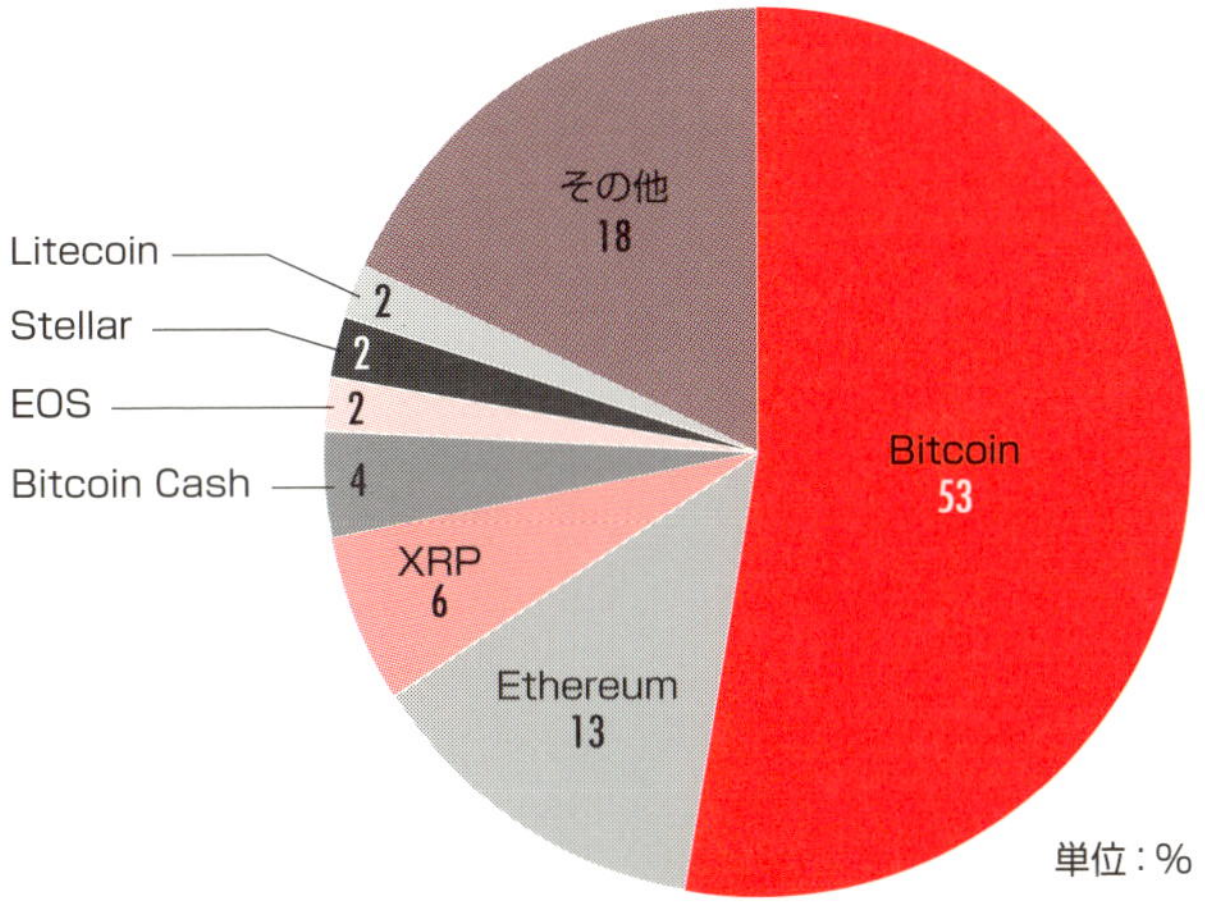

仮想通貨全体の時価総額：約2250億ドル

ビットコイン流通額（世界の時価総額）の推移

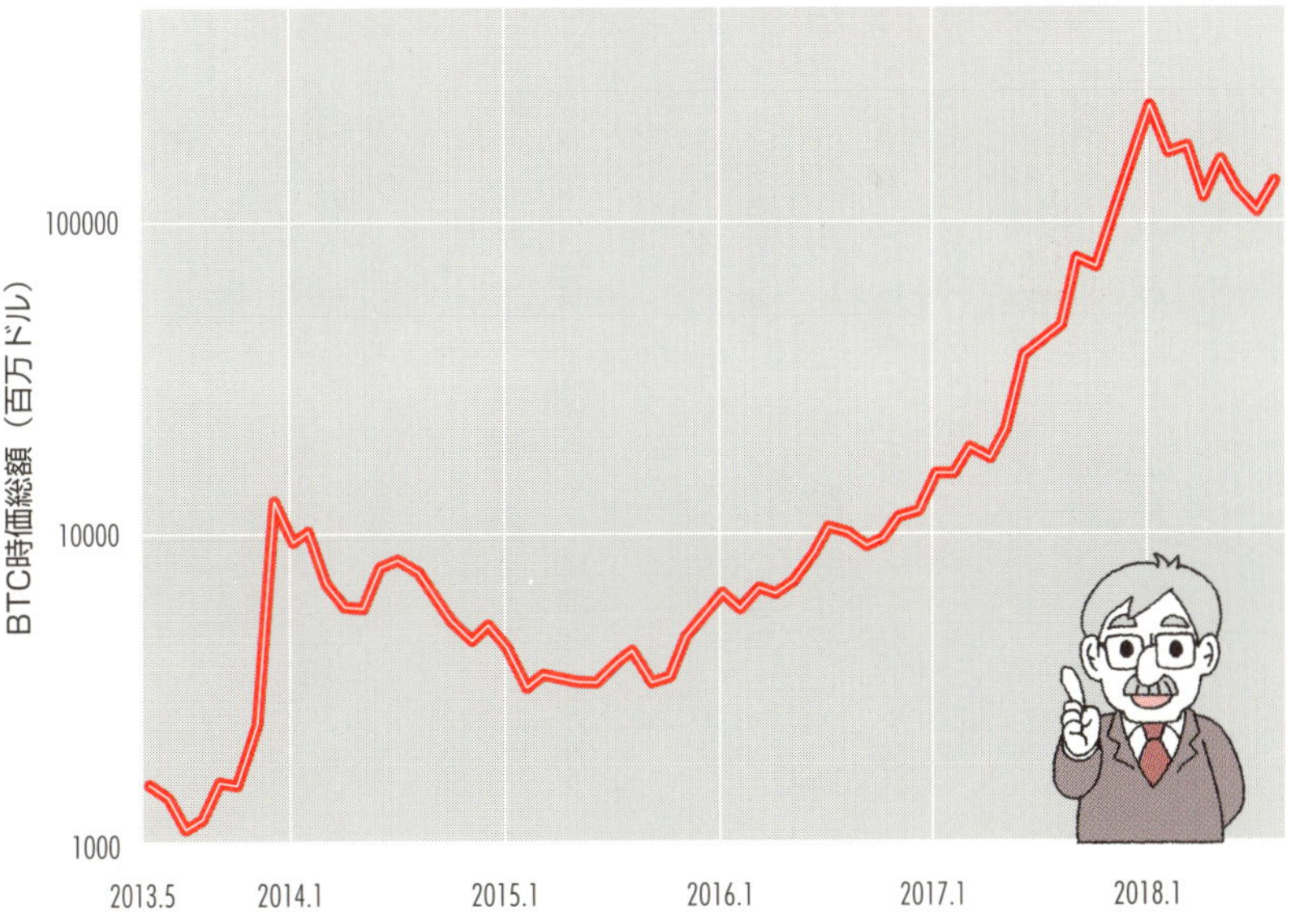

上図、下図とも「CoinMarketCap」データより独自に作成（2018年8月末現在）https://coinmarketcap.com/

47 ブロックチェーン技術の市場規模

トランザクション技術としての応用拡大

現在、ブロックチェーン技術が最もよく使われている分野は仮想通貨ですが、この技術は基本的にはトランザクション処理技術なので、いろいろな応用を考えることができます。

中央の管理者や集中処理用の計算機システムが不要であること、データが参加者すべてに公開されており、かつ改ざんが不可能であることなどが特長ですから、それを活かしたアプリケーションを実現することにより、将来に向けて新たな市場を開拓できる可能性があるのです。

例えば、次のような分野でブロックチェーン技術が応用可能であると言われています（左上図）。

・金融分野……送金、決済、貯蓄
・コンテンツ分野……音楽、映像、出版
・ＢtoＣ商業分野……ポイント管理、景品管理
・ヘルスケア分野……医療情報、介護情報
・資産管理分野……不動産登記、宝石鑑定
・商流管理分野……サプライチェーン、追跡
・ＣtoＣ商業分野……シェアビジネス

既に先進的な企業による挑戦は始まっていますが、広く利用される技術となるためには時間がかかりそうです。

ブロックチェーン技術を活用したビジネスにより新たに発生する市場規模について、海外、国内共にいくつかの予測が発表されています（左下図）。

世界市場に関する予想では、現状は10億ドル以下の規模の市場が、２０２０年代には70億ドルから１００億ドル程度に成長するとの見方があります。国内市場については、10億円弱の規模が２０２１年以後３００億円から７００億円程度に成長すると予想されています。

いずれにしても、急激な成長が期待されていることは確かであると言えるでしょう。

要点BOX

●基本的にはトランザクション処理技術なのでいろいろな応用が期待される
●100億ドルとも言われる急激な成長に期待

ブロックチェーン技術の市場規模

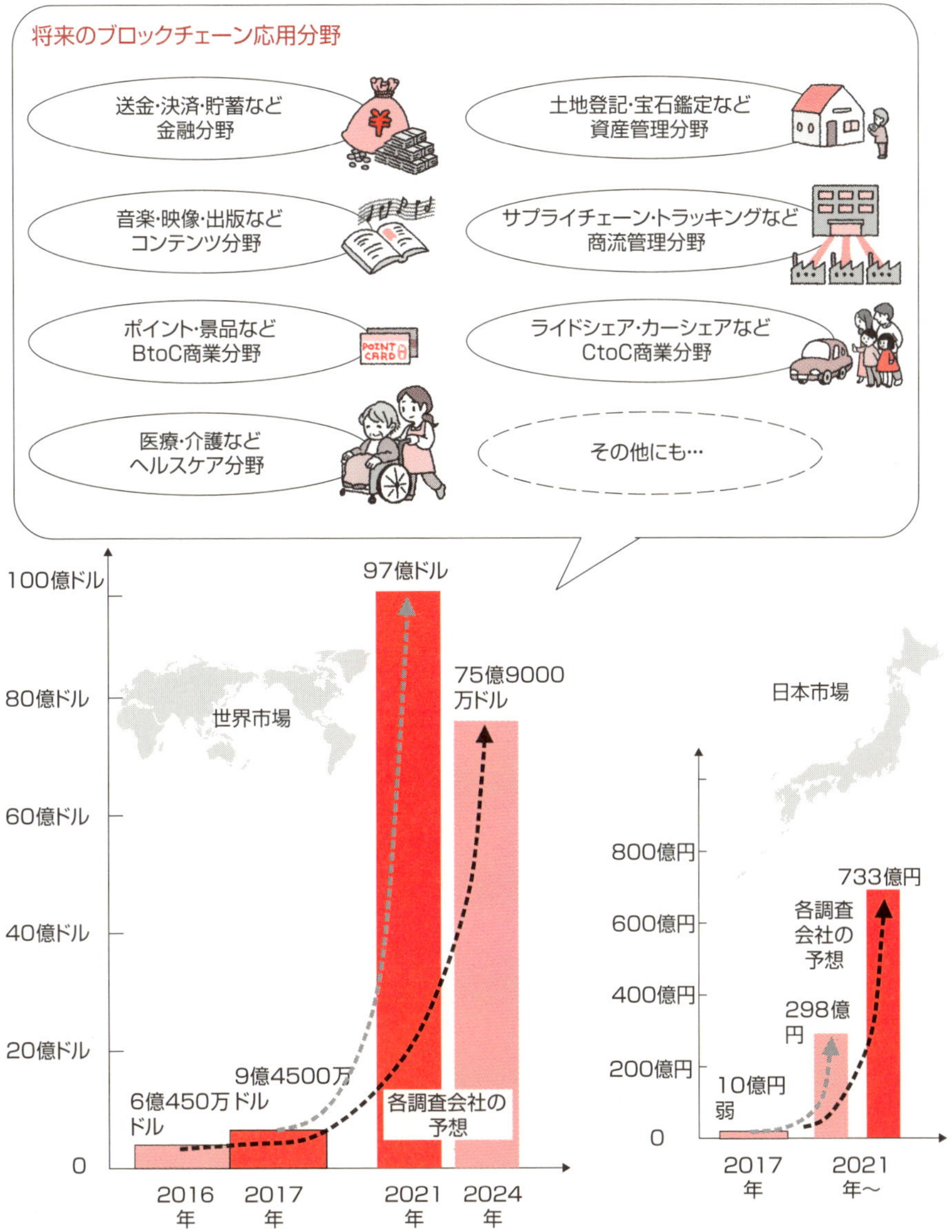

（参考）https://www.ipa.go.jp/files/000067088.pdf
中沢潔「米国におけるブロックチェーンの現状」独立行政法人情報処理推進機構（IPA）,2018年5月
https://it.impressbm.co.jp/articles/-/14642　　ImpressBusiness Media,2017.6.16
http://www.meti.go.jp/meti_lib/report/H29FY/000224.pdf
(株)野村総研,ブロックチェーン技術を活用した新たなコンテンツビジネスの可能性調査,経済産業省委託調査報告書
https://www.grandviewresearch.com/press-release/global-blockchain-technology-market
米国,GroundViewResearch社レポート

Column

マイニングの経済

　ビットコインではＰｏＷの計算をするマイニング作業が必要でありマイニングに成功したマイナーに報酬が与えられます。２００9年ころの報酬額は50BTCでしたが、２０１６年ころからは12・５BTCとなっています。マイニングは10分間に1回実行されるので、仮に１BTCが１００万円とすると10分間に一度、１２５０万円を稼ぎ出すチャンスがあります。一日に１４４回のチャンスがあるので、そのうち10回のマイニングで勝てば一日で1億２５００万円の収入を上げられるのです。

　これはかなり大きな金額ですから、世界中でマイニング業者がたくさん参入してきました。マイニングは高性能なコンピュータをたくさん使うことにより成功確率が上がるため、業者は競って高速計算が可能なコンピュータを買い集めました。ＰｏＷの計算に有利であるという理由でビデオカード（本来はコンピュータグラフィックを高速に計算するための回路）が大量に買い集められ、コンピュータ部品屋さんの店頭で品薄になるという事態も発生しました。さらに最近では、ＰｏＷ計算専用のＡＳＩＣ（特定用途向け集積回路）を開発し、さらにマイニング専用コンピュータを何千台と並べてマイニング競争の優位に立とうとする業者もあります。専用コンピュータの開発に投資をしたとしても、マイニングのリターンで得られる利益の方が大きいのです。

　あまりに多くのコンピュータを並べたために、次に消費電力と冷却の問題が出てきました。マイニング用のコンピュータは1台当たり少なくとも１０００ワットの電力を消費するので、１０００台並べれば１０００キロワットの電力を消費することになります。これは一般家庭３００軒分以上に相当します。さらにそれだけの電力を使うとその分だけ発熱し冷却設備が必要になるので、冷却に要する電力も必要になり、電力料金が大変な額になってしまいます。企業や家庭の電力消費は時間帯によって増減しますが、マイニングでは常時最大性能を必要とするので休みなくこれだけの電力を使い続けるのです。

　大規模なマイニングシステムでは、電力料金、特に冷却の費用が課題とされ、地理的に気温が低くかつ電気代の安い場所にマイニングセンターを作ることが多くなっています。

第5章

仮想通貨のセキュリティ

48 仮想通貨で想定すべきリスク

仮想通貨とブロックチェーン それぞれのリスク

近年、仮想通貨の大規模な盗難事件が発生しており、セキュリティの課題が指摘されています。技術的な観点から、「仮想通貨」のリスクと「ブロックチェーン」のリスクを分けて考えてみましょう。

左図は取引所、個人、マイナーを主要登場人物としてリスクの分類を示したものです。

まず取引所関係のリスクを見てみましょう。取引所は銀行や証券会社のオンライン取引口座のようなサービスを個人客に提供しています。したがって、外部からのハッキングにより攻撃されるリスクがあります。また、取引所では法定通貨と仮想通貨の交換をしており相場により価値が大きく変動するリスクがあります。これらは仮想通貨に関連するリスクと言えます。取引所ではブロックチェーンに送金するための秘密鍵をウォレット内に持っていますが、これが盗まれると仮想通貨が盗まれます。これはブロックチェーンを採用したことによるリスクでしょう。

個人で仮想通貨を持つ場合には、秘密鍵が盗難にあったり紛失するリスクが考えられます。これもブロックチェーンに関するリスクでしょう。一方、反社会的勢力が仮想通貨を介して法定通貨の利益を得る危険性がありますが、これはブロックチェーンの問題ではなく、仮想通貨としての問題でしょう。

マイナーの立場ではハードフォークによる分岐というリスクがあります。二つに分岐するので、単純に考えると半分の価値の通貨が二種類できるだけですが、その後の相場変動により乱高下のリスクがあります。送金負荷が増加すると手数料高騰の恐れもあります。さらに恒常的に送金負荷が重くなると、トランザクション処理性能の不足による流動性喪失が起きるリスクがあります。ブロックチェーン方式を採用したことによるリスクと言えるでしょう。

どこのリスクが狙われたのかを理解しておかなければ、その後の対応を誤る恐れがあります。

要点BOX

- ●関係者それぞれにリスク要因がある
- ●「仮想通貨」のリスクと「ブロックチェーン」のリスクは分けて考える

仮想通貨(ビットコインなど)で想定すべきリスク

●取引所のセキュリティ、価値変動、流動性喪失、キー紛失、マネーロンダリング、国や政府による規制、手数料高騰、ハードフォークによる分岐

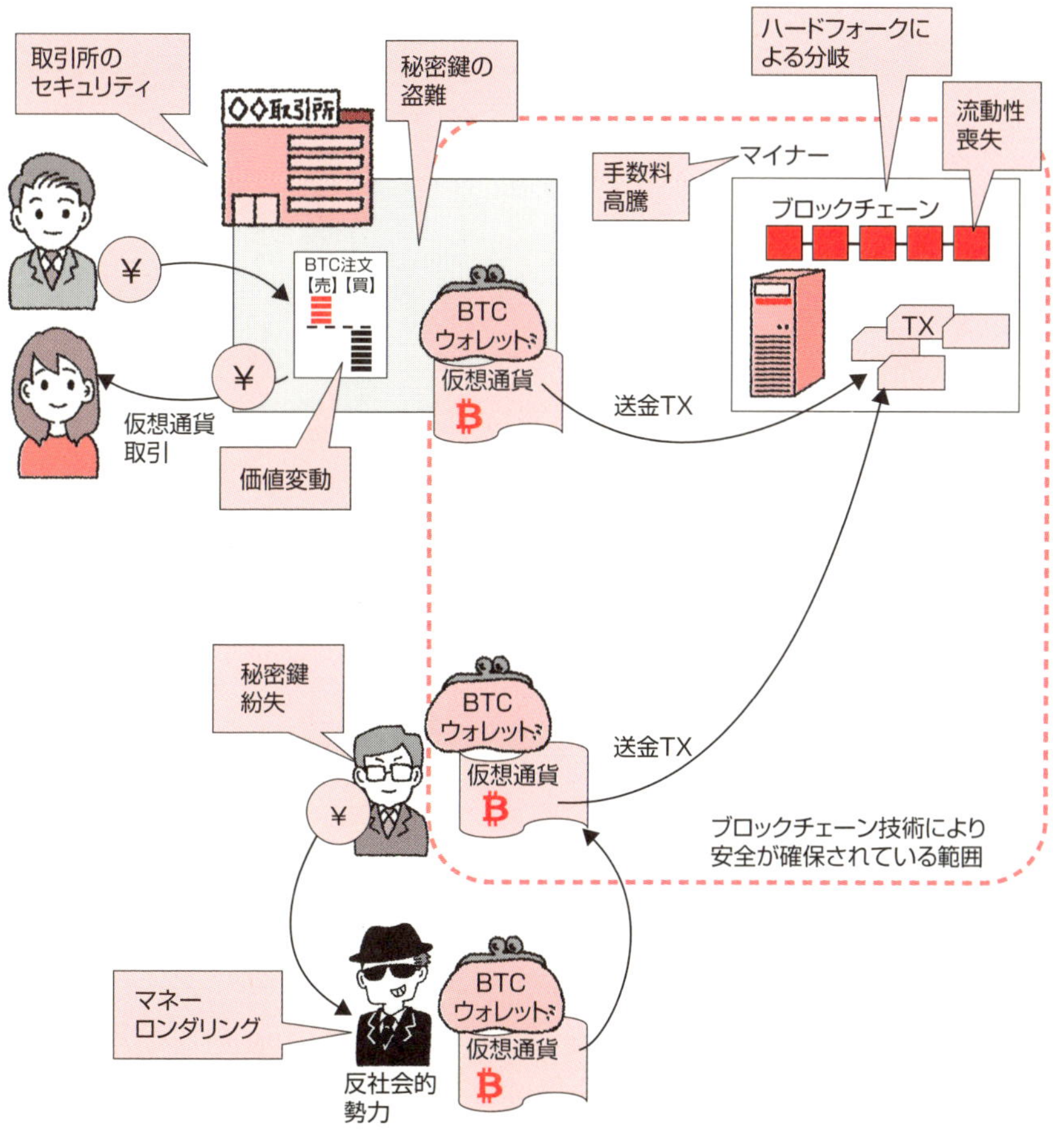

49 ブロックチェーンを改ざんする51%攻撃

圧倒的な計算能力による不正

ビットコインのブロックチェーンが正しいことの保証は、正当なマイナーが多数決により誤ったブロックを排除するという原理でした。ＰｏＷと呼ばれる計算競争で勝利したマイナーのブロックをチェーンにつないでいき、他のフルノードが検証するとともに次のブロックを生成する競争に入ります。ところが、どれかひとつのマイナーの計算性能が極端に高い場合、問題が生じます。ＰｏＷの計算競争で必ず高性能マイナーが勝ってしまうので、高性能マイナーが不正なブロックを作成するとそれが承認されてしまうのです。その原理を左図で考えてみましょう。

マイナーＡ・Ｂ・Ｃはいずれも不正マイナーＳの計算性能より遅いマイナーであると仮定します。マイナーＡ・Ｂ・Ｃは１ブロックずつ作成競争をして、勝ったマイナーのブロックがチェーンに追加されていきます。その間、不正マイナーＳはブロック作成成功を誰にも通知せずに、Ａ・Ｂ・Ｃによる作成作業の裏で密かにブロックチェーンを作成します。マイナーＳが作成するチェーンはそれより速くブロック数が増加しますが、誰も気がつきません。適当に時間が経過した後（Ａ・Ｂ・Ｃが４ブロック作成した後）、Ｓがより長いブロックチェーンを公開します（５ブロックを一気に公開）。するとＳが作成したブロックチェーンの方が長いため有効となりＡ・Ｂ・Ｃが作成したチェーンは無効になってしまうのです。

先にＡ・Ｂ・Ｃが作成して送金が完了したと思われているトランザクション（ＴＸ）を、Ｓが作成したブロックでは再度別の宛先に送金するトランザクションとして作成します。これにより一個のトランザクションのＵＴＸＯを二重送金することになり、最初の送金を無効にしてしまう不正が可能になります。不正マイナーの計算性能が全計算性能の半分より高ければこの手法の不正が可能なので、51％攻撃と呼ばれています。

要点BOX

●どれかひとつのマイナーの計算性能が極端に高い場合、PoWの計算競争で必ずその高性能マイナーが勝ってしまう

リスク：51%攻撃によるブロックチェーン改ざん

●ＰｏＷで合意形成する場合、圧倒的な計算性能があれば不正を働ける

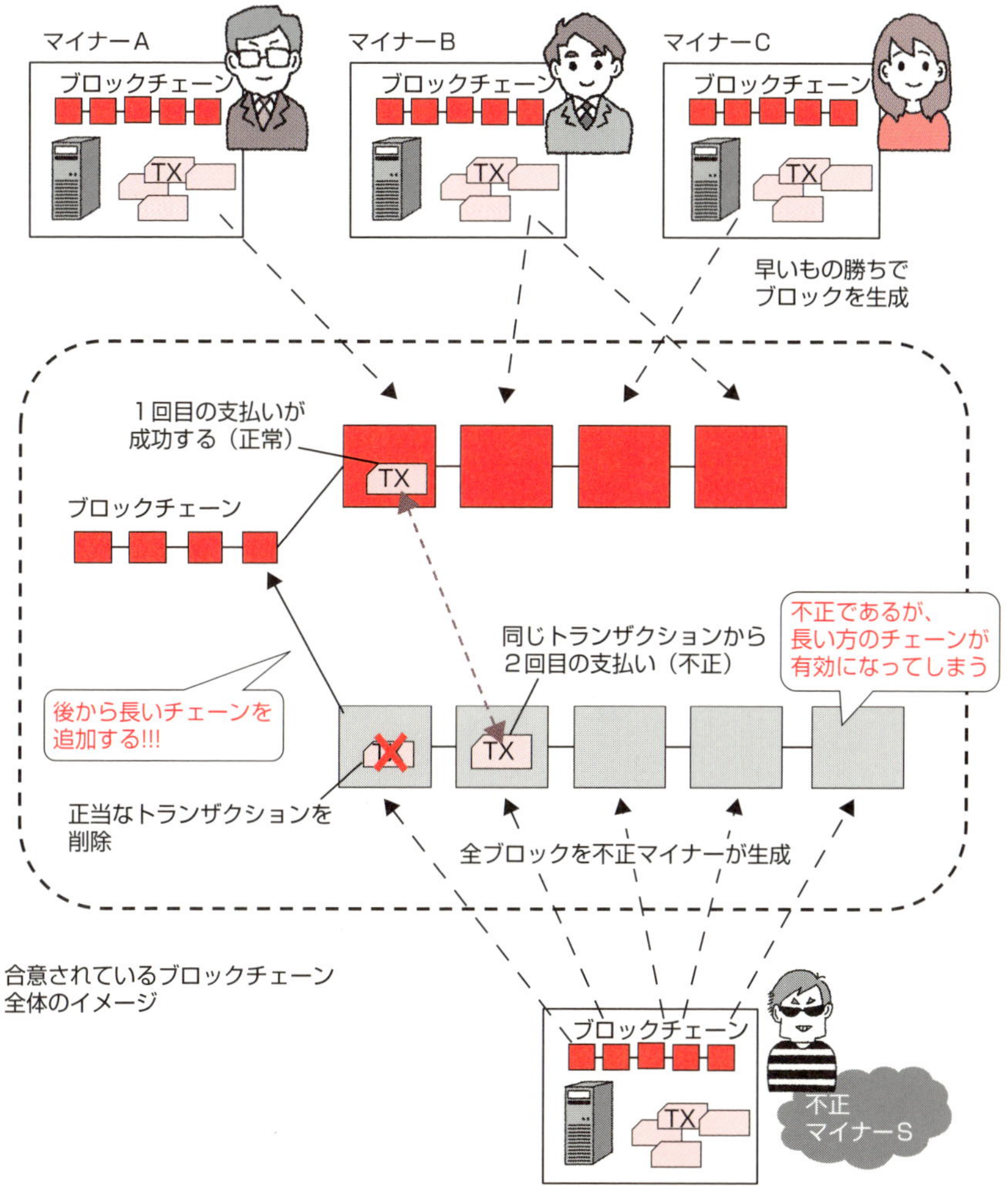

マイナーA、B、Cの合計性能　<　マイナーSの性能
⇒　不正トランザクションの挿入が可能

50 トランザクション展性による二重送金

トランザクションIDの改ざん

ひとつのトランザクションの名前を変えて、別トランザクションに見せかける不正の方法を「トランザクション展性」（Transaction Malleability）と呼びます。現在、ビットコインではこれに対する対策でもあるSegWit仕様が導入されこの不正は実行できなくなっていますが、トランザクションの形式を理解しておくためには有用なので説明しておきましょう。

SegWit導入前のトランザクションの形式は、左上図のようになっていました。マークルツリーに登録されるトランザクションID（TXID）は、トランザクション全体のハッシュ値を計算することにより求めます。一方、トランザクションの改ざん防止を目的とする電子署名は、公開鍵と電子署名の領域を除いた領域でハッシュ値を計算しています。

つまり、トランザクションを唯一に定めるトランザクションID作成方法とトランザクションの改ざんを防止する電子署名の計算とで、計算の範囲が異なるのです。

また、送金者を示す公開鍵と電子署名はその値が直接書いてあるわけではなく、計算方法を示すスクリプトの形で書いてあります。そこでスクリプトの記述を、計算結果に影響を与えない範囲で書き換えると、電子署名の正当性を維持したまま、トランザクションIDを異なる値にすることができます（左下図）。トランザクションIDを計算する際のハッシュ値の計算はスクリプト部分を含む計算なので、完全に異なるハッシュ値が生成されます。

つまり、ひとつのトランザクションに二個以上のトランザクションIDをつけることができてしまうのです。改ざんされたトランザクションが先にマイナーに届くと、正規のトランザクションが送金エラーとなり、ウォレットソフトによっては何度も自動的に再送金を実行するので、思わぬ損害が発生することになります。

要点BOX

●トランザクションIDの改ざん（偽造）による犯罪
●現在ではSegWit仕様導入により解決済み

リスク:トランザクション展性による二重使用

●トランザクション展性(Transaction Malleability)による二重送金…SegWitで解決

・電子署名の範囲と、トランザクションIDの範囲が異なる

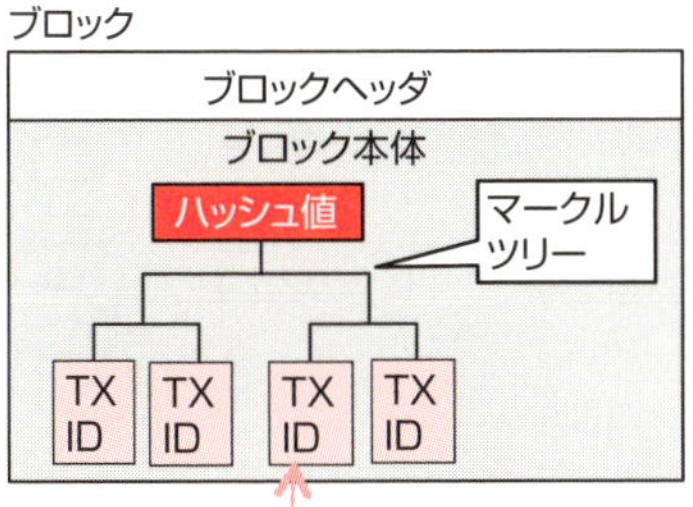

スクリプト領域を含め、ハッシュ値を計算
➡ トランザクションID(TXID)

TX
X→D 0.1BTC

		ミスターXが持っているTXを指定					Dさんに送るための情報		
バージョン	入力TXの個数	入力TXの番号(TXID、IX)	ミスターXを示す公開鍵	電子署名	シーケンス番号ffffffff固定	出力TXの個数	送る金額「0.1BTC」	Dさんを示す公開鍵	ロックタイム

ミスターX

公開鍵と電子署名を含む「スクリプト」

電子署名の対象はスクリプト領域を含まない！

・トランザクションIDだけ変化させる
⇒　ウォレットソフトは送金エラーと判断し、Dさんに何度も送金！

ハッシュ値は上記と全く異なるので、ブロックには未登録に見える　…送金エラー

		Aさんが持っているTXを指定					Dさんに送るための情報		
バージョン	入力TXの個数	入力TXの番号(TXID、IX)	ミスターXを示す公開鍵	電子署名	シーケンス番号ffffffff固定	出力TXの個数	送る金額「0.1BTC」	Dさんを示す公開鍵	ロックタイム

ミスターX

スクリプトの意味を変更しない範囲で書換える

電子署名の値を変更する必要なく、トランザクションを偽造
(実質は正当なトランザクションと同一トランザクション)

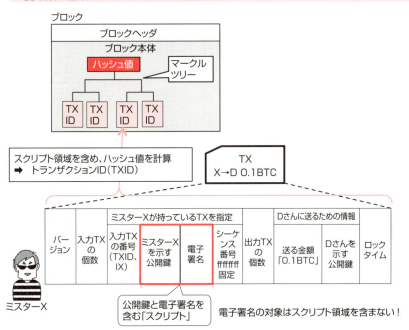

51 狙ったノードを機能不全にするシビルアタック

多数のノードによる集中攻撃

ビットコインに対する攻撃リスクには前述のように、51％攻撃やトランザクション展性を用いた二重送金が挙げられますが、トランザクションの改ざん以外にもビットコインネットワークに所属するノード（コンピュータ）を機能不全に陥れる攻撃方法が知られています。それがシビルアタック（Sybil Attack）と呼ばれる攻撃方法です。

シビルアタックの一般的な意味合いは、攻撃者が多数のＩＤを作成してネットワークに悪影響を与えるような負荷をかけたり、好きなように制御したりする攻撃方法です。ビットコインネットワークにおけるシビルアタックの例として、特定のノードの周囲を攻撃者が作成したノードで囲ってしまう手法が考えられています。

攻撃者のノードは他のノードから転送されてきた最新ブロックや外部から転送されてきたトランザクションなどを握りつぶすことにより、攻撃対象ノードに十分な情報を送信できないようにして、正常に動作できなくしてしまいます。また、対象ノードが作成した送金トランザクションを改ざんしてブロードキャストしたり、あるいはトランザクションを転送しないなどの操作をしたりすることにより、対象ノードのフルノードとしての動作を妨害し、ビットコインを盗み取ろうとする不正が可能となります。

このようなシビルアタックを回避するためには、予め信頼できるフルノードを接続先として選択する、あるいはネットワーク的に離れた地域に複数のノードを立てて、相互に信頼できるノードとして接続するといった方法が考えられます。互いに離れたノードの周囲を攻撃者が同じように囲んでしまうのは難しいからです。

要点BOX

- ●攻撃者が妨害用ノードを作り正常な通信を妨げる
- ●対策として信頼できるノードの選択が必要

リスク：シビルアタック

- フルノードは他の８ノードと接続
- 軽量クライアントノードは他のフルノード１０台程度と接続
- 接続先ノードが全員グルで、トランザクションの送受信や問合せを妨害

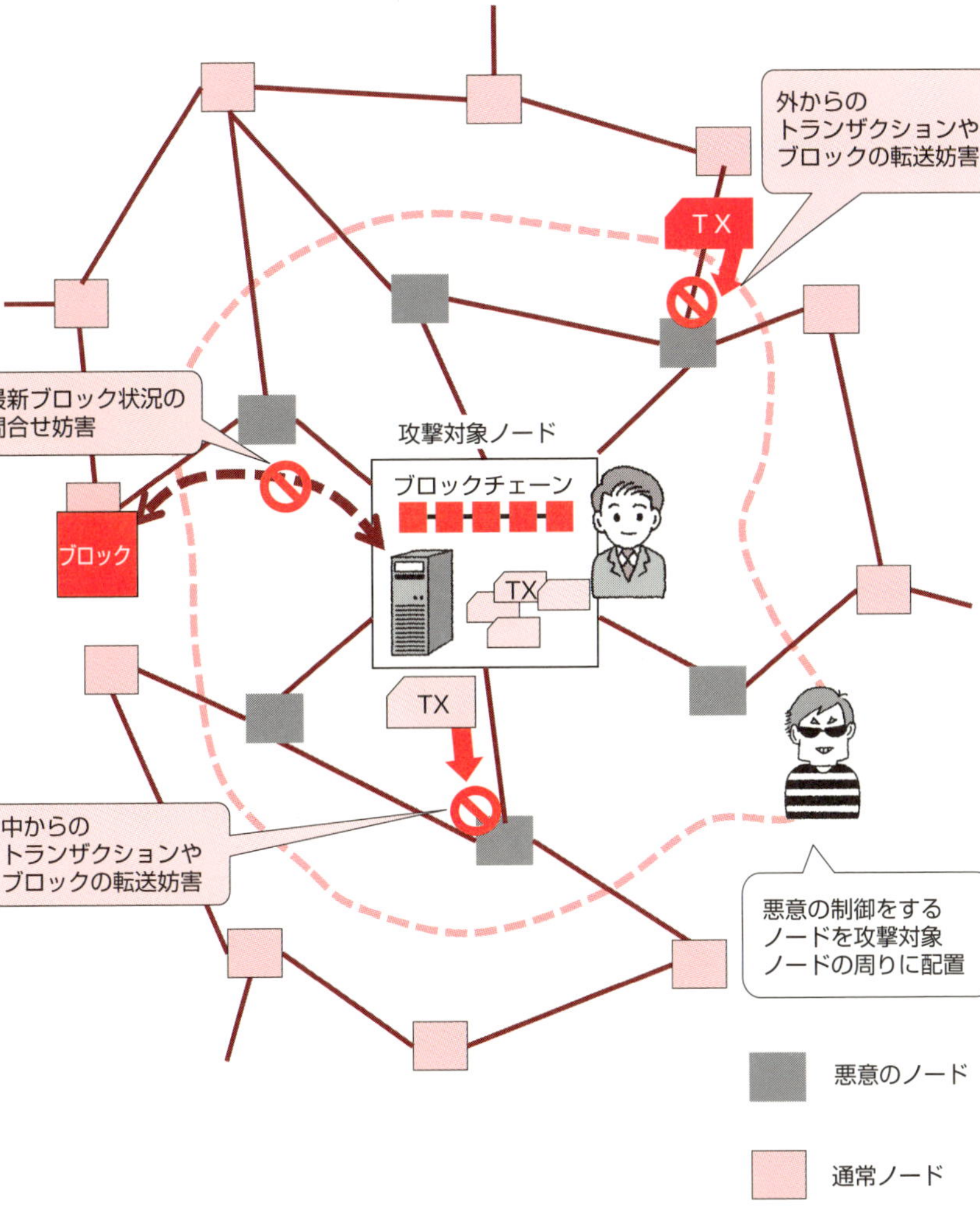

52 秘密鍵の盗難や紛失

秘密鍵の管理

　ビットコインのリスクとしては、マイナーに関連したリスク以外にも、ビットコイン所有者が原因となるリスクが考えられます。それは秘密鍵の管理に関するリスクです。

　前に解説したように、ビットコインのウォレットの中にはトランザクションを読み込んだり作成したりするのに必要となる秘密鍵と公開鍵のペアが格納されています。ビットコインの現金そのものが格納されているわけではありません。秘密鍵と公開鍵のペアを他人に盗み見られると何が起きるでしょうか。

　ウォレットそのものは正当な所有者が持っていて、自分はお金を使ったつもりがなかったとしても、秘密鍵を盗み見た他人はそのお金を使ってしまうことができます。ビットコインの現金そのものはブロックチェーン上に公開されているトランザクション情報なので、秘密鍵があれば他人でも使ってしまえるのです。

　ウォレット所有者本人が使おうとすると「そのお金（トランザクション）は使用済みなので使えません」ということになって慌てることになってしまいます。ウォレットの情報は絶対に他人に見られないように保管しておかなければならないのです。

　また、ウォレットが壊れたりなくなったりするリスクにも注意しなければなりません。ウォレットに格納されている秘密鍵と公開鍵のペアがなくなると、ビットコインそのものが誰にも使えなくなってしまうからです。

　例えば左図下のトランザクションＴＸ③④の所有者は、ウォレットを破損して秘密鍵③④がわからなくなってしまいました。ブロックチェーン上のＴＸ③④は未使用のまま残っているのですが、もう誰にも使えなくなってしまったのです。このような事態を避けるためには、ウォレットの回復用パスフレーズをしっかり記録して保管しておく必要があります。

要点BOX

- 秘密鍵と公開鍵のペアを盗み見られてはいけない
- 秘密鍵と公開鍵のペアをなくしてもいけない

リスク：秘密鍵の盗難と紛失

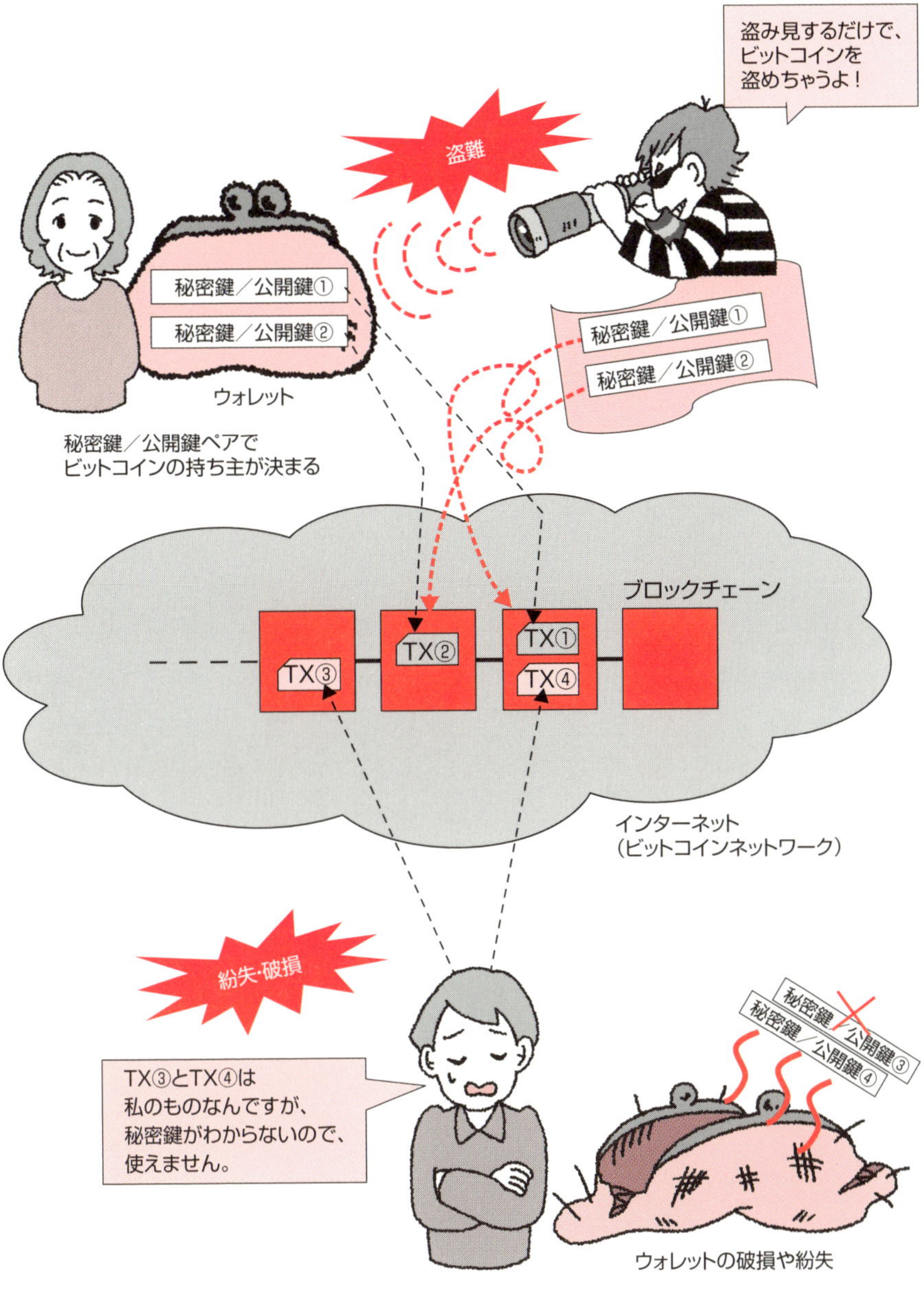

53 取引所システムのリスク

取引所・交換所が注意するポイント

日本円でビットコインを買うときには取引所か交換所を使います。取引所や交換所にはどんなリスクがあってどう対処しなければならないのでしょうか。

●情報システムそのものの脆弱性リスク

取引所システムを構成するコンピュータやネットワーク機器がウィルス侵入の被害に合わないよう、万全のセキュリティ対策を取る必要があります。

●顧客ログインパスワードの漏えい・盗難リスク

ウィルス侵入や内部犯罪により顧客ログインパスワードが漏えいし、顧客の持ち物であるビットコインや日本円が盗難に遭うリスクがあります。顧客情報の管理を確実にする必要があります。

●ネットワーク脆弱性リスク

取引所はユーザーのログインやビットコインネットワークの接続、さらに管理ネットワークの接続など、多くの外部ネットワーク接続を持っており、ハッカーの攻撃対象になるので厳重な対策が必要です。

●ウォレットの脆弱性リスク

ビットコインをネットワークに送金するためにはウォレットが必要です。秘密鍵を常時送金システムから読込めるホットウォレット方式は送金が容易ですが、攻撃に対して脆弱です。コールドウォレット方式を採用すべきです。

●内部不正リスク

情報漏えいは、ウィルス被害だけでなく企業の内部不正によるものも多いと言われています。従業員教育や不正発見の仕組みの整備が必要です。

●顧客資産と会社資産との混用リスク

ユーザーから入金された日本円やビットコインは会社の運営資金とは区別して保管しなければなりません。万一、取引所が倒産してもユーザーに返金可能とするためです。

要点BOX

- ●取引所はネットワークの要であり、ハッカーの攻撃対象になりやすい
- ●セキュリティ対策に加えて従業員教育も重要

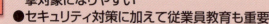

取引所・交換所システムの概念図とセキュリティ・リスク

- 情報システムそのものの脆弱性
- 顧客ログインパスワード漏えい・盗難
- ネットワーク脆弱性
- ウォレットの脆弱性
- 内部不正・・・マルチシグによる複数承認方式の不採用
- 顧客資産と会社資産との混用・・・分別管理の不採用

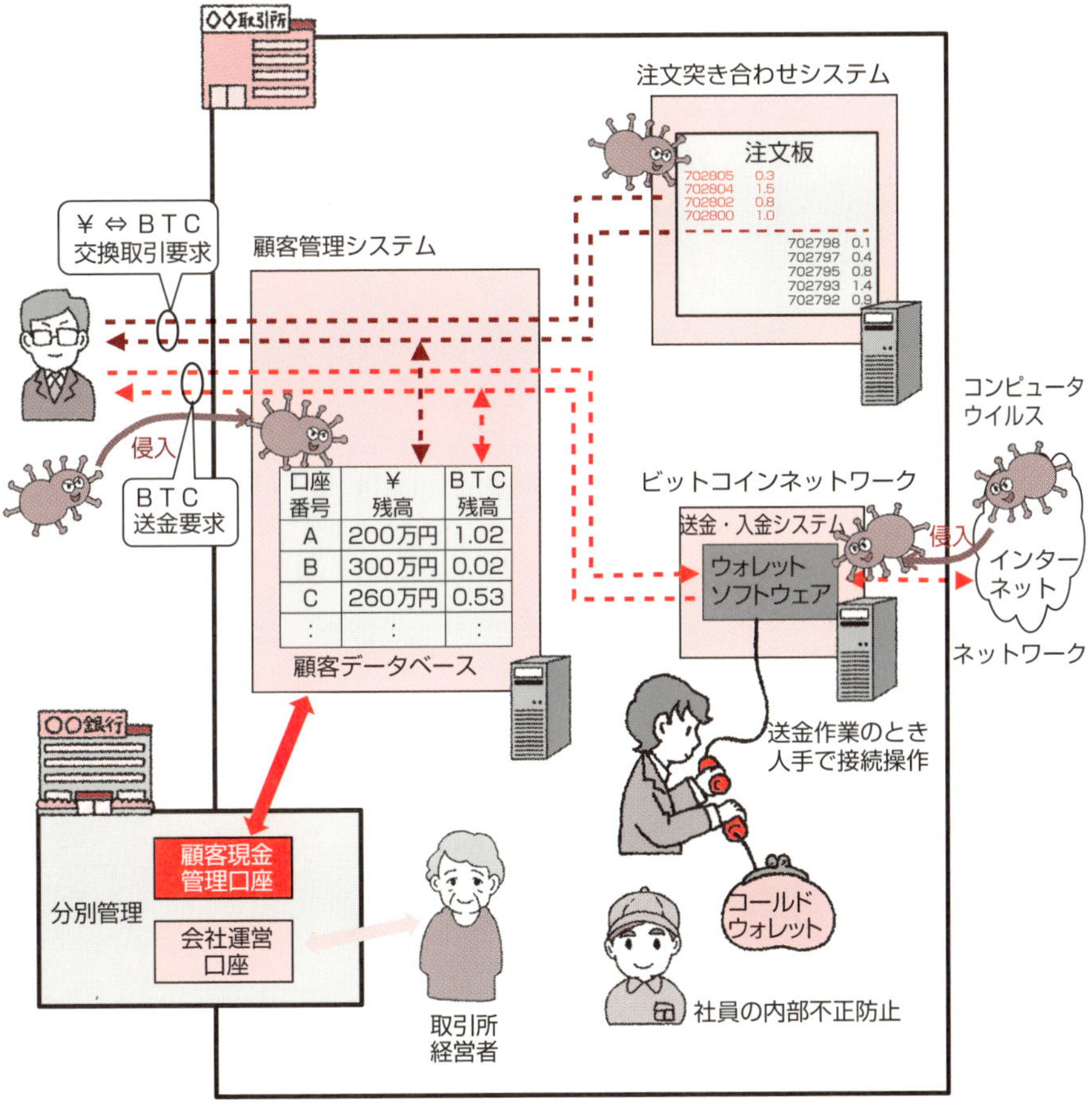

54 ビットコインの保険

損害を補償する制度

仮想通貨に関して盗難や消失事件が時々発生しており、大きなニュースになっています。これを受けて仮想通貨に関する保険の可能性が議論されています。

現在、一部の取引所と保険会社間の契約により、仮想通貨取引所の利用中に発生した損害を補償する制度が出てきました。

仮想通貨取引所のユーザーは保険会社を意識せず、取引所会社が損失を補償してくれるという考え方です。ユーザーがきちんとパスワードや自分のコンピュータを管理している状況で、取引所に預けている日本円が盗まれた場合は、それを補償するということです。取引所のシステムに問題があり、ユーザーの日本円が盗難にあった場合に損失を補償する、とも言えるでしょう。

注意したいのはビットコインに関する補償はないという点です。自分に責任がなくても、取引所に預けてあるビットコインが盗まれると、取引所が自社で対応可能な範囲でしか補償してもらえないということなのです。残念ですが、ビットコインの価値の変動が激しいため、保険による補償の考え方にそぐわないのです。

当面取引に使用しないビットコインについては、取引所とは無関係の自分専用ウォレットに送金して大事に保管しておくことにより、取引所での事件発生に巻き込まれずにすみます。

個人で加入してビットコインなど仮想通貨の盗難や消失を補償してもらえるような保険は開発が難しいようです。一方では仮想通貨の送金履歴は完全にオープンになっており、保険会社は保険金の請求が生じた時点で請求の妥当性を検証できる可能性があります。

今後はこのような仮想通貨の特性を利用した保険商品が開発されるでしょう。

要点BOX

- 価値の変動が激しいため、ビットコインに関する補償はない
- 取引所での事件に備えて自分のウォレットで管理

ビットコインの保険

●仮想通貨盗難事件の発生を受けて、保険制度が提案されている
●一部の取引所と保険会社により補償制度の枠組み
●補償対象は不正に引き出された日本円であり、ビットコインの損失は対象外

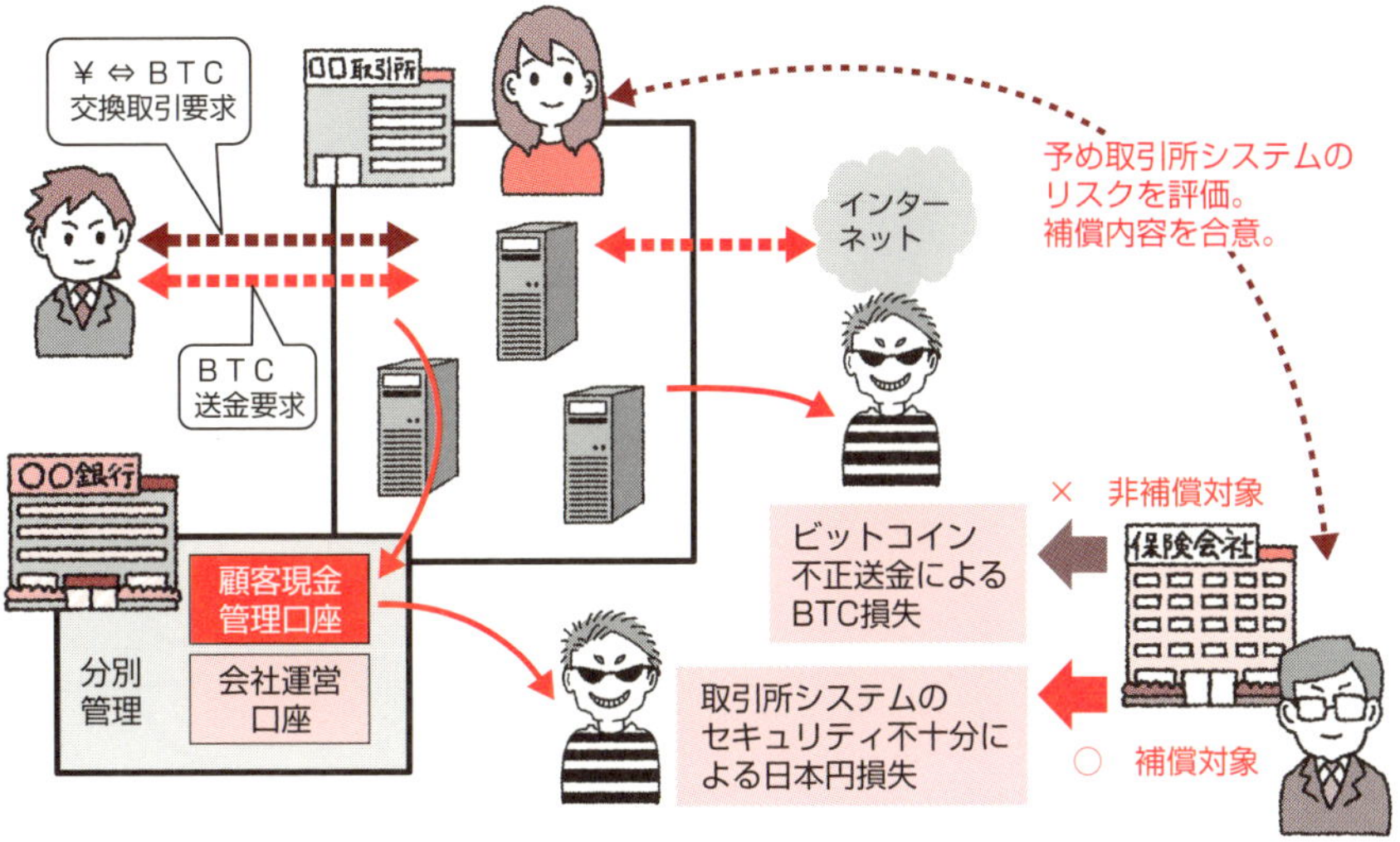

#	損害要因	日本円 損失補償	BTC 損失補償
1	取引所情報システムの脆弱性による損害	○	×
2	ログインパスワード漏えい・盗難による損害	○	×
3	利用者責任によるパスワード漏えいによる損害	×	×
4	ネットワーク脆弱性による損害	○	×
5	取引所のコールドウォレット方式不採用による損害	○	×
6	取引所内部不正	○	×
7	顧客現金資産と取引所資産との混用	○	×

55 攻撃事例「マウントゴックス事件」

偽トランザクションによる犯罪か？

仮想通貨取引所「マウントゴックス」で、75万BTC（当時の値段で約４８０億円）のビットコインと預かり金28億円が消えた事件です。事件が起きたのは２０１４年2月28日、12万７０００人の顧客に影響がおよびました。この事件はハッキング説や社内不正説などがあり、確定的な話はできませんが、ビットコインの「トランザクション展性」を突いた攻撃の可能性が高いと考えられています。ここでは、その原理について左図を用いて解説してみましょう。

マウントゴックスは自社専用のウォレットを使っています。個人客Ａさんはマウントゴックスに口座を持っており、Ｂさんあてに送金を依頼します。

マウントゴックスのウォレットはＡからＢに送金するトランザクションＴＸ①を作成し、ビットコインネットワークに送信します。Ｂさんはマウントゴックスから近い場所で素早くＴＸ①を読込み、トランザクション展性を悪用してＴＸ①のＴＸＩＤだけを変更した偽トランザクションＴＸ②を生成して送信します。

ある程度の確率でＴＸ②が先にブロックに取り込まれるので、ＴＸ①が本物にも関わらず送金エラーになってしまいます。そうなると、マウントゴックスのウォレットは「送金失敗」と考えてしまい、Ａさんの送金を実現しようとして、再送のための別トランザクションＴＸ③を生成して送信します。これもＢさんが先に取り込んで次の偽トランザクションを作る、ということを繰り返してたくさんの偽トランザクションを生成します。

マイナーにとっては偽トランザクションも有効なのでブロックチェーン上でマウントゴックスが持っていたＵＴＸＯはこの偽トランザクションに使われてしまいます。偽トランザクションが繰り返し送信されたため、マウントゴックスのビットコインが大量に奪われてしまったのです。

要点BOX

- 仮想通貨取引所「マウントゴックス」で起きた事件
- 事件の全容は不明だが「トランザクション展性」を突いた攻撃である可能性が高い

事例:マウントゴックス事件

- 2014年2月28日　マウントゴックス取引所の預り金28億円と75万BTC（当時約480億円）が消失し民事再生法の適用を申請。2014年4月に破産。手続きが開始されたが、2018年6月22日に民事再生手続きの開始が決定された。
- 顧客数約12万7000人（うち日本人は約1000人）

マウントゴックス取引所への攻撃方法（仮説）

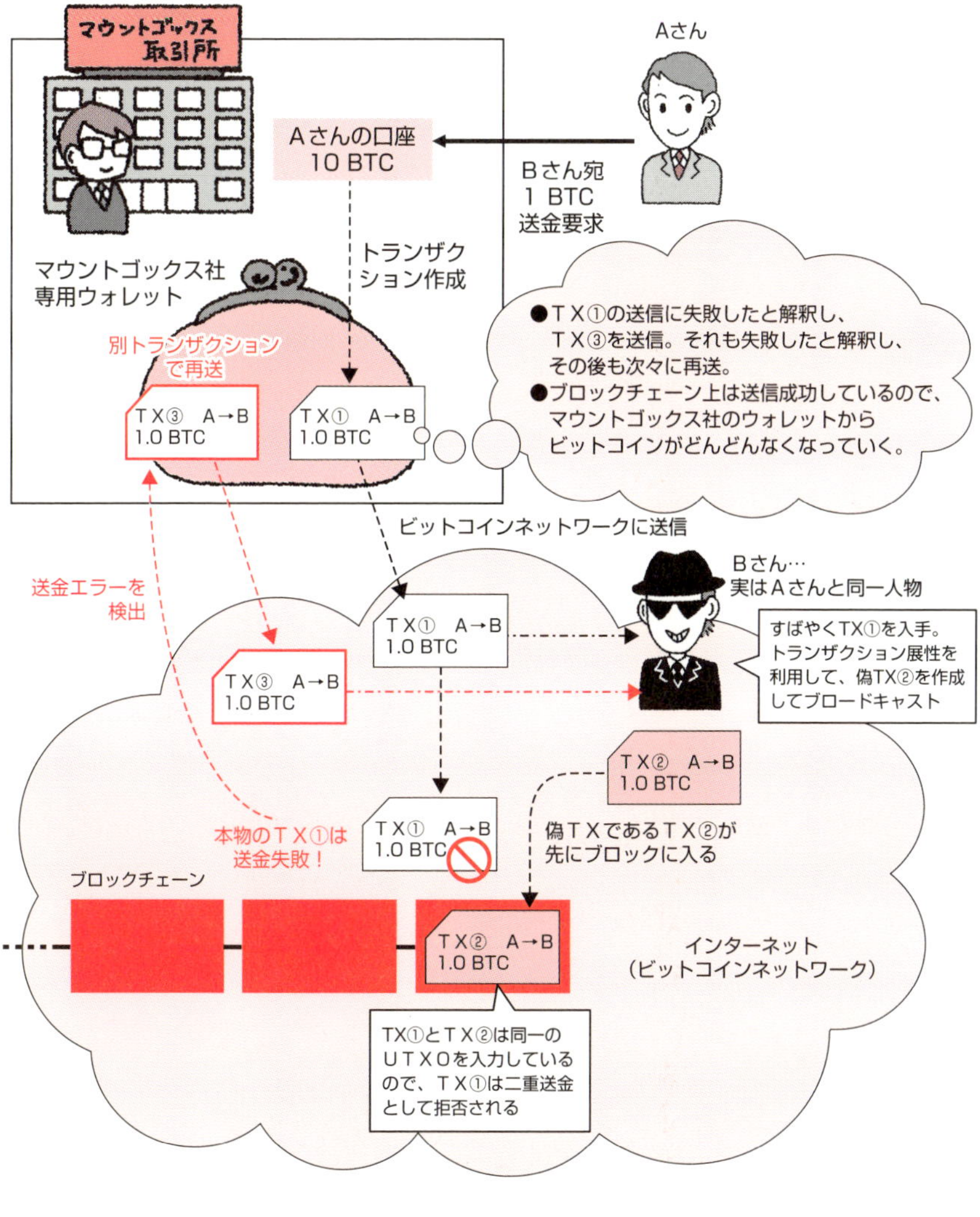

56 攻撃事例「コインチェック事件」

盗難にあったコインの移動追跡

仮想通貨取引所「コインチェック」でNEMという仮想通貨が盗まれた事件です。基本的には社員用パソコンにウィルスが侵入し、秘密鍵が盗まれたために発生した事件とされており、それだけならシステム管理の甘さが露呈した事件と言えます（左上図）。しかし、この事件の特徴は盗難にあったNEMを追跡する措置がとられたことにあります。

NEM発展のための組織であるNEM財団が、盗まれた仮想通貨に印をつける方法を考えて適用したのです。さらに世界中の仮想通貨取引所に「印がついたNEMを他の通貨に交換しないでください」と要請したため、盗んだ犯人は他の仮想通貨やドルなどに交換できなくなりました。どうやって印をつけることができたのでしょう。中央の管理者がいないことが仮想通貨の特徴ですからお金に印をつけるなんていう権利は、誰にもないはずなのです。

実は、NEMにはブロックチェーン上に新しい仮想通貨を作る機能があり、それを利用して追跡機能を実現したのです。左図を使って解説しましょう。

コインチェックのアドレスがAであったとします。ハッカーは盗んだNEMを自分のアドレスBやCに送金します。送金記録はすべてブロックチェーン上に残っているので、NEM財団は常時アドレスA起源のNEMがどのアドレスに渡ったかを監視し、送金先のアドレスに追跡用に作成した特殊通貨を送り付けたのです。この特殊通貨を他人に送金するためには固有の手数料が必要と規定してあり特殊通貨を持っている人はNEM財団だけなので、送り付けられた人は別のアドレスに特殊通貨を送金できません。

他の取引所はNEM送金トランザクションがきたら、送金元アドレスが特殊通貨を保持しているかを調べます。持ち主ならそのウォレットに入っているNEMはコインチェックが大元であることがわかります。これでお金に印をつけたことになるわけです。

要点BOX

- ●2018年に仮想通貨取引所「コインチェック」で起きた盗難事件
- ●盗まれた仮想通貨に印をつける方法を適用した

事例：コインチェック事件

●2018年9月20日、ハッキング被害が発生（約580億円の流出事件）
●NEM財団による追跡も行われたが結局盗まれたコインは失われた

コインチェック取引所への攻撃方法（推定）

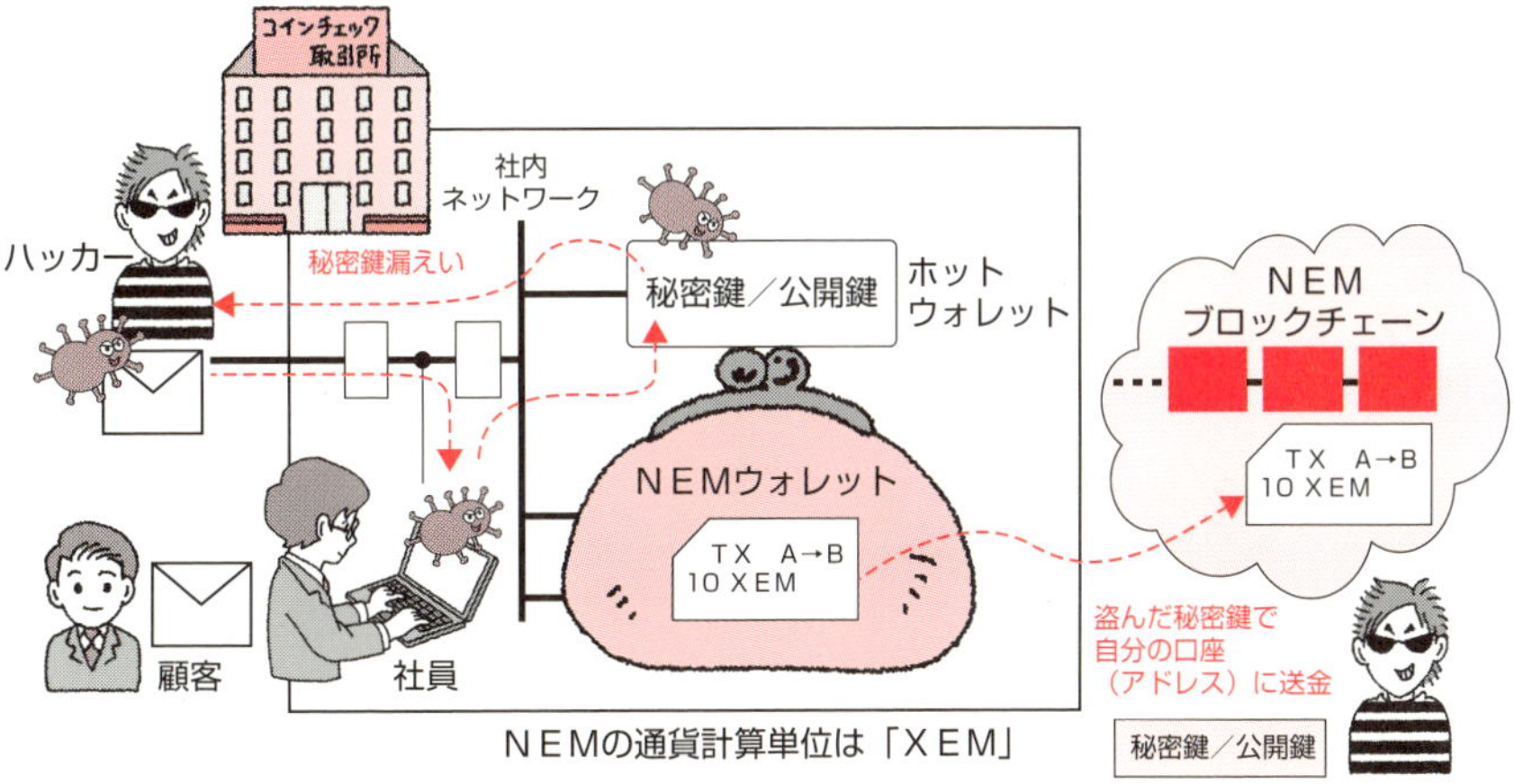

盗難NEMの移動追跡方法（推定）

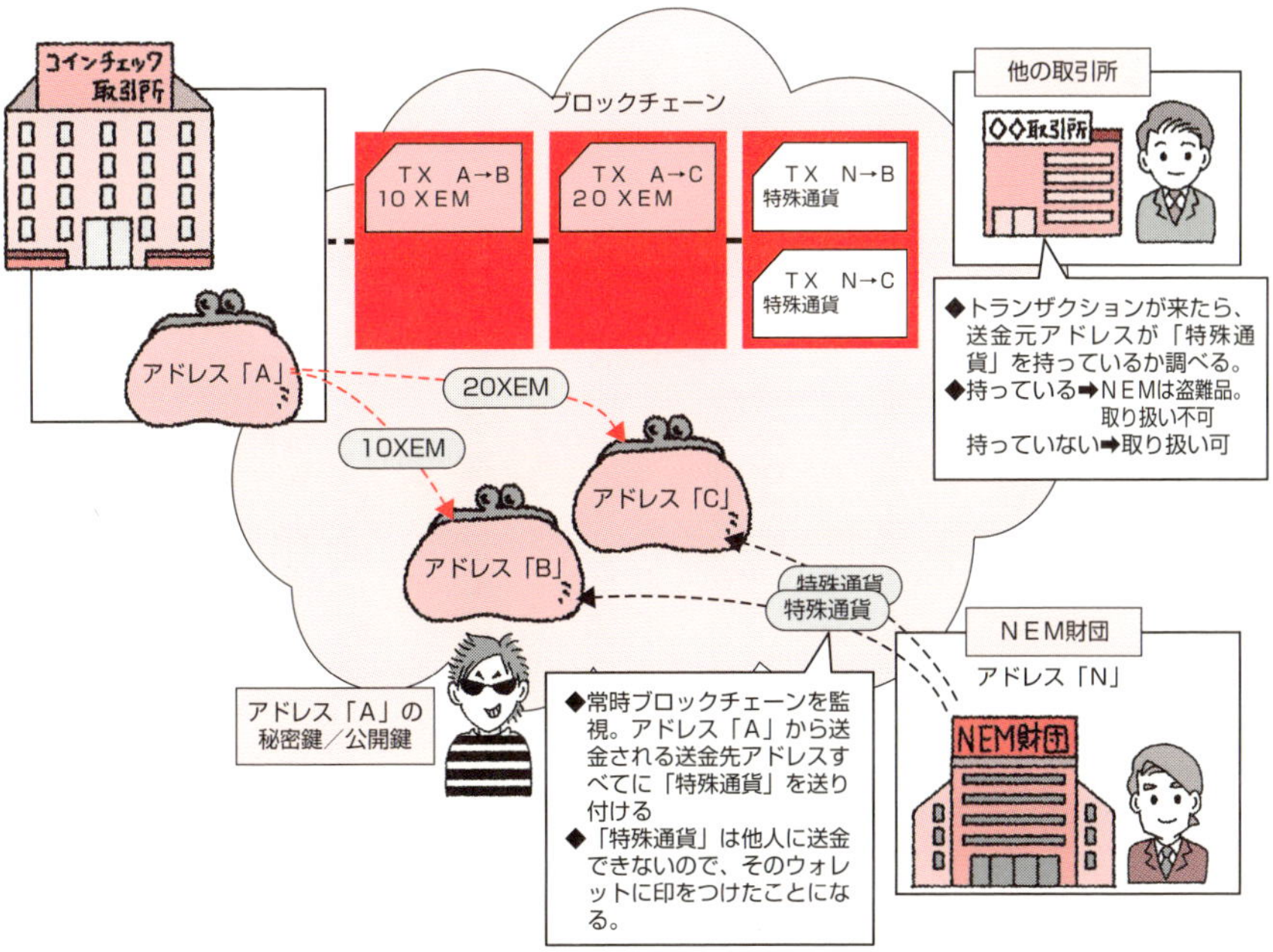

57 攻撃事例「The DAO事件」

スマートコントラクト機能に対する攻撃

この事例はイーサリアムという仮想通貨で利用できるスマートコントラクト機能に対する攻撃で、２０１６年６月17日に表面化しました。１５０億円相当の出資金を集めたのですが、そのうち50億円以上が盗まれたと言われています。

イーサリアムではスマートコントラクト機能を用いてブロックチェーン上でプログラムを実行することができます。例えば、一定の期間投資家から出資金を集め、投資先候補の人気度を自動計算し、人気の高い投資先に資金を自動送金するといったスマートコントラクトのプログラムを作れます（左上図）。

投資家はこのスマートコントラクトのアドレス「Ｄ」に資金を送金します。投資募集の間、送金されたイーサリアム資金はブロックチェーン上に保管され、投資先決定後に各企業に自動的に送金されます。

このように、人間のファンドマネージャが投資先を決定するのではなく、予め公開された基準のプログラムに従って、投資家の投票により投資先を選択する仕組みだったことが大きく注目されて投資が集まりました。これこそが中央管理者不要の分散型組織だというわけです。ＤＡＯとは自律分散型組織(Decentralized Autonomous Organization)の略で、人間の管理者がいなくても自律的に運営される会社といったイメージだったのです。

ところが、Ｔｈｅ　ＤＡＯプロジェクトでは、このスマートコントラクトプログラムに問題があり、ハッカーに狙われてしまったのです（左下図）。イーサリアムに問題はありませんが、スマートコントラクトのプログラムに問題があり、ハッカーはそこを攻撃して多くの資金を奪いました。スマートコントラクトを実現するのはプログラムですが、完全にバグのないコンピュータプログラムを開発することは不可能です。問題が生じたときの解決法も、プログラムとして同時に実装しておかなければならないでしょう。

要点BOX

- ●イーサリアムという仮想通貨で起きた盗難事件
- ●スマートコントラクトプログラムがハッカーに狙われた

事例：The DAO への攻撃

- イーサリアムをインフラとして自律分散型組織ＤＡＯ（Decentralized Autonomous Organization）のひとつ「The DAO」が設立された。目的は登録されている他のDAOに投資する資金（ETH）を募集すること。
- スマートコントラクトを実現するためブロックチェーン上にプログラムを登録
- 2016年6月17日、ブロックチェーン上に登録されたプログラムにバグがあり、そこを攻撃されたために大規模な資金流出につながった。

The DAOプロジェクトのイメージ

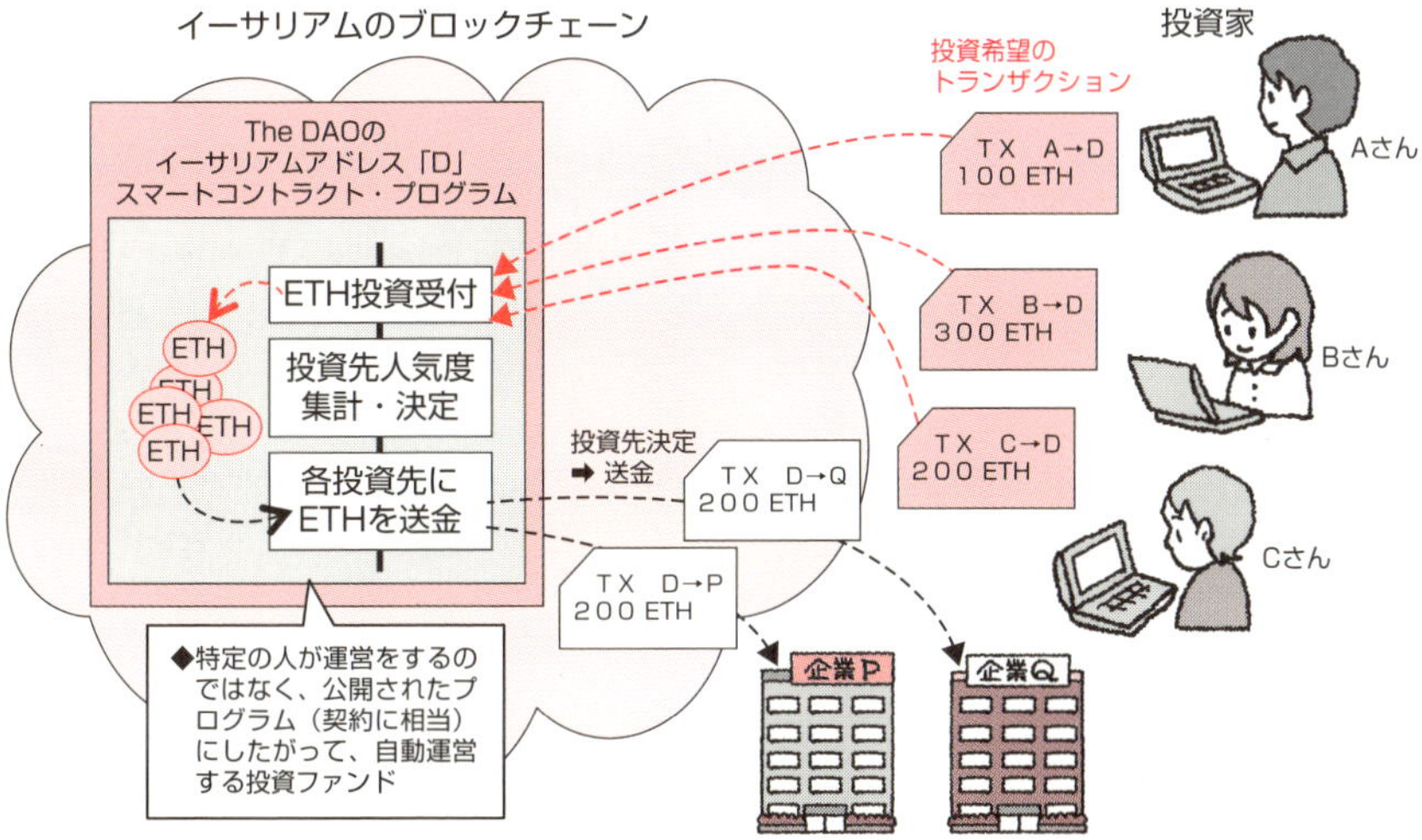

The DAOへの攻撃イメージ

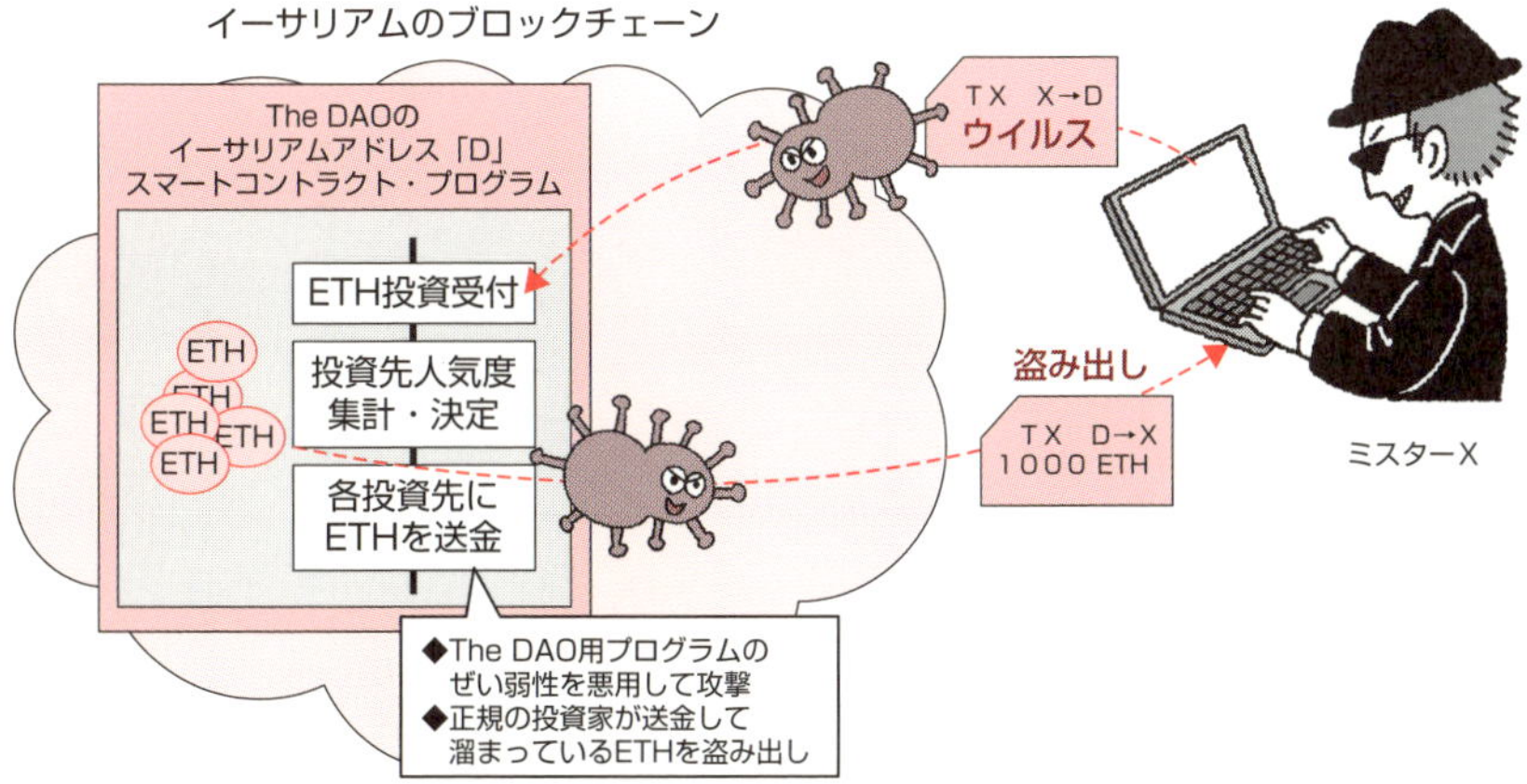

58

攻撃事例「モナコイン改ざん事件」

51％攻撃の実例

モナコインは日本で生まれた仮想通貨で、規模は小さいもののかなりの人気があります。この仮想通貨において、２０１８年5月15日、海外の仮想通貨交換業者が攻撃を受け、１０００万円程度の被害が出たことが明らかになりました。この事件で注目されたのが、51％攻撃が実際に実行されたらしいという点です。51％攻撃とは、強力なマイナーが不正ブロックを作成し、トランザクションの二重送金をする攻撃方法で、セルフィッシュマイニング（利己的なマイニング）とも呼ばれています。

左図を使って具体的な手法を解説しましょう。善良なマイナーは、取引所AからBへの送金トランザクションをブロックに入れて次々に公開し承認していきます。（左上図）１００００番のブロックの後、二つのブロックがつながった時点で取引所Bは、このトランザクションの顧客に対して日本円への交換を実行しました。しかし丁度この間、ミスターXが３個のブロックを非公開でマイニングしています。このブロックには、AからBに送金するトランザクションと同じＵＴＸＯを入力としてAからXに送るトランザクションを入れておきます。これで準備完了です。

その後ミスターXは自分が作成したブロックを一気に公開します。するとマイナーは長い方のチェーンを承認し直すのでブロックの巻き戻しが発生し、AからBへの送金はなかったことになります。つまり、取引所Bは受け取ったはずのモナコインを日本円に交換して出金したにもかかわらず、後からモナコインを消されてしまい、日本円が丸損になったのです。

一般に、51％攻撃は多数のマイナーが存在する通貨では成立しないと言われています。モナコインのマイナーは比較的数が少ないために実行できたのでしょう。また、モナコインのＰｏＷは90秒であり、ビットコインの10分より短めです。これも、隠れマイニングを可能にした要因と考えられます。

要点BOX

- ●モナコインが51％攻撃に狙われた事件
- ●マイナーの数が少なめでPoWが短めだったことも要因

事例：モナコイン改ざん事件

- 51％攻撃（Selfish Mining）が実行された事例
- 2018年5月15日までに海外の交換業者が攻撃を受け、ブロックチェーン記録が書き換えられたことが原因。モナコインが不正に移動した結果1000万円程度の損失が発生。
- モナコインは「2ちゃんねる（現5ちゃんねる）」で生まれた仮想通貨で、規模は小さいが一定の人気がある。

モナコイン改ざん方法（準備段階）

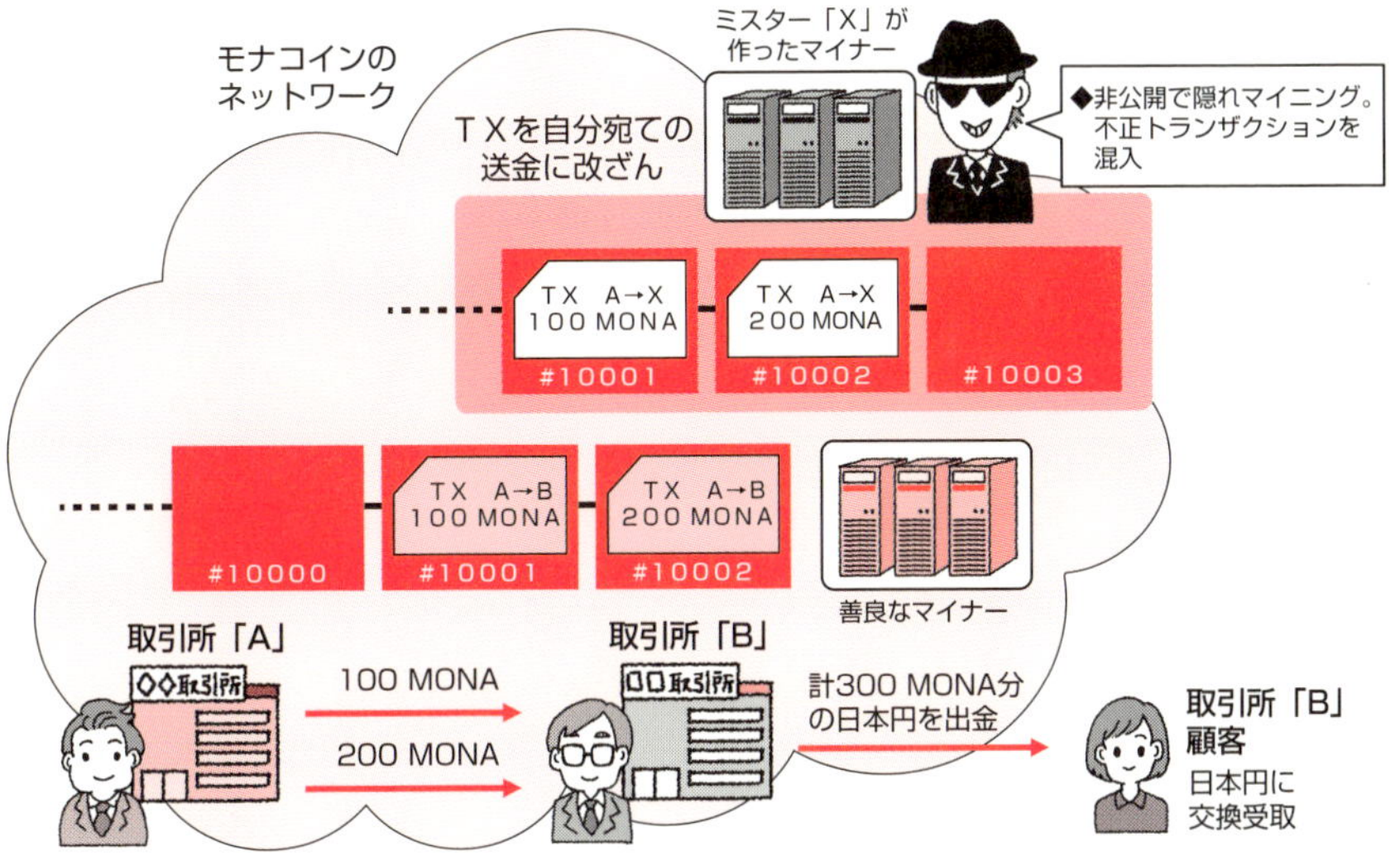

隠れマイニングを公開

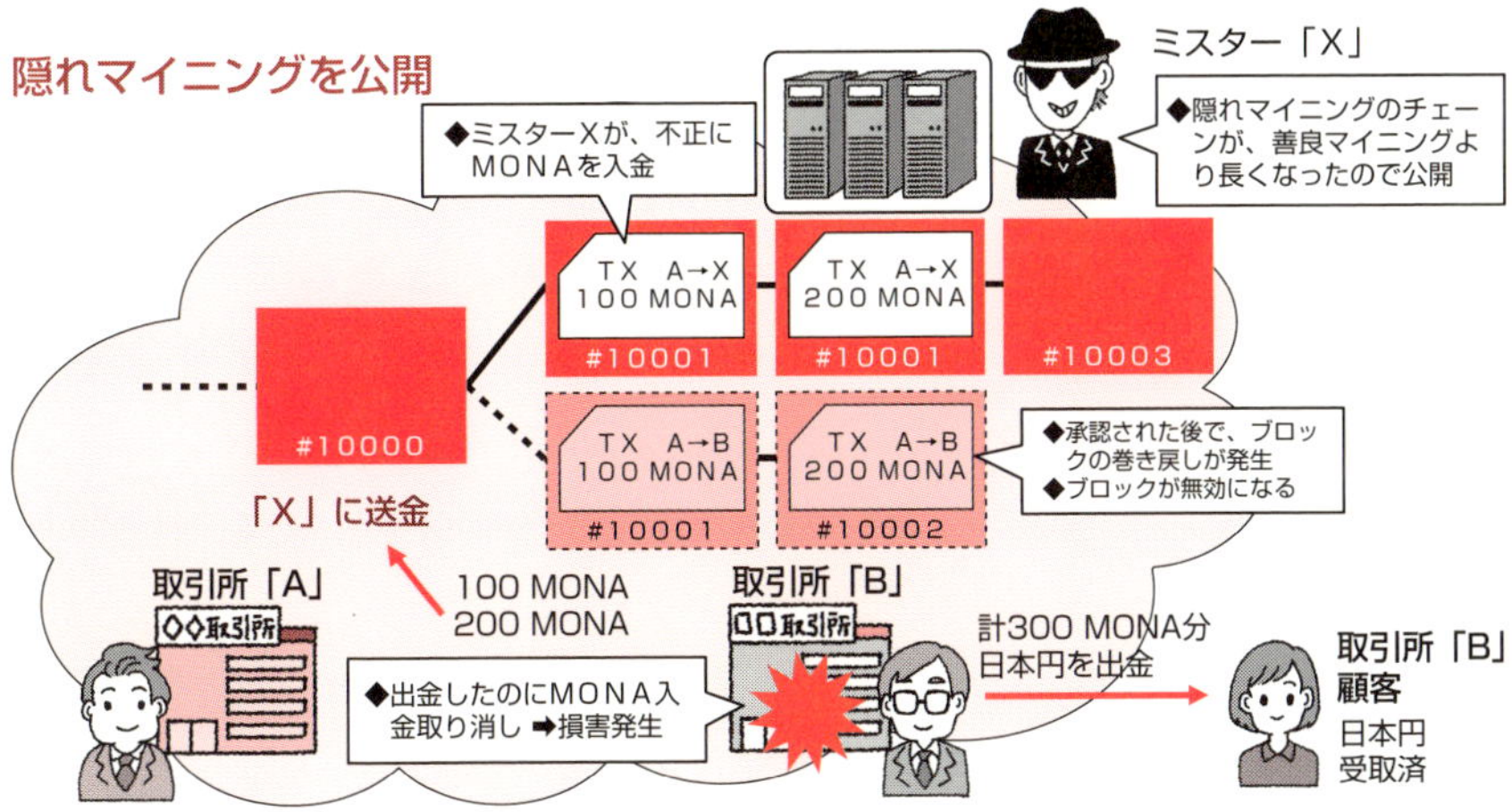

59

攻撃事例「The Bitfinex事件」

セキュリティ管理の過信

2016年8月3日、香港の仮想通貨取引所「Bitfinex」でビットコインの盗難が発生しました。同社の保有資産の36%にあたる約12万BTC（当時の価値で約770億円）が流出しました。この事件では大半のビットコインがコールドウォレットに格納されており、送金時に複数人の承認を必要とするマルチシグという方式でウォレットを管理していました。それにもかかわらず巨額の盗難が発生したという点で注目を集めたのです。

コールドウォレットとマルチシグの採用は、仮想通貨のセキュリティ管理では理想的な方法ですが、そこを破られてしまったのです。この事件については情報があまり公開されておらず、断片的な情報から仮説を立てるしかありませんが、ひとつの可能性として左図のような経緯が考えられます。

Bitfinex社のウォレットはBitGo社が開発しており、コールドウォレット方式を採用しています。同社では3つの秘密鍵のうち2つの秘密鍵の承認がなければ送金できない「2 of 3」というマルチシグを採用していました。

BitGo社はこの事件に関してウォレットに問題はなかったと表明しているので、三つの秘密鍵のうち二つがBitfinex社からハッキングにより盗まれた可能性があります。ウォレットには秘密鍵が入っているだけですから、秘密鍵が漏えいしてしまえばブロックチェーン上にあるビットコインが奪われてしまうのです。

Bitfinex社内の従業員のパソコンにウィルスが侵入し、コールドウォレットに接続しているストレージの裏口を見つけて秘密鍵を入手したのかもしれません。あるいは、従業員がパソコン内に記録していたウォレットのリカバリフレーズを盗んだのかもしれません。

いずれにしても、二つの秘密鍵が同時に盗まれてしまうと、ウォレットは無力なのです。

要点BOX

●二つの秘密鍵が同時に盗まれてしまうとウォレットは無力

事例：The Bitfinex事件

●2016年8月3日 香港の仮想通貨取引所「Bitfinex」でビットコインの盗難が発生
●約12万ＢＴＣ（当時の価値で約770億円）が流出。同社保有資産の36%にあたる
●BitGo社のマルチシグウォレットを使用し、2of3のマルチシグで管理していた。
Bitfinex社が2個、BitGo社が1個の秘密鍵を保持
●ビットコイン流出の具体的な経緯は明らかになっていない

Bitfinexからの流出方法（仮説）

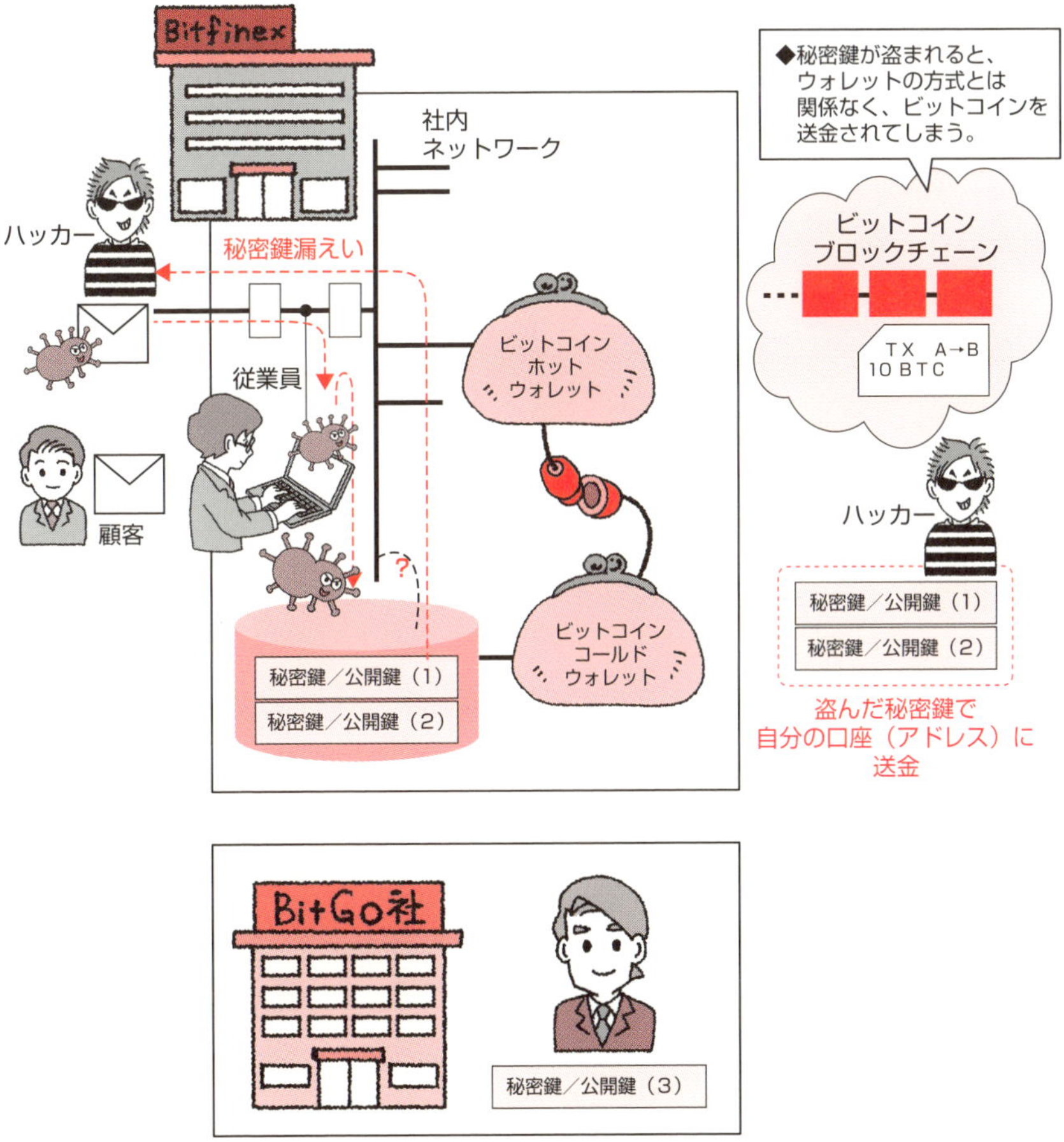

【具体的な盗難方法は明らかでないため、ひとつの可能性を示す】

Column

仮想通貨のセキュリティ

本書でも紹介していますが仮想通貨の大規模な盗難事件が何度も発生しています。仮想通貨はブロックチェーンを用いており、ブロックチェーンのセキュリティは頑丈で破られることはない、と言っているのにどうして盗難がおきるのでしょう。

実は、ハッカーは仮想通貨交換所に侵入し、交換所の運営の甘さにつけこんで盗み出しています。例えてみると、頑丈な金庫にお金を保管しているのに、金庫のダイヤルの番号を紙に書いて机の上に貼ってあるようなイメージです。そんなことをしていたら「掃除に来ました！」というような他人が机の上を見て金庫を開けてお金を盗むことができます。ダイヤルの番号を書いた紙は、それもまた他人に見つからない場所に鍵をかけて保管しておかなければなりません。

仮想通貨において、金庫のダイヤル番号に相当する大事なものは秘密鍵です。インターネットに直接つながるコンピュータの中に秘密鍵を記憶する仕組みを「ホットウォレット」と呼びます。取引所は顧客が要求する送金依頼を迅速に処理するために、一定量の仮想通貨をホットウォレットに置いておくことが普通です。そして残りをインターネットにつながっていないコンピュータの中にある「コールドウォレット」に格納し、万一盗難にあっても被害を最小限に抑えるようにしています。

仮想通貨を交換所に預けずに自分で管理したいときは、自分自身で盗難を予防しなければなりません。自分のパソコンにウォレットソフトをダウンロードして、そのウォレットで仮想通貨を管理する方法はホットウォレットに相当するのでインターネットを通じてウィルスが送り込まれると暗号鍵が盗まれてしまいます。多額の仮想通貨を持っている人はハードウェアウォレットを利用することにより、パソコンの中に暗号鍵を残さないことが盗難を防ぐ上で大事なことなのです。

第6章
フィンテックとブロックチェーン

60 仮想通貨を利用した海外送金

海外のアドレスに直接送金

仮想通貨は海外送金に利用すると便利であると言われています。なぜでしょうか。

現在、海外銀行への送金はとても手間のかかる方法で行っているので手数料が高く時間も要します。国内の送金であればすべての銀行が中央銀行（日本銀行）に口座を持っているため、送金は口座間の振替処理で済みます。ところが国際的には中央銀行がないので、海外送金する場合には相手先銀行と契約（コルレス契約）をしている銀行を見つけ、そこを経由して送金しなければならないのです。

ある地方銀行に預金口座を持っている人が、某国B銀行の口座に送金することを考えてみましょう。地方銀行に某国との取引がない場合、国内で取引のある銀行に中継依頼をします。この銀行は某国にコルレス銀行がありますが、これはB銀行ではないのでさらにB銀行に中継してもらいます。中継するたびに手数料がかかり時間も数日かかります。

仮想通貨で送金する場合はどうでしょうか。左下図でJさんが某国のKさんに送金をする場合を考えてみます。Jさんは仮想通貨取引所で日本円をビットコインに交換し、それを送金します。通常約60分後には承認され相手先から確認できる状態になります。送金先のKさんは自国の仮想通貨取引所でビットコインネットワークのブロックチェーンを監視します。自分宛てのトランザクションが承認されるのを確認したら、それを取引所でドルに交換することができます。このように銀行間送金に比較して格段に早く送金できることになります。

また、取引量の少ない通貨種を送金しなければならない場合、日本円の相手通貨への交換に時間を要することがあります。交換に必要な通貨が銀行内に溜まるまで待つのです。しかし、仮想通貨で送金する場合は相手通貨への交換タイミングと場所を別にできるので、短時間で取引が完了できます。

要点BOX

- 海外送金は中継するたびに手数料がかかる
- 仮想通貨ならば銀行間送金に比較して格段に早く送金できる

海外送金への利用

●銀行間取引による海外送金

・国際銀行間通信協会（ＳＷＩＦＴ）の仕組みにより、バケツリレー方式で送金
・手数料が各銀行で発生するためコスト高
・中継銀行が多く、送金に数日かかる

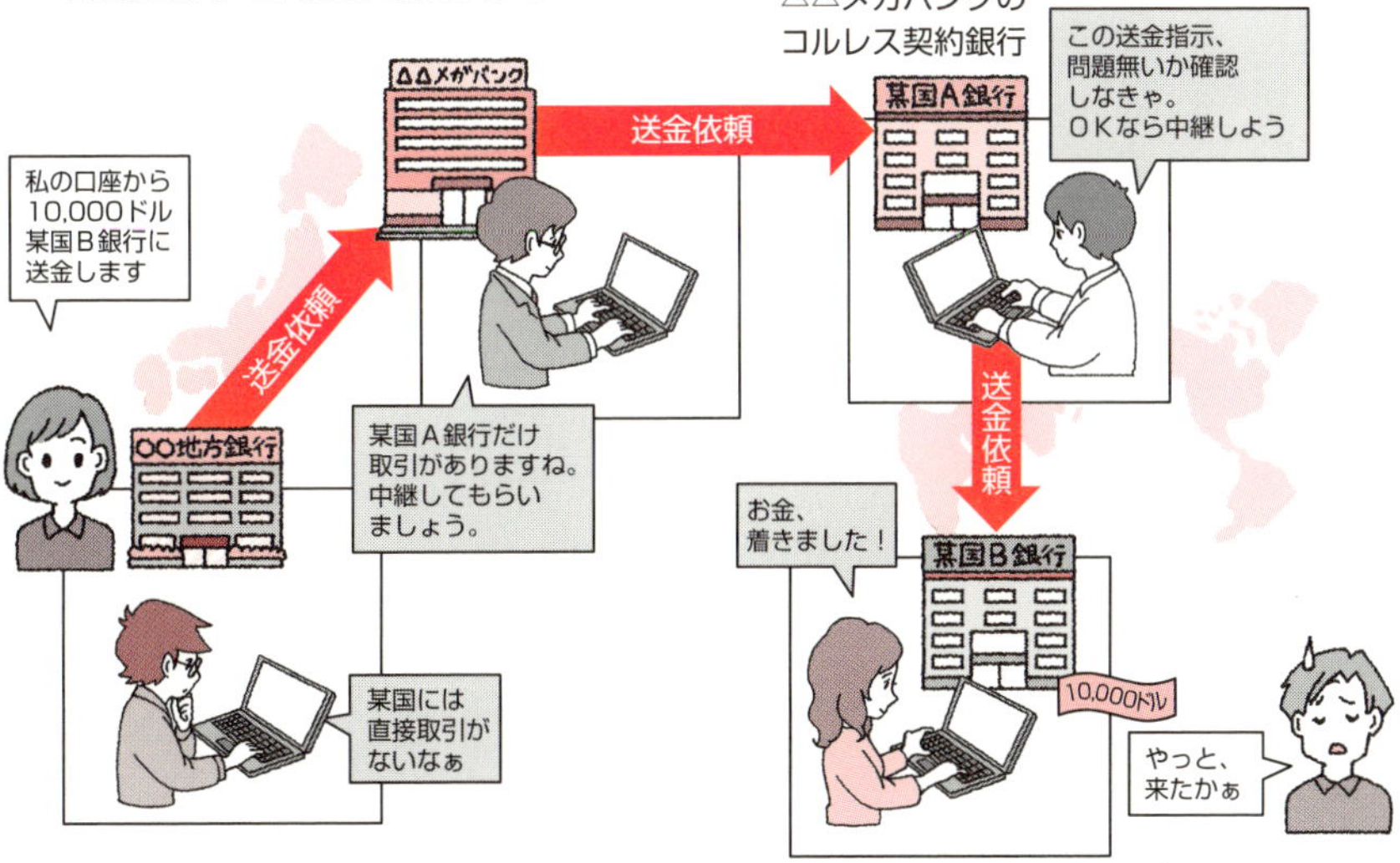

●仮想通貨（ブロックチェーン）による海外送金

・相手の仮想通貨アドレスに送金すれば、ブロックの承認時間だけで送金完了

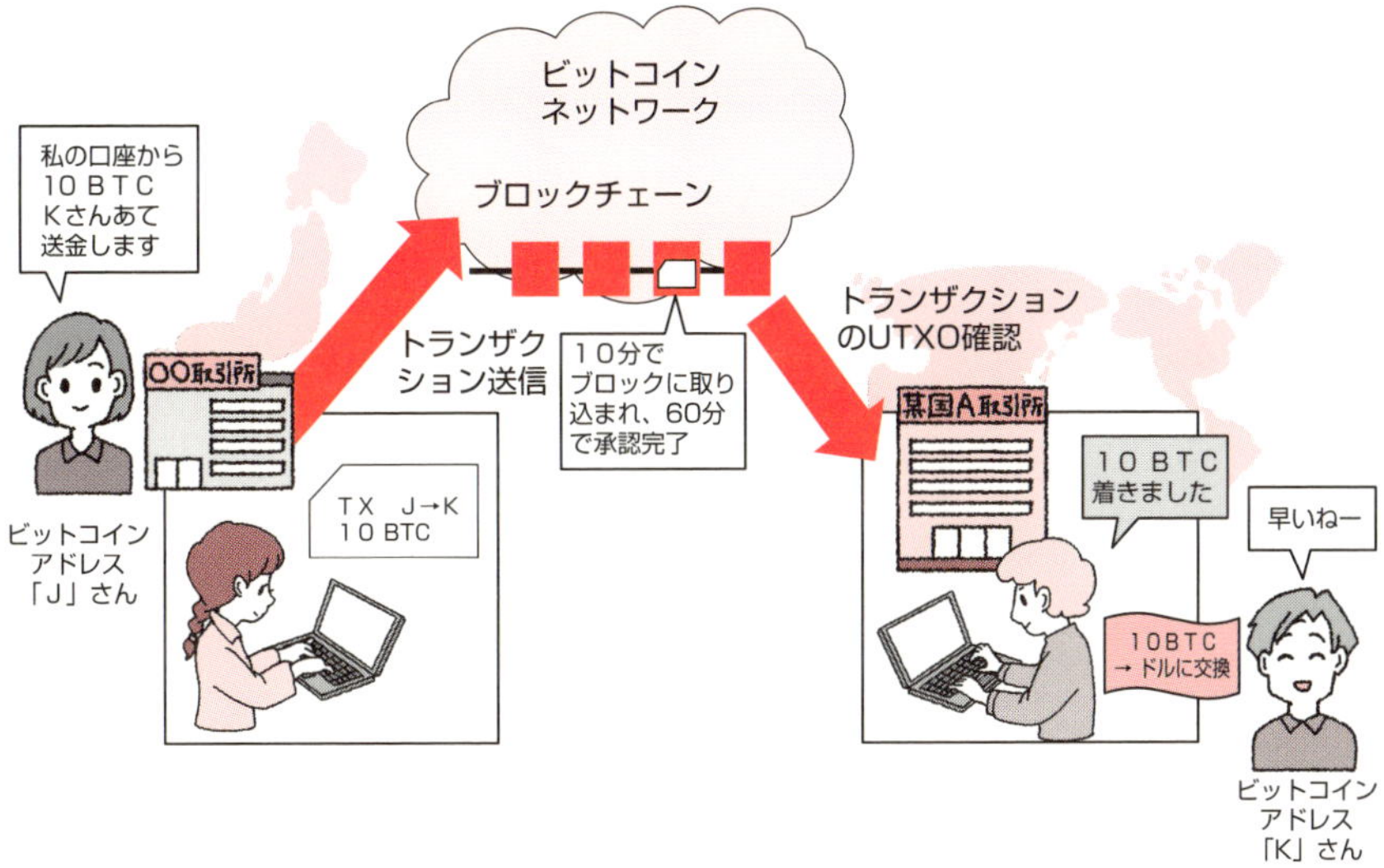

61 貿易金融業務へのブロックチェーン応用

R3コンソーシアムの「Corda」

２０１５年９月、Ｒ３コンソーシアムという組織が発足し、貿易金融業務に対するブロックチェーン技術の応用が始まりました。日本からもＳＢＩホールディングスや三菱ＵＦＪファイナンシャル・グループを含む３メガバンクなどが参加して、輸出入に伴う貿易金融、金融派生商品などの金融取引を対象にした手続きの迅速化を実現しています。

従来の貿易金融関連手続きでは、各国の事業者間でドキュメントベースの相対取引を行ってきました。権限を持つ中央の管理組織がないため、大規模な電子取引システムを構築できませんでした。そこで、中央の権限者がいなくても分散管理台帳として改ざん不可能な記録を残すことができるブロックチェーンが注目されたのです。ところが、従来のブロックチェーン技術には貿易金融の事情にそぐわない性質があり、問題となりました。競合企業にも自分の情報がわかってしまうプライバシーの問題、トランザクション完了が確実でない問題、取引相手の身元確認ができない問題、処理性能が低いという問題がありました。いずれも、仮想通貨として利用する場合にはそれほど問題にならない課題です。

Ｒ３コンソーシアムではこれらの課題を解決するブロックチェーンを活用したプラットフォームとして、「Ｃｏｒｄａ」と呼ぶシステムを開発しました。参加者誰もが検証できるよう、オープンソースプログラムとして開発されています。

ここでは、ブロックチェーンをベースにPoint to Pointアーキテクチャや新たなブロック承認方式を採用することにより、プライバシーの確保と処理性能の向上を達成しています。

このシステムを利用することにより、信用状の電子化、支払い保証金の追跡、手形割引の会計処理の簡略化などが可能となり、貿易金融関連手続きの迅速化の一助になると考えられています。

要点BOX

●業務のニーズに適した仕組みをプライベートブロックチェーンとして実装

米R3社と金融機関によるプライベート分散台帳

- 2015年９月Ｒ３コンソーシアムが発足。
- 世界の金融機関40社以上が出資。ＳＢＩホールディングス、三菱ＵＦＪフィナンシャル・グループを含む３メガバング、野村ホールディングスなど。
- 輸出入に伴う貿易金融、金融派生商品などの金融取引を対象。
  将来は利用者の本人確認や不動産取引にも応用の可能性。

課題 貿易金融関連手続きの正確化と迅速化

- 従来、各国の事業者間で、相対取引
- 中央の管理組織がなく、紙ベースの手続きが主
  → 誤りや不正の原因、かつ、迅速な手続きが困難

ブロックチェーン

ブロックチェーンを用いた分散管理台帳
…参加者がお互いに取引履歴を確認可能で改ざん不可

↓

金融機関における分散管理台帳技術の活用

↓ しかし…

従来のブロックチェーン技術には、貿易金融に適用できない問題点がある

問題点

- プライバシーの問題
  ・取引状況が競合他社にも知られる
- トランザクション完了が不明確
  ・一旦承認されたブロックでも、後に拒否される危険性
- 取引相手の身元確認ができない
  ・トランザクション発行元の匿名性が高い
- トランザクション処理性能が低い
  ・１日あたり２５億トランザクションの処理性能を達成できない

↓ 解決

R3が「Corda」プラットフォームを開発（オープンソース）

解決のための技術開発

- Point to Point アーキテクチャ採用によるプライバシー確保→ トランザクションの履歴データは存在するが、他人には中身が読めない
- ブロック承認のコンセンサスプールをブロックチェーンから分離→ いったん承認されれば覆らない
- プライベートブロックチェーン方式
- トランザクションは取引関係者内のみに送信（ブロードキャストしない）

- 信用状の電子化
- 企業による支払保証金の追跡
- 手形割引の会計処理の簡略化

62 NASDAQでのブロックチェーン利用

未公開株取引システム「Ｌｉｎｑ」

米国の中小企業やベンチャー企業中心の株式市場ＮＡＳＤＡＱは、２０１５年10月27日、ブロックチェーンを用いた未公開株の取引システムであるＬｉｎｑを発表しました。

ＮＡＳＤＡＱの主要業務は公開株の取引を高速・大量に処理する情報システムの運用と情報サービスであり、経済ニュースでは毎日耳にする名前の企業です。公開株取引システムは巨大で高性能で人手が入る余地はありません。

一方、ＮＡＳＤＡＱは立ち上げたばかりのベンチャー企業など、未公開株の取引も扱っています。将来ＮＡＳＤＡＱに上場してもらうためには、是非つなぎとめておきたいお客様です。

株式未公開企業の株の取引はあまり頻繁でないこと、個別の事情に対応しなければならないことから、これまではドキュメントベースの処理をしてきたようです。

そのシステムを検討することになった際、新技術のブロックチェーンを使おうということになり、ビットコインを基本としたカラードコイン（別の目的でビットコインの仕掛けを使う方法）を開発しました。改ざんを許さない、かつトランザクションはそれほど多くないという業務の特性にちょうど合っているのです。

具体的にはビットコインのトランザクションの空き領域に株の種類を示すアセットＩＤのハッシュ値と株数を登録するなどして、スマートプロパティを実現しています。トランザクションを送信してブロックチェーンに入れてもらうため、小額でもよいのでビットコインを送金する必要があります。

Ｌｉｎｑシステムにより決裁プロセスの簡略化、規制当局に対する透明性の向上、発行者と投資家間の権利移転の迅速化が可能になる効果がありました。

要点BOX
- ●米NASDAQが未公開株取引システムにブロックチェーンを活用
- ●ビットコインベースのカラードコインを採用

NASDAQ未公開株式取引にブロックチェーン活用

- 2015年10月27日米Nasdaqがブロックチェーンを使った未公開株取引システムNasdaq Linqを発表
- ＮＡＳＤＡＱでは取引の少ない未公開株のシステム化が課題

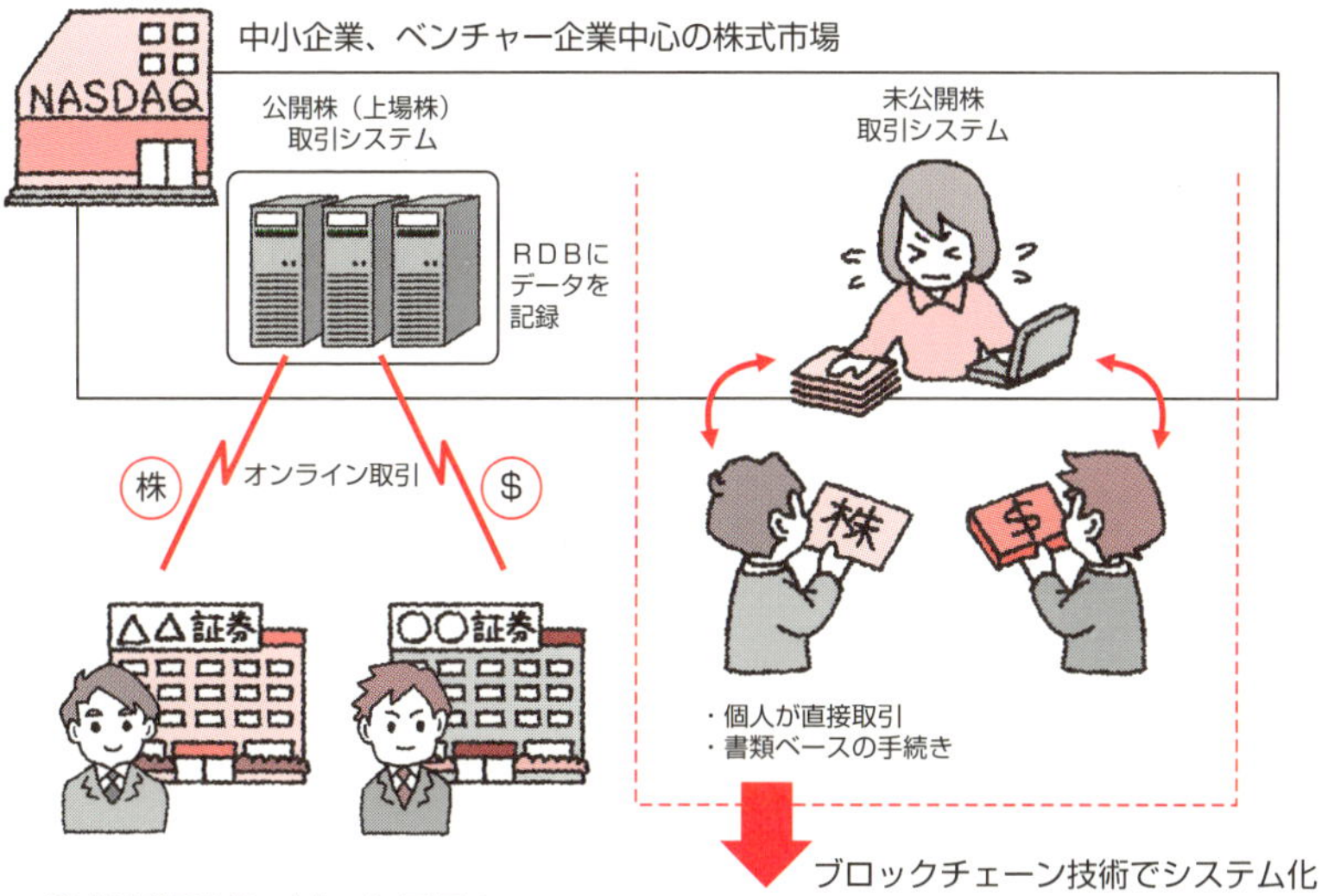

● NASDAQ　Linqシステム

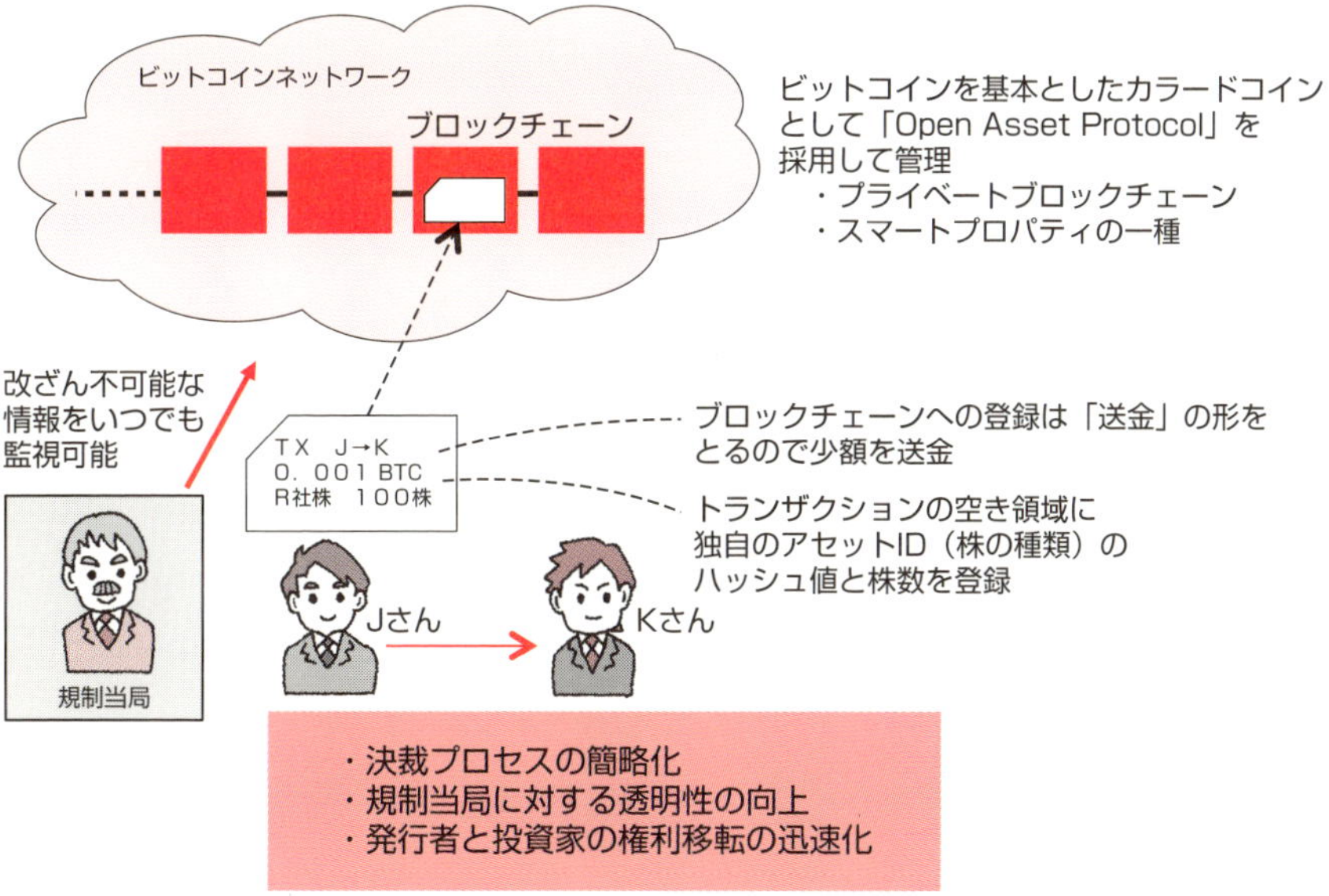

63 仮想通貨による資金集め

ＩＣＯ
(Initial Coin Offering)

企業が製品やサービスの開発資金や会社運営資金を得る手段として株式を上場するＩＰＯがあります。株を証券取引所に上場して誰でも購入可能とし、買ってもらって資金を調達する方法です。

ＩＰＯでは投資家の保護を重視し信用を重視するので起業したばかりでは利用できません。ベンチャーキャピタルに出資してもらう手もありますが、それも相当な努力が必要です。

そこで、インターネットを利用してたくさんの人に少しずつ資金を出してもらう考え方が出てきました。その一つがクラウドファンディングです。例えば製品購入型の場合、クラウドファンディング業者が会社の調査をし、運営計画が妥当であれば一般の投資を募ります。投資を受けた会社は製品開発に成功した後で、投資家に対して製品を提供したり安く販売したりします。しかし、クラウドファンディングでは、その企業の製品に興味を持つ人でないと投資してもらえない難点があります。クラウドファンディング業者が納得しないと、投資を募れない点に不満を持つ会社もあります。

そこで出てきたのがＩＣＯです。ＩＣＯは投資家に自社発行の仮想通貨を買ってもらう方法です。資金調達をする会社はその目的や計画を説明するホワイトペーパーを発行します。投資家はホワイトペーパーの他、いろいろな情報を参照して投資リスクを判断し、その会社が発行する仮想通貨を購入します。

会社がうまく発展すれば製品やサービスを仮想通貨で購入することができるし、仮想通貨自体が値上がりして利益が出る可能性があります。しかし、第三者の審査を受けていないので、短期間で会社が倒産する危険性も高いでしょう。ＩＣＯで投資した資金は、その会社が作成した独自の仮想通貨がなくなってしまえば何の価値もありません。

要点BOX

- ICOは投資家に自社発行の仮想通貨を買ってもらう資金調達方法
- 関わり方には十分注意が必要

ICO…仮想通貨で起業資金集め

- 仮想通貨を発行して投資家に買ってもらうことにより、起業資金を集める
- ＩＰＯ（Initial Public Offering）、クラウドファンディングに似ているが、かなり異なるのがＩＣＯ（Initial Coin Offering）

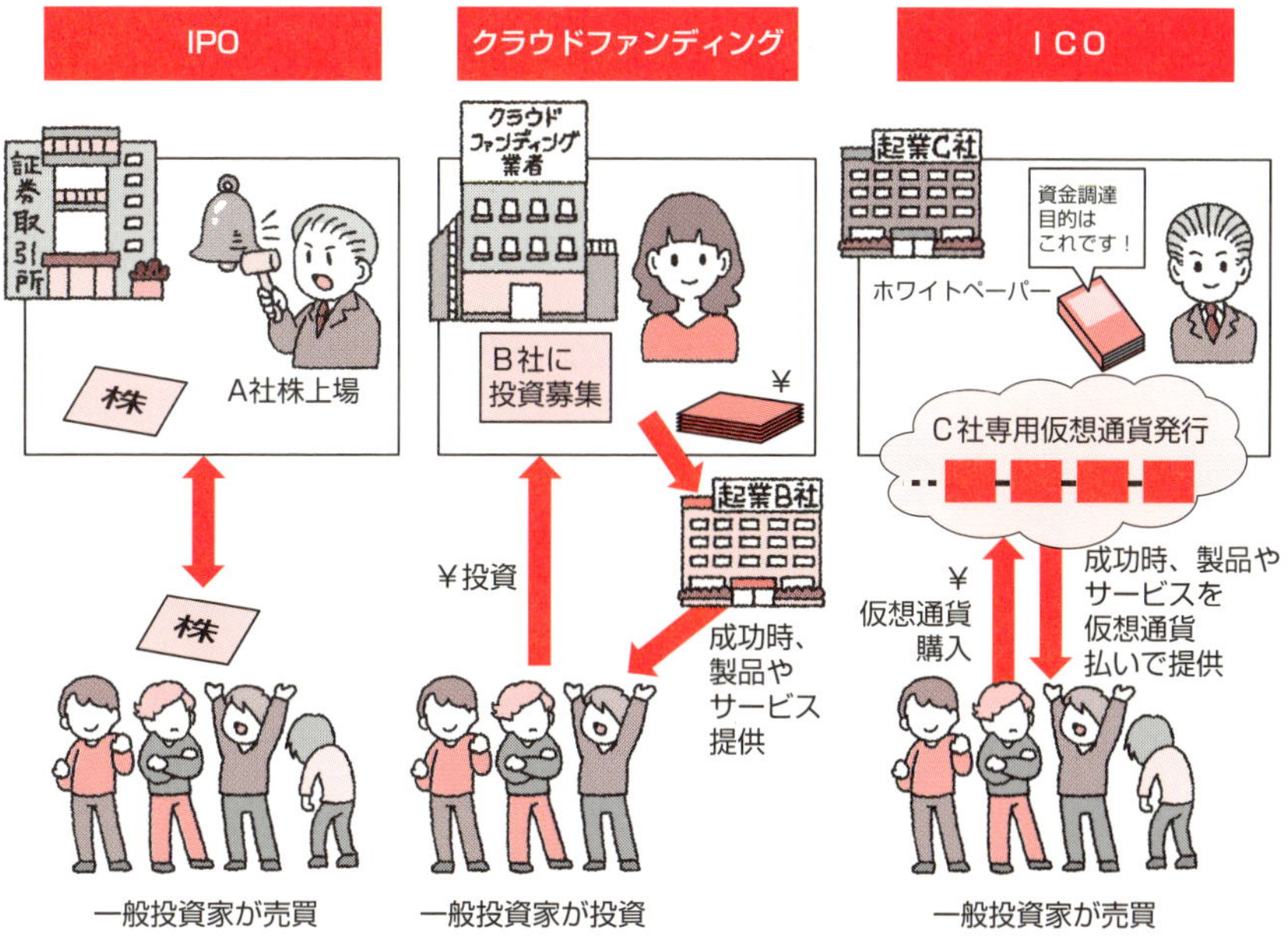

	IPO	クラウドファンディング（製品購入型の場合）	ICO
募集	証券取引所、証券会社	クラウドファンディング業者	資金調達する企業自社（ホワイトペーパーで資金調達目的を説明）
投資家保護	証券取引所による審査	クラウドファンディング業者による審査	なし
企業側手続き	煩雑	比較的ゆるやか	容易
投資家メリット	・株価上昇 ・配当	・企業成功時には、製品、サービスを安価に購入	・専用仮想通貨の値上がり利益 ・専用仮想化による製品、サービスの購入
投資家リスク	・株価値下がり	・業者による審査が不十分である危険性 ・起業失敗時にはリターンなし	・資金調達目的が虚偽の危険性（詐欺の危険性） ・専用仮想通貨の価格下落 ・起業失敗時にはリターンなし

企業にとっては資金調達手続きが容易で迅速

64 地域仮想通貨の試み

電子的な商品券

　１９９９年、国の緊急経済対策として地域振興を目的とした地域振興券が配布されました。その地域のみで利用できる金券があれば確かに地域の経済活性化に有用でしょう。その考え方で地域仮想通貨の社会実験が行われている地域があります。

　例えば、岐阜県高山市、飛騨市、白川村では「さるぼぼコイン」という名前の仮想通貨が利用可能になっています。事前にスマートホンのアプリをダウンロードして、指定場所で日本円を支払ってコインのチャージをします。チャージの際にプレミアムポイントが付くので現金よりお得感があります。

　商品券の役割に似ていますが、電子的な商品券なので小さい額の商品も買うことができます。紙の商品券の場合、おつりがもらえないことを考えると、商品券の額面より安い商品は買いづらいですが、仮想通貨型の商品券なら面倒がらずに買えるでしょう。１年の有効期限がありますが、観光客の利用が主なので、十分と言えるでしょう。

　商業ベースの実験として近鉄ハルカスコインが挙げられます。近鉄百貨店グループのクレジット／ポイントカードであるＫＩＰＳカードの会員に対するサービスとして期間限定で提供されています。スマートホンにアプリをダウンロードして指定場所でチャージをします。ブロックチェーン技術の応用らしい特徴として、個人間譲渡機能があり、この機能を利用して募金活動も行われています。

　学術的な実験としては会津大学で行われている白虎コインの実験が挙げられます。やはり専用アプリをダウンロードしてチャージする方法です。学内の食堂や売店での利用が可能で、ブロックチェーン技術を用いています。

　いずれの実験も現在は電子的な商品券ですが、ブロックチェーンを利用した仮想通貨を常用する時代に一歩踏み出したところでしょう。

要点BOX

- **地域振興を目的とした仮想通貨の利用が進んでいる**
- **現状は電子的な商品券だが今後の発展に期待**

地域仮想通貨の試み

- 地域振興を目的とした地域振興券が地域仮想通貨の形に進化
- 仮想通貨というよりは、スマホで支払える地域限定商品券
- 日本円と仮想通貨間の交換価格は固定
- 実質的には中央集権的なシステム・・・ブロックチェーン技術の活用に期待

地域仮想通貨の実証実験例（期間限定）

	さるぼぼコイン	近鉄ハルカスコイン	白虎コイン
利用 可能地域	岐阜県 高山市・飛騨市・ 白川村	近鉄百貨店、アベノハルカス、天王寺動物園、大阪市立美術館など	会津大学 （実験参加の学生のみ）
利用方法	・事前にアプリをダウンロード ・コインをチャージ	・ブロックチェーンを利用 ・KIPSカード会員（近鉄百貨店のクレジットカード、ポイントカード） ・専用アプリをダウンロード ・チャージ機でチャージ	・ブロックチェーンを利用 ・専用アプリをダウンロードし、店のQRコードで支払い ・決められた場所で利用する
メリット	・チャージの際プレミアム ポイントがつく	・チャージの際、KIPSポイントがつく ・個人間譲渡機能がある	・特にポイント加算などはない
デメリット	・チャージ場所が限定 ・円への交換はできない ・使用期限がある	・チャージ場所が限定 ・円への交換はできない ・使用期限がある	・チャージ場所が限定 ・円への交換はできない
想定 利用方法	・観光客による利用	・地域利用	・地域利用

65 仮想通貨をめぐる法律

改正資金決済法

世界各国で仮想通貨をどう位置づけるかが議論になっているようです。日本では早い段階から仮想通貨の法的な位置づけが確認されています。２０１７年７月、改正資金決済法により仮想通貨は支払手段として認められました。

それまでは「モノ」として扱われていたため、日本円を支払って仮想通貨の購入をするときには消費税を払わなければなりませんでした。例えば、金を買うときには消費税を支払う必要があることと同様です。しかし、仮想通貨の場合には金と異なり「モノを買う」という機能があります。そうすると仮想通貨を買うときに消費税を払って、さらにモノを買うときにも消費税を払うことになり、消費税の二重課税になってしまうのです。

仮想通貨を「支払い手段」とする考え方は図書券や商品券と同様と考えてもよさそうです。商品券を買うときに消費税を支払う必要がありませんが、商品券を使って商品を買うときには消費税を支払います。仮想通貨の位置づけはごく自然な考え方でしょう。

もう一つの法的な観点として、仮想通貨を法定通貨と交換する事業者はどうあるべきかという規定があります。

仮想通貨と法定通貨、仮想通貨と別の仮想通貨を交換する事業者は「仮想通貨取引所」として登録免許を受けなければなりません。金融庁が審査して免許を与えます。顧客から巨額の資金を預かる業務であるため、顧客保護やマネーロンダリングのような社会不正の防止が必要ということでしょう。

仮想通貨交換事業者として業務を行うためには資本金１０００万円以上の株式会社であることや、顧客資産の分別管理をすることなど、多くの規定を満たす必要があります。

要点BOX

- 2017年7月改正資金決済法により法制化
- 仮想通貨交換事業者は数多くの規定を満たす必要がある

仮想通貨をめぐる法律

●日本では仮想通貨の扱いが明確化（2017年7月 改正資金決済法）

仮想通貨は支払手段としての位置づけ

・「物」なら、日本円とビットコインを交換するときに、消費税の支払いが必要
・「支払い手段（通貨）」なら消費税不要（2017年7月 改正資金決済法）

・「物」の場合：例えば金を買うとき

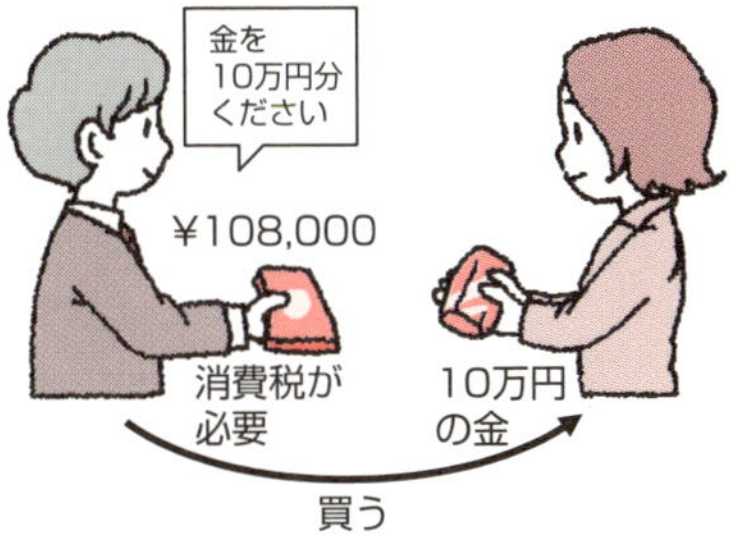

・「通貨」の場合：例えばビットコインを入手するとき

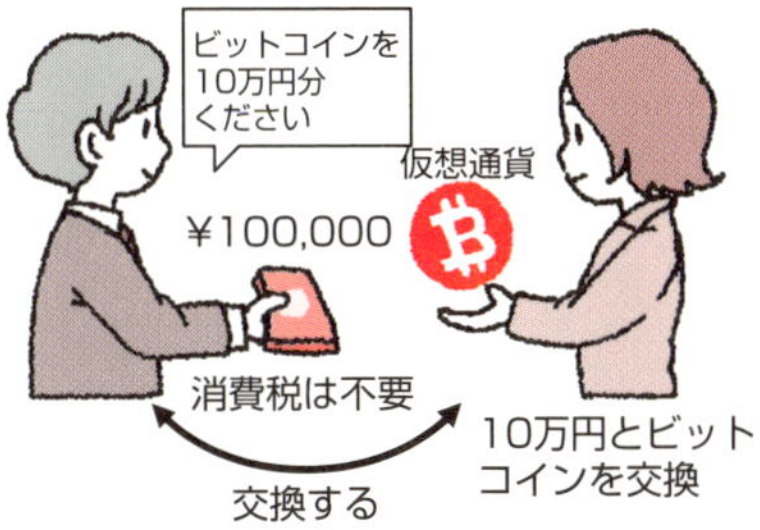

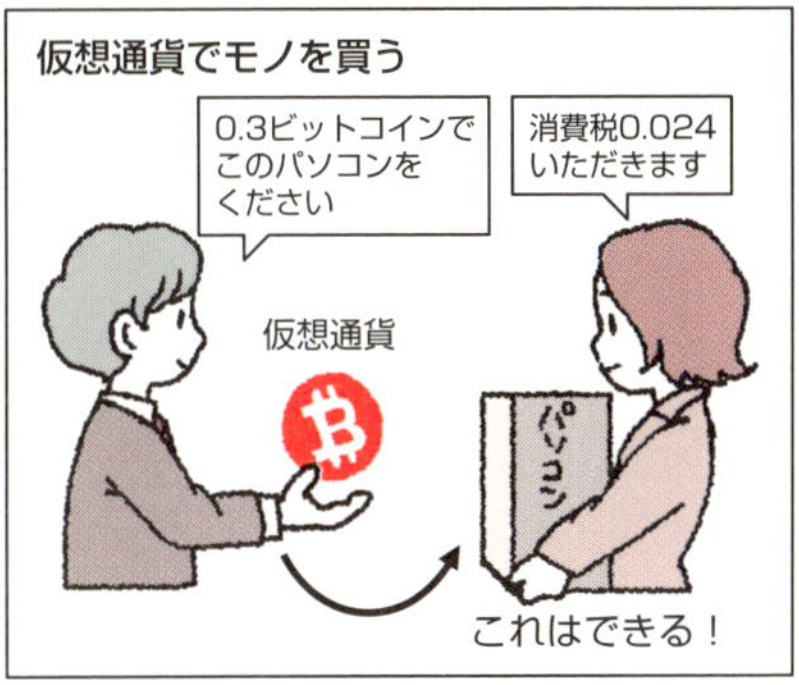

仮想通貨交換事業者の位置づけ

・仮想通貨／法定通貨の交換、仮想通貨／仮想通貨の交換をする事業者➡ 仮想通貨取引所
・仮想通貨取引所の運営は登録免許制…金融庁が審査し免許

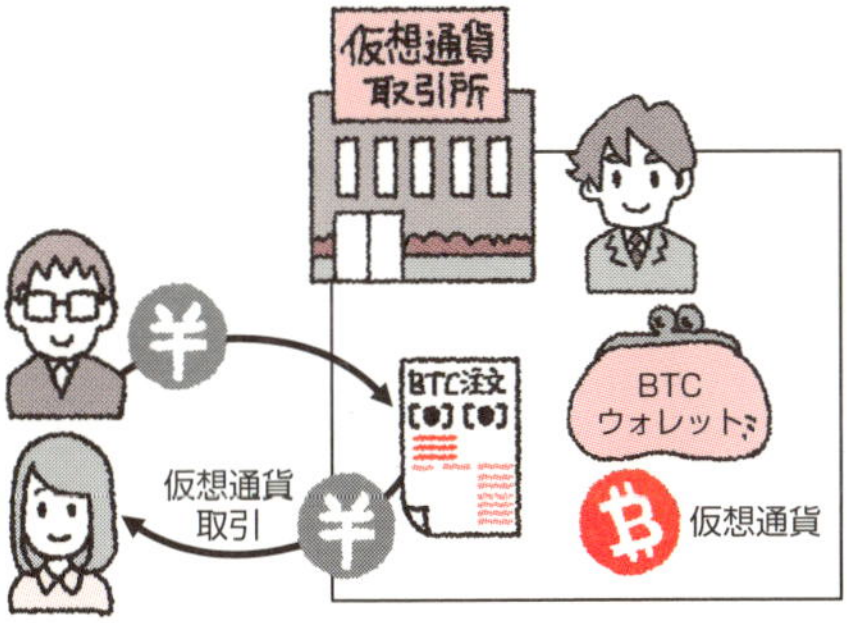

【仮想通貨交換事業者の登録要件】

・株式会社であること
・資本金1000万円以上で純資産がマイナスでないこと
・交換業を適正かつ確実に遂行する体制が整備されていること
・仮想通貨自体や契約内容の適切な説明を実施すること
・顧客資産の分別管理をすること
・個人情報の確認をすること

66 ブロックチェーンの国際標準化

ＩＳＯのＴＣ３０７

ブロックチェーンの技術はサトシ・ナカモト氏の論文で提案され、ビットコインとして実装されたことが始まりです。その後、いろいろな仮想通貨が開発され、それ以外の分野でも使われるようになってきました。

それぞれのブロックチェーン技術では、ブロックの承認方法やトランザクションの構造、スクリプト機能などの異なる方式が開発されてきています。このように多数の仕様が同時並行的に開発されると用語をはじめとして似て非なる仕様が発生してしまい、将来の新技術開発が非効率になってしまう恐れがあります。そこで、２０１６年９月、国際標準化機構（ＩＳＯ）にＴＣ３０７「ブロックチェーンと電子分散台帳技術に係る専門委員会」が設置されて標準化の検討が始まりました。ここには事務局であるオーストラリアを始め、日本、米国、ロシア、中国、ヨーロッパ各国など40ヶ国以上の代表が参加しています。

ＩＳＯは技術に関する国際標準を検討し規格として発行する組織であり、カメラのフィルム感度やクレジットカードなどカードの大きさやネジの大きさや形状など「モノ」の規格を多数発行しています。一方、企業活動で有名なＩＳＯ９００１やＩＳＯ１４００１などはマネジメントシステムに関する規格であり、直接「モノ」に関係のない規格も決めています。巨大組織ＩＳＯの中の一つの分野としてブロックチェーンに関する規格も決めていこうというわけです。ＴＣ３０７では、用語、プライバシー、セキュリティリスクと脆弱性、管理方法、参照実装、分類、スマートコントラクト、デジタル資産管理、相互運用性などをテーマとして検討を進めています。議論をしている間にも新たな技術が出現するブロックチェーンの現状ですから、決定までには時間を要するでしょう。

要点BOX

●2016年ISOにTC307「ブロックチェーンと電子分散台帳技術に係る専門委員会」が設置された

ブロックチェーンの国際標準化

- 2016年９月国際標準化機構（ＩＳＯ）に「ブロックチェーンと電子分散台帳技術に係る専門委員会」が設置された
- オーストラリアを事務局とし、日本、米国、ロシア、中国、ヨーロッパ各国など、40ヶ国以上

国際標準化機構（ＩＳＯ）

非中央集権型のトランザクション処理システムとして
ブロックチェーン技術は適用拡大の可能性

↓

スムーズに活用範囲を広げていくためには、各社間で異なる
用語や方式などの統一が望ましい

↓

ブロックチェーン技術の用語の統一や、用途、方式の分類などについて検討

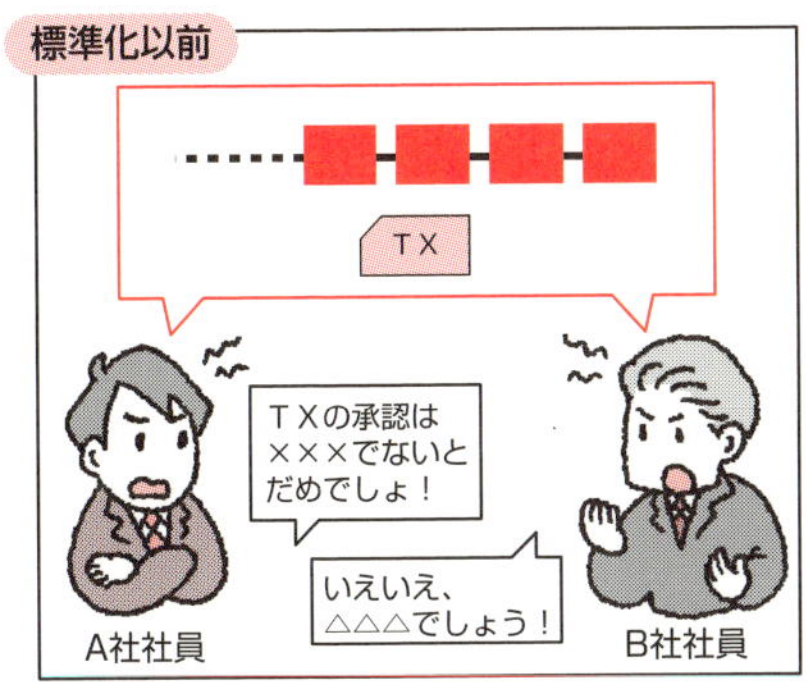

67 オンラインレンディングへの適用

P2P型のオンラインレンディングの実用化

ブロックチェーンの本質は「管理者が不要なトランザクション処理システム」ですが、どうしても金融分野での活用提案が多くなるようです。オンラインレンディング（インターネット取引で相手にお金を貸す）でのブロックチェーンの利用もそのひとつです。

従来の金融事業において銀行やクレジットカード会社がお金を貸すときには、貸出し先の個人や企業の情報を信用情報センタに問合せます。過去に返済遅れがあったり、現状の総借入額が大きい場合、金利を上げたり貸出し不可とします。信用情報は過去の銀行やクレジットの利用情報を元に作ります。

さて、小口の資金の出し手が小規模な融資先にお金を貸すというときはどうなるでしょう。資金の出し手が個人や小企業だった場合、信用情報センタを使えませんから独自に調べなければなりませんが、それは事実上不可能でしょう。

そこでブロックチェーンを利用します。お金の貸し手は貸し出し情報をブロックチェーンに登録します。両者でサインした契約書データのハッシュ値を取り、登録するといった形でよいでしょう。借り手は返済するたびに返済記録を登録します。信用情報企業が依頼されて情報を提供するときには、ブロックチェーン上の取引記録を参照して独自に分析し回答します。このように、中央管理者がいない環境でも信用情報の蓄積が改ざんの恐れなく可能となります。

さらに、このブロックチェーンとして仮想通貨を使用すれば、一般店舗で買い物をする際の購買行動情報も活用できるので、従来にない信用情報の提供が可能になります。従来の信用情報は返済遅れなどマイナス情報の蓄積ですが、購買行動情報は購買能力に関するプラス情報の蓄積なのです。

こういったしくみが実現すれば、小口の貸し手が小口の借り手にお金を貸す、P2P型のオンラインレンディングが実用化できそうです。

要点BOX

- ●中央管理者がいない環境でも信用情報の蓄積が可能
- ●購買行動情報も活用できる

オンラインレンディングへの適用

- 従来の信用調査では返済遅延など負の情報の蓄積・評価を重視
- P2P型オンラインレンディングでは資金の出し手が小規模で信用調査機関の利用が難しいのでブロックチェーンで信用情報を共有すると手数料が安価でかつ早い融資が可能
- ブロックチェーンに仮想通貨利用による購買履歴があれば、信用調査データとしても活用

従来の金融

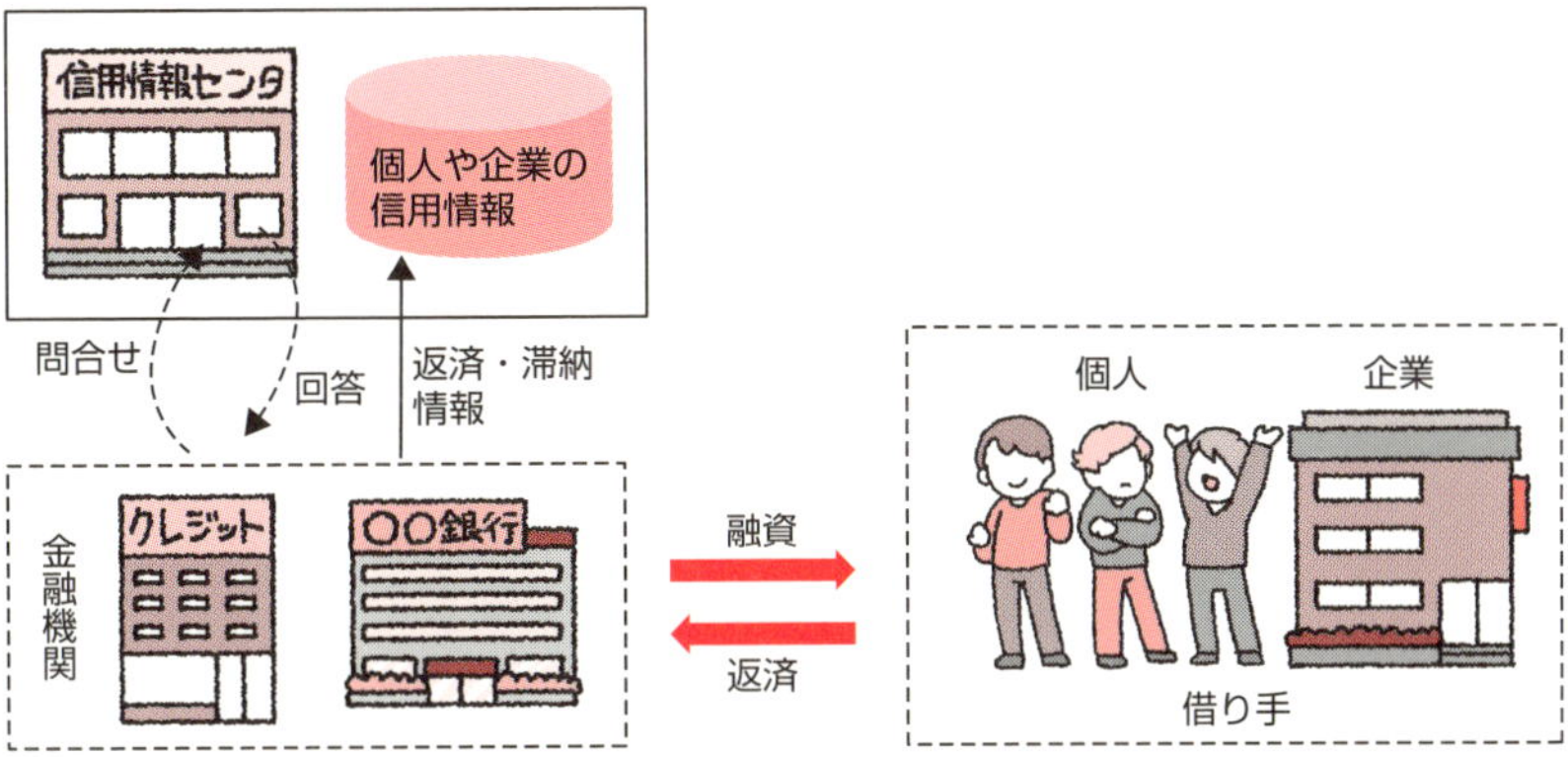

P２P型オンラインレンディングでのブロックチェーン活用

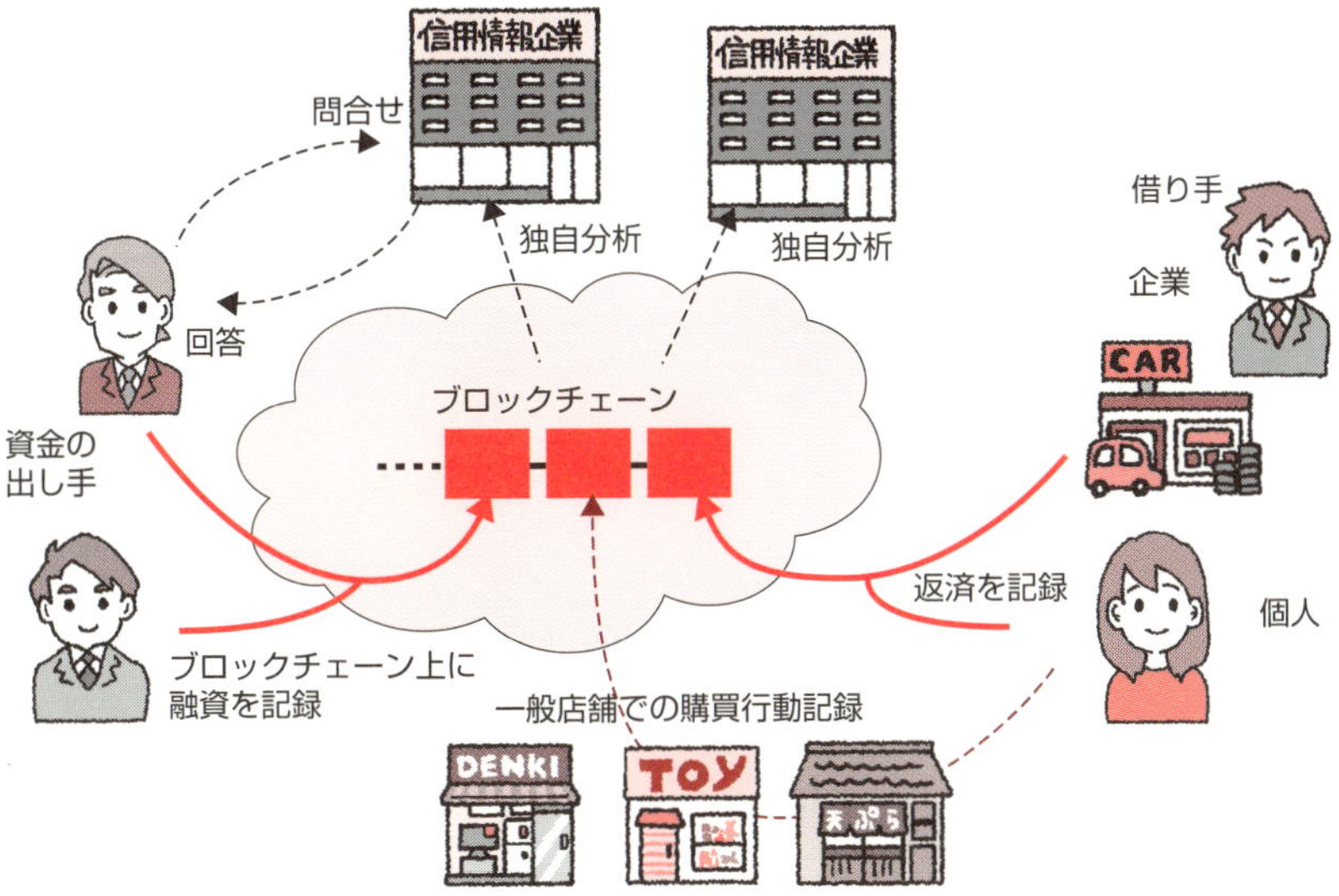

【参考文献】

［1］ Satoshi Nakamoto, "Bitcoin: A Peer-to-Peer Electronic Cash System," https://bitcoin.org/bitcoin.pdf（最初のビットコイン提案論文）

［2］ Bitcoin Developer Reference, https://bitcoin.org/en/developer-reference（ビットコインにおけるブロックチェーンの仕様解説）

［3］ CoinMarketCap, https://coinmarketcap.com/（仮想通貨の価格情報）

［4］ メールアドレス・パスワード等の盗取による不正な日本円出金に伴う損害補てん規約，（株）bitFlyer, https://bitflyer.com/ja-jp/compensation

［5］ 決済システムの概要，日本銀行，https://www.boj.or.jp/paym/outline/index.htm/

［6］ 大平公一郎「なぜ、日本でFinTechが普及しないのか」日刊工業新聞社（2018年）

今日からモノ知りシリーズ
トコトンやさしい
ブロックチェーンの本

NDC 007.63

2018年11月22日　初版1刷発行

©著者　上野 仁
発行者　井水 治博
発行所　日刊工業新聞社
東京都中央区日本橋小網町14-1
(郵便番号103-8548)
電話　書籍編集部　03(5644)7490
販売・管理部　03(5644)7410
FAX 03(5644)7400
振替口座　00190-2-186076
URL http://pub.nikkan.co.jp/
e-mail info@media.nikkan.co.jp
印刷・製本　新日本印刷(株)

●DESIGN STAFF
AD ―――――― 志岐滋行
表紙イラスト――― 黒崎　玄
本文イラスト――― 角　一葉
ブック・デザイン　―　大山陽子
(志岐デザイン事務所)

●
落丁・乱丁本はお取り替えいたします。
2018 Printed in Japan
ISBN　978-4-526-07901-6　C3034

●定価はカバーに表示してあります

●著者略歴
上野　仁(うえの　ひとし)
1959年　三重県に生まれる
1984年　山梨大学大学院修士課程修了、日立製作所入社
1992年　技術士(情報工学部門)
2011年　博士(工学)(山梨大学大学院)
2015年　第一工業大学　東京上野キャンパス(情報電子システム工学科)教授
一貫して情報システム技術の研究と製品開発に従事。現在に至る。